KB089731

그리스로마신화가
말을 하다

그리스로마신화가 말을 하다

1판 1쇄 발행 2016년 07월 25일
1판 2쇄 발행 2016년 08월 30일

지은이 박찬영 **펴낸이** 박찬영 **편집** 정나리, 김은영, 정은경
그림 문수민 **디자인** 이재호, 한은경 **마케팅** 이진규, 장민영
발행처 (주)리베르 **주소** 서울시 성동구 왕십리로 58 서울숲지식산업센터 포휴 1102호
등록번호 제2003-43호 **전화** 02-790-0587, 0588 **팩스** 02-790-0589
홈페이지 www.리베르.com **블로그** blog.naver.com/liber_book
e -mail skyblue7410@hanmail.net
ISBN 978-89-6582-221-9(04080)
세트 ISBN 978-89-6582-216-5(04080)

리베르(Liber 전원의 신)는 자유와 지성을 상징합니다.

그리스로마신화가 말을 하다

박찬영 지음

2: 영웅 이야기

리베르

신화가 '명화 스토리텔링'으로 재탄생하다!

명화와 끊임없이 대화를 시도하다

그리스로마신화의 거의 모든 이야기는 미술이나 문학 작품으로 표현되어 있다. 최고의 화가들이 경쟁적으로 신화를 묘사했기 때문이다. 신화의 명장면을 여러 화가들이 앞다퉈 묘사할 정도로 화가들은 신화에 꽂혀 있었다. 그리스로마신화는 많은 작가와 학자들에게 창작 영감을 불어넣은 이야기 중 하나다. 작가들은 북받쳐 오르는 느낌을 절절히 작품에 담았다. 신화와 작가의 혼이 어우러진 명작은 보는 사람의 가슴을 뛰게 한다.

명화의 주인공과 대화하는 것은 신화에 몰입하는 가장 좋은 방법이다. 그런데 명화는 신화 책에서 조용히 귀퉁이를 장식하고 있을 뿐이다. 변두리 장식에 그치고 있는 작품을 중앙 무대로 불러내야겠다고 생각했다. 명화 속의 주인공이 하는 말을 직접 들어보기로 했다. 그 결과물이 '그리스로마신화가 말을 하다'이다.

명화에 담긴 작가의 상상력과 감각을 되살리기 위해 명화와 끊임없이 대화를 시도했다. 살아 있는 듯이 묘사된 미술 작품 속으로 깊숙이 빠져들다 보면 명화 속의 신과 인물이 살아나와 말을 거는 듯하다. 피그말리온은 자신이 조각한 상아 조각상 갈라테이아에게 빠져들어 결국엔 결혼까지 하지 않았던가.

신화는 끊임없이 윤색되었지만 화가들은 신화의 내용을 대체로 객관적으로 담았다. 그리스로마신화를 담은 명화는 그래서 자료로서도 가치가 높다. 텍스트를 가장 잘 반영한 명화들을 만화 형식을 빌려 내용의 흐름에 따라 연결했다. 때로는 만화 형식이 텍스트 형식보다 내용을 더 생생하게 전달할 수 있다. 서사 구조를 지닌 그리스로마신화가 특히 그렇다.

그리스로마신화에는 온갖 신들이 등장해 복잡하게 얽혀 있으므로 내용을 기억하고 이해하기가 쉽지 않다. 복잡한 신화를 쉽고 깊게 감상하려면 수많은 미술 작품을 활용하는 게 바람직하다.

서양 인문학의 뿌리를 캐다

그리스로마신화를 읽고 미술 작품을 보노라면 집단 감성이 응집된 집단 창작의 완성미를 보는 듯하다. 하나하나의 이야기가 마치 세포처럼 꿈틀거려 거대한 이야기의 올림포스 산을 이룬다.

올림포스는 세상의 모든 것을 담고 있다. 올림포스 신들의 이야기에서 작품의 영감을 얻을 수 있을 뿐만 아니라 처세의 교훈을 얻을 수도 있다. 옛사람들이 수많은 인간 군상의 이야기를 신들의 세계에 대입시켜 놓았다. 그만큼 상징적이면서도 교훈적이다. 그 의미도 끄집어냈다.

그리스로마신화와 성경은 서양 인문학의 두 축이다. 서로 다른 성격의 헤브라이즘과 헬레니즘은 서양 역사의 뿌리이기도 하다. 그 이질성이 끊임없이 교집합을 이루며 서양 문명을 형성했다.

그런데도 그리스로마신화의 내용을 제대로 아는 경우는 드물다. 그리스로마신화를 제대로 읽지 않고도 작가나 인문학자가 될 수는 있다. 하지만 때로는 날카롭고 때로는 부드러운 무기를 버린 것이나 다름없을 것이다. 삼국지를 완독한 사람이 의외로 드문 것처럼 불핀치의 그리스로마신화 원본을 완독한 사람도 드물다. 시를 포함한 모든 내용을 완역한 작품이 드문 것도 사실이다. 어릴 적 읽은 어린이 책에서 간간이 접한 내용으로는 서양 인문학의 뿌리를 캘 수 없다.

불핀치, 호메로스, 오비디우스를 만나다

'그리스로마신화가 말을 하다'를 구성하기 위해 여러 자료를 참고했다.

우리가 접하는 그리스신화의 근원은 호메로스의 서사시 『일리아스』와 『오디세이아』, 헤시오도스의 『신통기』, 아폴로도로스의 『연대기』 등에서 찾을 수 있다. 그리스신화는 오비디우스의 『변신 이야기』, 베르길리우스의 『아이게이아스』, 소포클레스와 에우리피데스의 비극으로 이어졌다.

우리는 호메로스, 헤시오도스, 아폴로도로스, 오비디우스, 베르길리우스 등의 고전에서 그리스로마신화를 접할 수 있다. 불핀치는 기존의 고전과 후세의 문학 작품들을 관련지어 그리스로마신화를 대중화하는 데 크게 기여했다. 하지만 컴퓨터와 인터넷이 없는 당시에는 직접 손으로 자료를 수집하고 정리하느라 이들 작가가 체계적으로 계통을 세우는 데는 한계가 있었을 것이다. 내용이 소략하여 연결이 불명료한 곳도 눈에 띈다.

어떤 내용은 지나칠 정도로 묘사가 자세하다. 인과관계가 부족한 경우도 많다. 기록하는 과정에서 각색되어 내려오면서 여러 가지 설이 나오기도 했다. 가능한 여러 설 가운데 자연스럽게 이야기가 연결되는 설을 택했다. 이 책이 조금이나마 완결된 이야기 구조를 갖추는 데 기여할 수 있기를 기대한다.

　'그리스로마신화가 말을 하다'는 여러 고전을 토대로 그리스 신화를 균형 있게 구성하는 데 초점을 두었다. 명화의 등장인물이 말을 하게 하여 본문의 내용을 뒷받침하였다. 명작과 말풍선을 활용하면 내용을 쉽고 재미있게 이해할 수 있다. 당대의 미술 작품을 감상하는 재미도 느낄 수 있다. 이 책을 일독한 후 명작과 말풍선만 잠깐 훑어보아도 전체 내용을 다시 읽는 효과가 있을 것이다.

　'이미지 독서'를 몇 번 반복하면 복잡해서 제대로 기억하지 못하는 그리스로마신화의 흐름을 쉽게 꿸 수 있다. 그러면 어느 순간 신화를 일상생활과 연결해 자유자재로 인용하고 있는 자신에게 놀랄 것이다. 만화, 명화, 텍스트를 서로 연결해 가독성을 높인 새로운 구성이 복잡한 신화의 세계를 열어주는 열쇠 역할을 할 수 있기를 바란다.

박찬영 씀

차례

1장 영웅의 모험담

1 영웅 페르세우스의 승리 전략
| 페르세우스와 메두사, 아틀라스, 안드로메다

그리스로마신화에는 많은 영웅 이야기가 나온다. 이 이야기에서 빠지지 않고 등장하는 것은 바로 사랑 이야기다. 페르세우스는 어떤 역경을 거쳐 미녀를 얻었을까?

제우스는 황금 비로 변신해 청동탑에 갇힌 공주 다나에와 사랑을 나누었다. 왕은 딸에게서 낳은 자식에게 살해될 것이라는 신탁을 믿었다. 다나에가 페르세우스를 낳자 왕은 딸과 손자를 바다에 떠내려 보냈다. 두 사람은 세리포스 섬에 닿았다. 다나에를 본 폴리데크테스 왕은 첫눈에 다나에에게 반했다. 왕은 청년이 된 페르세우스를 방해물로 느껴 메두사의 목을 베어 오도록 명했다.

메두사의 머리를 취해서 돌아오는 길에 페르세우스는 에티오피아의 공주 안드로메다를 괴물로부터 구해주고 결혼했다. 영웅에게 최고의 전리품은 다름 아닌 미녀였던 것이다. 트로이 전쟁도 미녀를 두고 벌어진 영웅들의 혈전이었다.

메두사의 머리를 베자 몸의 잘린 부분에서 날개 달린 말 페가소스와 크리사오르가 튀어나왔다. (아폴로도로스 『도서관』)

괴물은 깊은 상처를 입고 하늘 높이 솟구치기도 하고 물속으로 뛰어들기도 했다. 때로는 멧돼지처럼 빙빙 돌기도 했는데, 마치 개 떼가 자신을 에워싸고 짖어 대는 바람에 겁에 질린 것 같았다. (오비디우스 『변신 이야기』)

그대의 공적을 보면 그대의 요구가 정당하지만, 내게는 그녀와 보낸 무수한 세월이 있습니다. (오비디우스 『변신 이야기』)

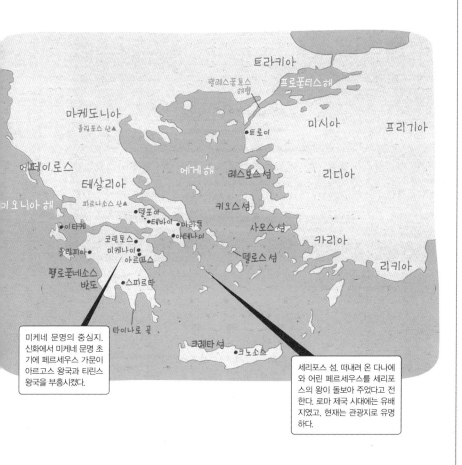

미케네 문명의 중심지. 신화에서 미케네 문명 초기에 페르세우스 가문이 아르고스 왕국과 티린스 왕국을 부흥시켰다.

세리포스 섬. 떠내려 온 다나에와 어린 페르세우스를 세리포스의 왕이 돌보아 주었다고 전한다. 로마 제국 시대에는 유배지였고, 현재는 관광지로 유명하다.

1 황금 비로 변신한 제우스, 다나에와 사랑을 나누다

제우스: 내가 비로 변신해 지붕으로 스며들어가 아름다운 다나에와 사랑을 나누었지.

「**다나에와 금비로 변한 제우스**」 19세기 프랑스의 레옹 프랑수아 코메르의 작품이다. 아비뇽 프티팔레 미술관 소장

아르고스의 아크리시오스왕에게는 다나에라는 예쁜 공주가 있었다. 그런데 다나에가 낳은 아이 때문에 자신이 죽게 되리라는 신탁을 받았다. 왕은 깜짝 놀라 남자의 손길이 닿지 못하도록 청동 탑을 세우고 다나에를 탑의 방안에 가두어 버렸다.

어느 날 제우스가 땅을 내려다보다가 탑의 창문에 기대어 있는 다나에를 발견했다. 빛을 뿜어내는 다나에의 미모를 제우스가 그냥 지나칠 리 없었다.

제우스는 황금빛 비로 변신하여 탑의 작은 창으로 들어가서 다나에에게 접근했다. 황금빛 비는 갑자기 제우스로 변했다. 제우스는 하룻밤을 다나에와 지내고 떠났다. 아홉 달 뒤 다나에는 페르세우스를 낳았다.

아기의 울음소리를 들은 왕이 탑 안으로 들어가 보니 다나에가 아기를 안고 있었다. 왕이 누구의 아이냐고 묻자 다나에는 제우스의 아이라고 대답했다. 신의 아들을 직접 죽일 수 없었던 아크리시오스는 어미와 아기를 상자 속에 넣은 다음 바닷물에 떠내려 보냈다. 왕은 이렇게 생각했다. '두 사람이 바다에 떠다니다가 굶어 죽으면 바다의 신인 포세이돈이 제우스의 아들을 죽인 셈이 되는 거야.'

바다를 떠돌던 상자는 다행히 제우스의 도움으로 세리포스 섬에 이르렀다. 바닷가 근처에 사는 딕티스라는 어부가 상자를 발견해 열어보았더니 놀랍게도 아름다운 여자가 아기를 안고 있었다. 딕티스는 다나에와 페르세우스를 잘 보살펴주었다.

「**다나에와 황금빛 비로 변한 제우스**」 18세기 스웨덴 화가 아돌프 율리크 베르트뮐러의 작품이다. 스웨덴 국립 박물관 소장

2 폴리덱테스, 페르세우스에게 메두사 제거를 명하다

> 메두사: 아테나와 미모를 겨루다 머리카락이 뱀이 되었지만 바라보지 않고는 견딜 수 없을 걸. 나를 보기만 해도 돌이 되어 버리지.

「메두사의 머리」 17세기 플랑드르 화가 페테르 루벤스의 작품이다. 잘린 메두사의 머리는 매우 공포스러운 형상이기는 하지만 바라보지 않고는 견딜 수 없는 매혹의 형상이기도 하다. 패션 브랜드 베르사체가 메두사 머리를 로고로 사용했다. 빈 미술사 박물관 소장

어느 날 딕티스의 형인 세리포스 섬의 폴리덱테스 왕이 동생 집에 왔다가 다나에를 보았다. 왕은 첫눈에 다나에에게 반해 날마다 찾아왔다. 왕이 청혼하자 다나에는 제우스와 이미 결혼한 몸이라며 청혼을 물리쳤다.

청년이 된 페르세우스가 다나에의 곁에 있기 때문에 다나에가 청혼을 거절했다고 폴리덱테스는 생각했다. 왕은 페르세우스를 없앨 한 가지 방법을 생각해냈다.

왕은 이웃나라 공주와 결혼하기로 했다고 발표하고 잔치를 열었다. 이 나라에서는 왕이 결혼하게 되면 귀족들이 왕에게 말을 바치는 관습이 있었다. 잔치 자리에서 귀족들은 차례로 일어나 바칠 말의 수를 외쳤다.

페르세우스는 말을 바칠 입장이 못 되었다. "저는 어부 딕티스님의 집에 얹혀살고 있어 바칠 말이 없습니다. 대신 임금님께서 바라시는 일을 한 가지 해드리겠습니다."

왕은 음흉한 미소를 지으며 말했다. "그렇다면 메두사의 머리를 베어 오너라."

사람들은 모두 놀랐다. 고르곤이라는 세 자매 괴물 중 막내인 메두사는 온 나라를 쑥대밭으로 만든 무시무시한 괴물이었기 때문이다.

메두사는 두 언니와는 달리 윤기 나는 머리카락이 돋보이는 아름다운 아가씨였다. 메두사는 자신의 머리카락을 자랑했다. "나도 아테나 여신만큼 아름다워. 머리카락은 더 멋질 걸."

바다의 신 포세이돈이 메두사를 좋아했는데, 메두사는 포세이돈을 아테나 신전으로 데리고 가서 사랑을 나누었다. 분노한 아테나는 메두사의 아름다운 머리카락을 혓바닥 날름대는 뱀으로 바꾸었다. 어떤 생물체라도 흉측한 메두사를 보기만 하면 돌로 변하고 말았다.

그래서 메두사가 사는 동굴 주위에는 메두사를 보다가 그대로 돌로 굳어버린 사람과 동물의 석상들이 널려 있었다.

「**메두사**」 미켈란젤로의 17세기 작품.
우피치 미술관 소장

3 그라이아이, 메두사가 있는 곳을 알려주다

페르세우스: 너희 눈은 내가 가지고 있다. 메두사가 사는 곳을 가르쳐주면 너희의 눈을 되돌려주겠다. 그렇지 않으면 눈을 호수에 던져 버리겠다.

「**페르세우스와 그라이아이**」 19세기 영국 화가 번 존스의 작품이다. 슈투트가르트 미술관 소장

　　페르세우스는 메두사의 목을 베어 오라는 명을 받았으나 메두사가 사는 곳은 알지 못했다. 페르세우스는 섬을 떠나 델포이 신전으로 갔다. 거기서 만난 여사제는 페르세우스에게 갈 방향을 일러주었다. "사람들이 도토리를 먹고사는 땅을 찾아가거라."

　　페르세우스는 여전히 혼란스러웠다. 이때 아테나가 나타나 청동 방패를 주면서 메두사가 사는 곳은 그라이아이만이 알고 있다고 가르쳐주었다.

그라이아이는 '희다'라는 뜻이다. 그녀는 태어날 때부터 주름투성이 얼굴에 백발 늙은이 모습이어서 그라이아이라고 불렸다. 아틀라스산맥의 동굴에 살았는데, 특이한 점은 3명이 하나의 눈과 하나의 이빨을 서로 돌려가면서 사용했다는 것이다.

페르세우스는 세 자매가 살고 있는 동굴로 찾아갔다. 한 명이 눈을 빼서 다른 한 명에게 건네 줄 때 페르세우스가 그 눈을 가로챘다. 세 자매는 서로 눈을 달라고 다투었다. 페르세우스가 나섰다. "눈은 내가 가지고 있다. 고르곤 자매들이 있는 곳을 가르쳐주면 눈을 되돌려주겠다."

그라이아이는 어쩔 수 없이 메두사가 사는 곳을 가르쳐 주었다. "서쪽 멀리 떨어진 섬에 있다. 메두사 머리에 있는 뱀들은 독사라서 머리가 삼각형이다."

페르세우스는 후환을 없애기 위해 눈을 돌려주지 않고 호수에 던져 버렸다. 페르세우스는 그라이아이가 눈을 되찾으면 덤벼들지도 모르고 이들은 세상에 필요하지 않은 존재라고 보았다.

「페르세우스와 그라이아이」
번 존스의 작품. 나무 조각에 금과 은, 청동 등을 입혔다. 카디프 국립 박물관 소장

4 아테나, 청동 방패를 건네주다

아테나: 페르세우스, 이 방패에 비친 메두사를 보고 목을 쳐라!
앞에 있는 것은 무엇이든 볼 수 있을 것이다. 직접 보면 돌이 되니 주의하라.

「방패를 건네주는 아테나」 17세기 프랑스 화가 르네 앙투안 우아스의 작품이다. 베르사유 트리아농 궁 소장

　페르세우스는 메두사를 찾아 서쪽으로 가고 있었지만 걱정이 앞섰다. 제우스는 아테나를 불러서 도와주라고 지시했다. 아테나는 먼저 신들로부터 필요한 물건들을 빌린 다음 페르세우스에게 가서 전해주었다. "네가 메두사의 목을 베는 데 필요한 몇 가지 물건을 가져왔다. 하늘을 마음대로 날 수 있는 헤르메스의 날개 달린 신발, 머리에 쓰면 투명 인간이 되는 하데스의 투구, 무엇이든 단번에 벨 수 있는 아레스의 칼, 늘어나거나 줄어드는 헤라의 자루, 그리고 이건 앞에 있는 것은 무엇이든 볼 수 있게 해주는 내 청동 방패다."

5 페르세우스, 메두사를 죽이다

페르세우스: 아니, 메두사의 피에서 날개 달린 말 '페가수스'가 나오다니!

「메두사의 죽음」 19세기 영국 화가 번 존스의 작품이다. 사우샘프턴 시립 미술관 소장

페르세우스는 아테나가 준 장비들로 무장하고 서쪽으로 날아갔다. 메두사가 있는 섬에 이르자 메두사를 보고 돌로 변한 사람들을 볼 수 있었다.

페르세우스는 잠든 메두사를 똑바로 쳐다보지 않고 방패에 비친 모습을 보면서 다가갈 수 있었다. 페르세우스는 방패에 비친 메두사의 머리를 아레스의 칼로 내리쳤다. 메두사의 머리가 잘리며 뿜어져 나온 핏방울에서 날개 달린 말 페가수스와 거인 크리사오르가 솟아났다.

페르세우스는 메두사의 머리를 마법 자루에 넣었다. 페가수스의 울음소리를 듣고 자고 있던 메두사의 언니 고르곤 두 명이 깨어났다. 메두사의 머리가 없어진 것을 본 두 언니는 메두사의 몸통 위를 돌며 범인을 찾으려 했지만 마법 투구를 쓰고 있는 페르세우스를 발견할 수는 없었다.

1 아틀라스, 페르세우스를 거절한 대가를 치르다

아틀라스: 썩 꺼져라, 페르세우스! 어디서 제우스의 아들이니, 영웅이니 하며 수작을 부리느냐.

페르세우스: 아틀라스여, 어찌 손님을 매몰차게 내쫓으시오. 그래도 손님의 선물이니 메두사의 머리나 구경하시오.

「**돌로 변한 아틀라스**」 19세기 영국 화가 번 존스의 작품이다. 제우스에게 티탄족이 패했을 때 티탄족인 아틀라스는 천공(天空)을 떠받치는 벌을 받았다. 사우샘프턴 시립 미술관 소장

페르세우스는 메두사의 머리를 들고 세리포스 섬으로 향했다. 산 넘고 바다 건너 돌아다니다 방향을 잘못 잡아 해가 지는 지구 서쪽 끝에 다다랐다. 그곳은 아틀라스 왕의 영토였다. 아틀라스 왕은 모든 인간들을 합친 것보다 체구가 더 컸다. 아틀라스의 자랑거리는 자신의 정원이었다. 그의 정원에는 황금 사과를 맺는 나무가 있었다.

페르세우스가 아틀라스에게 말했다. "나는 손님으로 여기 왔소. 나는 메두사를 무찌른 제우스의 아들 페르세우스요. 왕께서 귀한 혈통을 중하게 여기고 영웅적인 행동을 높이 산다면 하룻밤 묵을 곳과 음식을 내주기를 청하오."

아틀라스는 제우스의 아들이 어느 날 찾아와 자신의 황금 사과를 훔쳐 갈 것이라는 예언을 떠올리고는 페르세우스를 쫓아내려고 했다. "썩 꺼져라! 어디서 영웅이니 제우스의 아들이니 떠들고 다니느냐!"

화가 난 페르세우스는 얼굴을 돌린 다음, 메두사의 머리를 치켜들며 말했다. "나도 손님인데, 이토록 박대당하니 섭섭하군. 선물이니 이거나 받으시오."

아틀라스는 메두사의 머리를 보자마자 돌로 변하고 말았다. 턱수염과 머리카락은 수풀로, 팔과 어깨는 절벽으로, 머리는 산 꼭대기로, 뼈는 바위로 변했다. 곧이어 온몸이 부풀더니 거대한 산이 되었다. 신들은 올림포스에서 그 광경을 즐겁게 구경했다. 아틀라스는 지금도 어깨 위에 모든 별과 하늘을 이고 있다.

아틀라스 조각 독일 린더호프 성 지붕에 있는 아틀라스 조각상이다.

2 안드로메다, 괴물에게 바쳐지다

네레이스: 안드로메다, 괴물에게 바쳐지는 것을 원망하지 마라. 네 어머니 카시오페이아가 감히 우리 님프들에게 미모를 겨룬 대가니까.

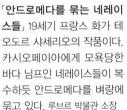

「안드로메다를 묶는 네레이스들」 19세기 프랑스 화가 테오도르 샤세리오의 작품이다. 카시오페이아에게 모욕당한 바다 님프인 네레이스들이 복수하듯 안드로메다를 벼랑에 묶고 있다. 루브르 박물관 소장

아프리카의 에티오피아 바닷가 위를 날던 페르세우스는 벼랑에 쇠사슬로 묶여 있는 한 아가씨를 발견했다. 흘러내리는 눈물과 바람에 살랑대는 머리카락만 아니었다면 영락없이 돌로 만든 조각상인 줄 알았을 것이다. 꼼짝달싹도 않고 안색에도 핏기가 전혀 없었기 때문이다.

페르세우스는 하늘에 두둥실 뜬 채 그녀에게 묶여 있는 연유를 물었다. 안드로메다는 수줍어 말을 않고 있다가 자칫 오해를 받을까 봐 자기 이름과 나라를 밝혔다. 그리고 어머니가 미모를 자랑하다 님프의 심술로 이 지경에 이르렀다는 사실도 털어놓았다.

에티오피아의 왕은 케페우스였고 왕비는 카시오페이아였다. 카시오페

이아는 자신의 미모를 감히 바다의 님프인 네레이스들과 견주었다. 네레이스들은 포세이돈에 앞서 바다의 신이었던 네레우스의 딸들이다. "인간 주제에 님프와 미모를 견주려고 해? 어디 이래도 끝까지 그 콧대를 세우는지 보자."

분노한 님프들은 거대한 바다 괴물을 보내 해변을 엉망으로 만들었다. 당황한 케페우스가 신탁을 받아보았더니 딸 안드로메다를 괴물에게 바치라는 신탁이 내려졌다. 왕은 기절할 듯이 놀랐으나 어쩔 수 없이 바다 괴물이 오는 길목에 딸을 데려다 놓았다.

페르세우스: 왜 이렇게 묶여 있는 거요? 아름다운 아가씨에게 그런 사슬은 어울리지 않소.

「페르세우스와 안드로메다」
19세기 영국 화가 프레더릭 레이턴의 작품. 안드로메다를 구하러 오는 페르세우스는 두 가지 모습으로 그려진다. 하나는 페가수스를 타고 날아오는 모습, 다른 하나는 날개 달린 신발을 신고 오는 모습이다. 워커 미술관 소장

3 페르세우스, 바다 괴물을 죽이다

페르세우스: 어디, 안드로메다에게 다가오느냐. 페르세우스의 칼을 받아라!

「**페르세우스 연작 : 뜻대로 이루어진 운명**」 19세기 영국 화가 번 존스의 작품이다. 사우샘프턴 시립 미술관 소장

　안드로메다가 채 말을 끝맺기도 전에 바다 괴물이 물 위로 머리를 들어 올리더니 어슬렁어슬렁 다가왔다. 페르세우스는 공주 앞을 가로막고 칼을 치켜들었다. 괴물이 돌팔매질을 할 정도로 가까이 오자 페르세우스는 하늘 위로 높이 솟구쳤다가 빠르게 내려오며 괴물의 목을 움켜잡았다.

재빠르게 괴물의 등에 올라탄 페르세우스는 괴물의 어깨에 장검을 깊숙이 찔러 넣었다. 괴물은 고통스러운 듯 좌우로 몸을 비틀며 멧돼지처럼 돌진해 왔다. 페르세우스는 날개를 펄럭여 공격을 피하면서 여기저기 칼을 찔러댔다. 괴물의 콧구멍에서 핏물이 터져 나오자 페르세우스는 승리를 예감했다. 그러나 그것도 잠시. 괴물의 피 때문에 날개가 젖는 바람에 날 수가 없었던 것이다. 페르세우스는 뾰족한 바위 끝을 잡고 몸을 지탱했다. 괴물이 옆을 지나기를 기다렸다가 최후의 일격을 가했다.

괴물은 비명을 지르며 바닷속으로 사라졌다. 바다는 괴물의 피로 붉게 물들었고, 이 바다는 홍해라는 이름으로 불렸다.

페르세우스는 안드로메다를 풀어주었다. 바위 뒤쪽에서 왕과 왕비가 페르세우스를 껴안으며 딸과 왕실을 살려 낸 구원자라고 칭송했다.

왕은 페르세우스를 위해 승리 축하연을 열어주었다. 잔치 자리에서 왕은 페르세우스에게 소원을 물었다. 페르세우스는 공주를 돌아보며 말했다. "안드로메다 공주와 결혼하고 싶습니다."

「안드로메다를 풀어주는 페르세우스」 17세기 플랑드르 화가 페테르 루벤스의 작품이다. 베를린 국립 회화관 소장

4 피네우스, 안드로메다의 약혼자 행세를 하다

피네우스: 나는 안드로메다의 약혼자다. 페르세우스, 공주를 내놓아라!

페르세우스: 공주가 위기에 처했을 때는 어디에 있다가 이제 와서 약혼자 행세를 하느냐? 나의 편은 모두 고개를 돌리시오. 메두사의 머리를 쳐들 것이오!

「**피네우스를 돌로 변화시키는 페르세우스**」 17세기 루카 조르다노의 작품이다. 내셔널 갤러리 소장

케페우스의 궁에서 페르세우스와 안드로메다의 결혼 잔치가 벌어졌다. 모두들 즐거운 시간을 보내고 있는데 갑자기 안드로메다의 약혼자였던 피네우스가 부하들을 이끌고 들이닥쳤다. 피네우스는 분노에 서린 얼굴로 말했다. "안드로메다 공주는 나와 약혼한 사이오. 공주를 내 놓으시오!"

난동을 피우던 피네우스는 다짜고짜 페르세우스에게 창을 던졌다. 창이 빗나가자 페르세우스도 맞서서 창을 던지려 했다. 비겁한 공격을 감행했던 피네우스는 재빨리 제단 뒤에 숨었다. 이를 신호로 부하들이 일제히 페르세우스 일행을 공격했다.

잔치는 순식간에 아수라장으로 변했다. 수가 적은 페르세우스 일행이 밀리기 시작했다. 갑자기 페르세우스는 자신의 일행에게 고개를 돌리게 하고는 메두사의 머리를 높이 쳐들었다. 미처 날뛰던 피네우스와 그의 부하들은 그대로 돌덩어리가 되어버렸다. 불행히도 메두사의 머리를 본 사람은 피네우스 일당뿐 아니었다. 안드로메다의 부모인 왕과 왕비도 메두사의 머리를 본 것이다.

신들은 이들을 불쌍히 여겨 하늘의 별자리로 만들어주었다. 별자리 카시오페이아는 이 왕비의 이름에서 유래했다. 영광스럽게도 별이 되긴 했지만, 바다의 님프들은 끝까지 심술을 부렸다. 카시오페이아를 북극성 가까운 하늘에 비스듬히 매달아 놓았다. 겸손의 미덕을 배우게 하려고 카시오페이아의 머리를 아래로 향하게 해 두었던 것이다.

카시오페이아 ⓒ미국 해군성 천문대 우주 망원경 과학 연구소 (U.S. Naval Observatory and the Space Telescope Science Institute)

5 페르세우스, 미케네의 왕이 되다

페르세우스: 내 어머니 다나에를 괴롭힌 폴리덱테스여, 메두사의 얼굴이나 보시오.

「**페르세우스와 메두사**」16세기 이탈리아 작가 첼리니의 작품이다. 피렌체 란치 예술관 소장

　페르세우스는 안드로메다를 안고 하늘을 날아서 세리포스 섬으로 돌아왔다. 집으로 들어서자 어머니 다나에는 보이지 않았다. 어부 딕티스의 아내가 나타나 그 이유를 말해주었다. "네가 메두사의 머리를 베러 떠난 후 왕이 어머니를 납치하려고 했어. 그래서 딕티스가 어머니를 몰래 어딘가에 숨겼지."

　페르세우스는 궁전으로 들어가서 어머니 다나에를 괴롭힌 폴리덱테스 왕에게 메두사의 머리를 내밀어 돌로 만들었다. 어부 딕티스는 숨겨둔 다나에를 데리고 나타났다. 페르세우스는 백성들 앞에서 왕의 동생인 딕티스를 새로운 왕으로 모시자고 제안했다. 백성들은 환호했다.

페르세우스는 안드로메다와 결혼식을 치른 후 아테나에게 빌린 물건을 돌려주었다. 감사의 표시로 메두사의 머리도 바쳤다. 아테나는 메두사의 머리를 자신의 방패 아이기스 한가운데 끼워 넣었다. 그 후 메두사의 머리를 보아도 돌로 변하지 않게 되었다.

그후 페르세우스는 아내와 어머니와 함께 고향 아르고스로 향했다. 아르고스의 아크리시오스 왕은 외손자가 돌아온다는 소식에 겁을 먹고 서둘러 피난했다. 신하들은 페르세우스를 새 왕으로 받들었다.

페르세우스는 외할아버지와 화해하려고 그를 찾아 나섰다가 우연히 라리사에서 열린 원반 던지기 시합에 참여했다. 페르세우스는 있는 힘을 다해 원반을 던졌는데 갑자기 바람이 불어 원반이 관중석 쪽으로 날아가 어느 노인의 정수리를 강타했다. 그 노인은 외할아버지 아크리시오스였다. 다나에는 아버지의 시체를 껴안고 통곡했다. 결국 신탁이 이뤄진 것이다.

페르세우스는 아르고스에서 더 이상 살고 싶지 않아 이웃의 작은 도시로 이주했다. 그는 그 도시의 왕이 되어 큰 도시로 발전시켰는데, 이 도시가 바로 미케네다.

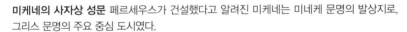

미케네의 사자상 성문 페르세우스가 건설했다고 알려진 미케네는 미네케 문명의 발상지로, 그리스 문명의 주요 중심 도시였다.

2 모험인가 약탈인가, 아르고 원정대

| 메데이아와 이아손

테살리아의 대도시 이올코스의 왕이었던 아이손은 배다른 동생 펠리아스에게 쫓겨났다. 펠리아스는 아이손의 아들인 이아손이 크면 왕위를 내주겠다고 약속했다. 성인이 된 이아손은 펠리아스 앞에 나타나 아이손의 아들로서 자신이 왕위를 계승해야 한다고 주장했다. 펠리아스는 이아손을 없애기 위해 황금 양털을 가져오면 왕위를 물려주겠다는 조건을 내세웠다.

이아손은 그리스의 영웅들과 함께 아르고 호를 타고 코르키스에 도착했다. 코르키스의 왕인 아이에테스도 까다로운 문제를 냈다. 이아손은 왕의 딸이며 마녀인 메데이아의 도움을 받아 왕의 요구대로 입에서 불을 내뿜는 황소로 밭을 갈고, 용의 엄니를 뽑아 밭에 뿌렸다. 이아손은 황금 양털을 손에 넣은 후 메데이아와 함께 귀국했다. 메데이아는 마법의 힘을 빌려 펠리아스를 죽였다. 왕을 죽인 두 사람은 코린토스로 달아났다.

이아손은 자기 아이까지 낳은 메데이아를 버리고 코린토스 왕의 딸과 결혼했다. 격분한 메데이아는 왕과 신부, 두 아들까지 죽이고 멀리 달아났다. 이아손은 아르고 호의 썩은 떡갈나무 여인상에 머리를 맞고 죽었다.

황금 양털을 찾아 나선 아르고 원정대의 모험은 약탈을 정당화하려는 이야기인지도 모른다. 이아손과 결혼한 메데이아에 관한 슬픈 사랑 이야기는 옛 그리스 3대 시인 가운데 한 명인 에우리피데스의 『메데이아』라는 비극에 잘 나타나 있다.

- 왜 나는 이방인에 대한 사랑으로 나를 태우고 있을까? 왜 낯선 것과 결혼하고 싶은 걸까?
  (오비디우스 『변신 이야기』)

- 저를 도우소서. 그러면 산을 떨게 하고 대지를 울리게 하고 혼령이 무덤에서 나오게 하겠습니다.
  (오비디우스 『변신 이야기』)

- 나는 내 아이들을 죽일 겁니다. 이 아이들을 구해 줄 사람은 아무도 없겠지요. 그렇게 나는 이아손의 집을
  송두리째 무너뜨리겠습니다. (에우리피데스 『메데이아』)

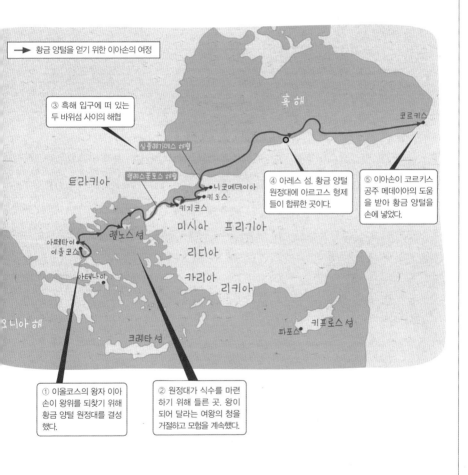

→ 황금 양털을 얻기 위한 이아손의 여정

③ 흑해 입구에 떠 있는 두 바위섬 사이의 해협

심플레가데스 해협

헬레스폰토스 해협

혹해

코르키스

트라키아

니코메데이아
키오스
키지코스

미시아   프리기아

렘노스 섬

아페타이
이올코스

아테나이

리디아

카리아   리키아

④ 아레스 섬. 황금 양털 원정대에 아르고스 형제들이 합류한 곳이다.

⑤ 이아손이 코르키스 공주 메데이아의 도움을 받아 황금 양털을 손에 넣었다.

이오니아 해

크레타 섬

파포스   키프로스 섬

① 이올코스의 왕자 이아손이 왕위를 되찾기 위해 황금 양털 원정대를 결성했다.

② 원정대가 식수를 마련하기 위해 들른 곳. 왕이 되어 달라는 여왕의 청을 거절하고 모험을 계속했다.

1 제물로 바쳐진 프릭소스와 헬레를 황금빛 숫양이 구하다

「**프릭소스와 헬레**」 헬레가 바다에 빠진 장면이다. 코르키스 왕 아이에테스는 프릭소스와 자신의 딸인 칼키오페를 결혼시켰다. 프릭소스의 자식인 아르고스 4형제가 이후 아르고 호 원정에 참여한다. 나폴리 국립 고고학 박물관 소장 그리스 테살리아에 아타마스라는 젊은 왕이 있었다. 왕은 네펠레라는 예쁜 여인을 왕비로 맞아 프릭소스와 공주 헬레를 낳았다.

세월이 흐른 어느 날 왕이 이웃나라 테베의 궁전에 들렀다가 공주 이노를 보고 첫눈에 반했다. 왕은 네펠레 왕비를 버리고 이노를 왕비로 맞았다.

새 왕비는 전처의 자식들을 없애기 위해 계략을 꾸몄다. 궁전에서는 곡식의 씨앗을 백성들에게 나눠주는 관습이 있었는데, 새 왕비는 시녀에게 볶은 씨앗을 집어넣게 시켰다.

볶은 씨앗을 뿌리는 바람에 싹이 나지 않았고 백성들은 굶주렸다. 왕과 새 왕비는 델포이에 신하를 보내 신탁을 듣게 했다. 새 왕비는 신하를 매수해 거짓 보고를 하도록 했다. 델포이에서 돌아온 신하가 왕에게 보고했다. "신들께 왕자님과 공주님을 바쳐야 곡식이 자랄 거라고 합니다."

왕은 처음에는 자식을 제물로 바치지 않으려 했다. 하지만 백성들이 흥분해서 궁전으로 몰려오자 어쩔 수 없이 왕자와 공주를 제물로 바치라고 지시했다.

마침내 명령을 들은 신하들은 왕자와 공주를 묶어 제물로 바쳤다. 이때 숲속 동굴에 가 있던 왕비가 계모로부터 아이들을 보호해달라고 제우스에게 기도했다. 칼을 들이대기 직전에 흰 구름이 일더니 헤르메스가 황금빛 숫양 한 마리와 함께 나타났다. 양은 왕자와 공주를 태우고 하늘로 솟아올라 동쪽으로 날아갔다.

유럽과 아시아를 가르는 해협을 건널 때, 헬레가 숫양 등에서 떨어져 바다에 빠졌다. 고대 그리스에서는 이 바다를 헬레스폰투스라고 불렀다. 오늘날의 다르다넬스 해협이다.

숫양은 헬레가 떨어진 것을 아랑곳하지 않고 계속 날아가 코르키스에 다다랐다. 숫양은 흑해의 동쪽 바닷가에 있는 코르키스에 프릭소스를 안전하게 내려주었다.

2 동생에게 쫓겨난 아이손 왕, 이아손의 교육을 케이론에게 맡기다

케이론: 내가 알고 있는 것은 모두 가르쳐주었으니 이제 세상에 나가 왕좌를 되찾도록 하라.

「**켄타우로스 케이론의 교육을 받는 아킬레우스**」 18세기 화가 장 밥티스트 레뇨의 작품이다. 이아손을 맡아 교육한 케이론은 아킬레우스와 같은 영웅의 스승으로 알려져 있다. 아이손 왕은 동생에게 밀려난 후 이아손을 케이론에게 맡겼다. 루브르 박물관 소장 코르키스의 아이에테스 왕은 프릭소스를 따뜻하게 맞았다. 프릭소스는 숫양을 잡아 제우스에게 제물로 바쳤고 황금 양털은 왕에게 주었다. 왕은 아레스 신께 바친 신성한 숲에 황금 양털을 보관하고 용이 밤낮으로 지키게 했다.

예부터 황금 양털에 대한 신탁이 전해 내려왔다. 황금 양털을 가진 나라는 번성하고, 그것을 잃으면 나라에 어려움이 닥친다는 것이다. 그래서인지 코르키스는 날로 번성했다. 많은 사람들이 황금 양털을 훔치려 했지만 모두 용에게 죽임을 당했다.

아타마스 왕이 다스리는 테살리아 근처에는 친척이 다스리는 이올코스라는 왕국이 있었다. 이올코스의 왕 아이손은 늘그막에 왕자 이아손을 낳았다. 왕자는 씩씩하게 자랐다.

이때 왕의 동생인 펠리아스가 무장한 병사를 이끌고 들이닥쳤다. "형님은 나이가 너무 많고 왕자는 너무 어리니 내가 왕위를 지키고 있겠소. 왕자가 크면 왕위를 물려주겠소."

왕과 왕비, 왕자 세 사람은 성에서 쫓겨나 숲으로 갔다. 마침 숲속에 빈 오두막이 있어 들어갔다. 왕은 앞날을 걱정했다. "동생이 나중에 왕의 자리를 내놓기는커녕 왕자를 죽이려 할지도 모르오. 그러니 안전과 교육을 위해 왕자를 케이론에게 맡깁시다."

케이론은 윗몸은 인간이고 아랫몸은 말인 켄타우로스 족이었다. 테살리아 지방의 페리온 산에서 사는 이 괴물은 난폭하지만 아주 현명했다. 케이론은 아폴론과 아르테미스에게 교육을 받아 다방면에 깊은 지식을 지녔다.

이아손 왕자는 케이론의 교육을 받으며 훌륭한 청년으로 성장했다. 어느 날 케이론은 이아손에게 말했다. "때가 되었으니 왕 자리를 찾으러 가거라."

3 이아손, 펠리아스를 만나 왕위를 요구하다

이아손: 작은 아버지, 이제 저도 나이가 찼으니 아버지 아이손이 맡겨놓은 왕위를 돌려주세요.

펠리아스: 그래 좋다. 그런데 먼저 우리 가문의 소유나 다름없는 황금 양털을 네가 찾아오지 않겠니? 황금 양털이 있으면 나라가 번성한다는 신탁이 있었다. 코르키스 왕국에 있는 황금 양털은 친척인 프릭소스 왕자의 것이었으니까 찾아오는 게 마땅하다.

이아손이 강가에 이르렀는데 물이 불어 사람들이 웅성거리고 있었다. 이때 어떤 할머니가 이아손에게 다가와 말했다. "젊은이, 나를 업고 강을 건네주겠나?"

이아손은 할머니를 등에 업고 강을 건넜다. 강을 건너면서 이아손은 샌들 한 짝을 잃어버렸다.

할머니는 헤라 여신이었다. 헤라는 이아손을 기특하게 여기고 이아손의 복수를 도와주려고 했다. 더구나 헤라는 왕위를 빼앗은 펠리아스가 헤라 여신에게 드리는 제사를 빠뜨리는 것에 불만을 품고 있었다.

이아손은 한쪽 샌들만 신은 채 작은 아버지를 찾아갔다. 펠리아스는 깜짝 놀랐다. 한쪽 샌들만 신은 젊은이가 나타나 자신을 해칠 것이라는 신탁을 들었기 때문이다.

이아손은 펠리아스에게 약속대로 왕위를 다시 넘겨 달라고 했다. "작은 아버지, 제가 크면 왕위를 넘겨주기로 약속하셨는데, 이제 제가 이만큼 컸으니 약속을 지키십시오."

펠리아스는 그러겠다고 하면서도 조건을 달았다. "네가 왕이 되려면 왕의 자격이 있다는 것을 백성들에게 보여줘야 하지 않겠느냐? 코르키스에 있는 황금 양털을 가져오면 모든 백성이 너를 왕으로 인정할 것이다."

그동안 수많은 사람들이 황금 양털을 훔쳐가려 했지만 그것을 지키는 용에게 모두 목숨을 잃었다. 왕은 이아손을 죽게 하려고 무리한 제안을 한 것이다. 이아손은 왕의 흉계도 모른 채 선뜻 황금 양털을 찾아오겠다고 대답했다.

❂ **이아손을 만난 펠리아스** 1세기 경 그려진 프레스코 벽화다. 펠리아스는 한쪽 샌들만 신은 젊은이가 나타나 왕위를 차지할 것이라는 신탁을 받았는데, 그가 바로 이아손이다. 이아손을 보고 놀란 펠리아스의 모습이 담겨 있다. 나폴리 국립 고고학 미술관 소장

4 이아손, 왕의 계략에 따라 아르고 원정대를 결성하다

이아손: 아르고호여, 어서 황금 양털이 있는 코르키스로 가자!

「**아르고 호 원정대의 출발**」 16세기 이탈리아 화가 지오반니 디 루테로의 작품이다. 워싱턴 내셔널 갤러리 소장

　이아손은 펠리아스의 제안을 흔쾌히 수락하고 원정에 나설 채비를 했다. 이아손은 그리스에서 배를 가장 잘 만드는 아르고스라는 사람을 불러오십 명이나 태울 수 있는 배를 만들라고 지시했다. 당시 그리스에 있는 선박이라고는 작은 배나 뗏목이 전부였으므로 사람들은 깜짝 놀랐다. 배는 아르고스의 이름을 따서 '아르고' 호라고 불렀다.

　아테나는 떡갈나무로 여인상을 만들어 뱃머리를 장식해 주었다. 장차 있을지도 모를 위험을 경고하게 하려는 배려가 깔려 있었다.

이아손은 그리스의 용맹한 청년들을 불러 모았다. 모험심에 가득 찬 그리스의 영웅들이 모였다.

이들 중에는 그리스에서 가장 힘이 센 헤라클레스, 노래를 기가 막히게 잘 부르고 리라를 잘 타는 오르페우스, 북풍의 아들들인 날개 달린 칼라이스와 제테스, 아테나이의 영웅 테세우스도 있었다.

원정대는 배의 이름을 따서 아르고나우테스(아르고 호의 선원들)라고 불렸다.

「아르고 호」 15~16세기 이탈리아 화가 로렌초 코스타의 작품이다. 앞에서 사자 가죽 같은 것을 걸치고 있는 용사는 이 원정에 참여했다가 중도에서 그만 둔 헤라클레스로 추정된다. 아르고 호 원정 이야기는 그리스 시인 아폴로니오스가 쓴 『아르고나우티카』(총 4권)가 유명하다.
파도바 시립 박물관 소장

5 힐라스, 샘의 님프들에게 납치당하다

힐라스: 나는 아르고 원정대의 대원들이 마실 물을 길러 왔어요. 그러니 이 손을 놓아주세요.

샘의 님프들: 힐라스 님, 당신처럼 멋진 남자는 처음이에요. 우리와 함께 샘으로 들어가요.

「**힐라스와 님프들**」 존 윌리엄 워터하우스의 작품이다.(1896년) 맨체스터 아트 갤러리 소장

항해를 하는 도중 노 젓기 경기를 했는데, 모두 떨어져 나가고 이아손과 헤라클레스만 남았다. 이아손이 노를 쥔 채 앞으로 쓰러졌다. 동시에 헤라클레스의 노가 부러졌다. 무승부가 되자 화가 난 헤라클레스는 부러진 노를 던졌다. 배가 해안에 닿자 헤라클레스는 노를 만들기 위해 숲으로 향했다. 헤라클레스의 절친한 친구 힐라스도 물을 길러 간다며 나섰다. 헤라클레스는 적당한 나무를 찾아 베기 시작했고 힐라스는 샘을 찾아 숲속으로 더 들어갔다.

맑고 큰 샘을 발견한 힐라스는 항아리에 물을 채우려고 샘물 쪽으로 몸을 구부렸다. 아름다운 청년 힐라스를 본 샘의 요정들은 저마다 하얀 두 팔을 뻗어 힐라스의 목을 끌어안고 샘물 속으로 당겼다.

노를 다 만든 헤라클레스가 친구를 찾았으나 샘 속으로 사라진 힐라스가 나타날 리 없었다. 원정대 대원들은 헤라클레스와 힐라스가 돌아오지 않자 찾아 나서기 시작했다. 헤라클레스가 허둥거리는 모습을 발견한 대원들은 어찌된 영문인지 물었다. 헤라클레스는 힐라스가 사라졌다고 말했다.

기다릴 수 없었던 대원들은 힐라스를 남겨 두고 출발하자고 말했다. 힐라스를 친형제처럼 사랑하는 헤라클레스는 크게 화를 냈다. "너희나 가라. 나는 힐라스를 찾아야 한다."

대원들은 하는 수 없이 헤라클레스를 남겨 두고 모두 배로 돌아갔다. 헤라클레스가 힐라스를 찾아 떠난 사이에 아르고 호는 다시 출항했다.

「**힐라스**」 영국 조각가 헨리 앨프리드 피그럼의 작품이다. 이 이야기는 기원전 3세기 시인 테오크리토스에게 영감을 주었다. 테오크리토스는 『힐라스』라는 소(小)서사시를 지었다.

6 피네우스, 위험한 물길을 피하는 비법을 알려주다

피네우스: 예언 능력을 뽐내려고 제우스가 바람피우는 것을 말하는 바람에 이렇게 눈도 멀고 하르피아들에게 괴로움을 당하고 있어요.

아르고 호는 테살리아를 떠나 렘노스 섬에 잠시 머문 다음 트라키아로 갔다. 언덕에는 낡은 궁전이 있었고, 언덕 아래에는 황폐한 도시가 있었다. 일행이 궁전으로 들어가 보니 한 사람이 죽은 듯이 쓰러져 있었다. 그 사람은 인기척을 느끼고 겨우 일어나더니 물었다. "아르고 호 원정대요?"

이아손은 되물었다. "어떻게 그걸 아시나요?"

노인은 가까스로 일어나 앉았는데, 눈이 멀었고 뼈만 앙상했다. 노인이 사연을 늘어놓았다.

"나는 이 나라 왕이었던 피네우스라고 하오. 아폴론 신을 잘 받들어 아폴론으로부터 예언하는 능력을 받았지요. 예언 능력을 지닌 나는 나라를 더 잘 다스릴 수 있었어요. 가뭄이 닥치거나 외적이 쳐들어오는 것도 미리 알아서 대처했지요.

그런데 예언 능력을 뽐내다 그만 큰 실언을 하고 말았어요. '제우스가 한 마을의 예쁜 처녀를 좋아하는 것을 헤라가 알아냈다. 그 마을에는 재앙이 내릴 것이니 그 마을 사람들을 조심하라.'

제우스가 신을 거론하는 것에 발끈해 작은 벼락을 내렸어요. 그 벼락에 맞아 이렇게 눈이 멀었지요. 게다가 식사를 하려고 하면 괴물 새인 하르피이아들을 보내 음식을 모두 빼앗아 먹게 했지요. 하르피이아들은 배설물까지 쏟아내 악취를 풍겼어요.

그래서 이렇게 몸이 말랐고 백성들도 떠나 도시는 폐허가 되었지요. 하지만 나를 도울 사람들이 올 것이라는 것을 나는 알고 있었어요. 그들은 바로 북풍의 아들들이지요. 우선 먹을 것을 좀 주시오."

이아손은 대원들에게 먹을 것을 가져다주라고 지시했다. 하지만 피네우스가 음식에 손을 대자 하르피이아들이 날아들어 순식간에 음식을 먹어치우고는 빈 그릇에 배설물을 갈겨댔다.

날개 달린 북풍의 아들 칼라이스와 제테스가 쫓아가서 칼을 내리치려 하자 무지개의 여신 이리스가 나타나 말했다. "제우스께서 길들이신 하르피이아들을 죽이지 마라. 앞으로 피네우스를 괴롭히지 못하게 할 테니 그들을 놓아주어라."

이리스의 말이 끝나자마자 하르피이아들이 멀리 날아갔다. 그제야 피네우스는 음식을 먹을 수 있었다.

피네우스는 자기를 구해준 보답으로 위험한 물길을 통과하는 비법을 알려주었다. "흑해 입구를 가로막는 두 바위섬은 가끔씩 위아래와 양옆으로 흔들리는데, 배가 그 사이에 끼어들면 산산조각이 납니다. 이 비둘기를 드릴 테니 가지고 가다가 바위섬 앞에 이르면 날려 보내시오. 비둘기가 바위섬 사이로 지나가면 두 바위섬은 이내 맞부딪칠 것이오. 부딪친 섬이 떨어질 때 힘껏 노를 저어 빠져나가시오."

배가 두 바위섬 가까이 접근하자 대원들은 피네우스가 일러준 대로 비둘기 한 마리를 날려 보냈다. 비둘기는 꼬리털 몇 가닥만 떨어뜨렸을 뿐 두 바위섬 사이를 무사히 통과했다. 두 바위섬이 맞부딪쳤다가 다시 벌어지는 순간 이아손과 부하들은 힘껏 노를 저어 두 바위섬을 통과했다. 빠져나가기 직전에 두 섬이 다시 부딪치면서 배 뒤의 판자를 스쳤다. 아르고호가 지나가자 두 바위섬은 바다 밑에 뿌리를 박아 더는 움직이지 않았다.

1 메데이아 공주, 마법의 부적을 건네주다

이아손: 황금 양털을 가지고 고국으로 돌아가면 공주님을 왕비로 맞겠소. 당신을 죽을 때까지 사랑하겠소.

메데이아: 저는 왕자님을 사랑합니다. 저와 결혼해주실 거예요? 이걸 간직하세요. 황소의 뜨거운 불을 막는 부적이에요. 용 이빨 병사들이 달려들면 한가운데 돌을 던지세요.

「메데이아에게 영원한 사랑을 맹세하는 이아손」 17~18세기 프랑스 화가 장 프랑수아 드 트루아의 작품이다. 런던 내셔널 갤러리 소장

두 바위섬을 무사히 통과한 이후 해안가를 따라 배를 몰아 흑해의 동쪽 끝에 있는 코르키스에 상륙했다. 이아손 일행은 궁전으로 가서 아이에테스 왕을 만났다.

아이에테스는 프릭소스 왕자가 황금 빛 양을 타고 오자 맏딸과 결혼시킨 왕이다. 그런데 프릭소스는 이아손이 도착했을 때 이미 죽고 없었다. 그리스 인이 왕을 죽일 것이라는 신탁이 있어서 아이에테스 왕이 죽인 것이다.

아이에테스 왕은 이아손 일행에게 식사를 대접했다. 이아손은 방으로 들어오는 왕의 둘째 딸 메데이아를 보고는 반해버렸다. 이때 에로스가 메데이아의 가슴에 금 화살을 쏘았다. 메데이아는 마법의 여신 헤카테를 섬기는 사제이자 아름다운 마법사였다.

이아손은 코르키스의 아이에테스 왕에게 자신이 온 목적을 알렸다. "황금 양털을 가지러 왔습니다. 그 양털은 원래 삼촌 프릭소스 왕자의 것이었습니다. 또 그 황금 양털을 가져가야 제가 왕위에 오를 수 있습니다."

왕은 깜짝 놀라 쏘아보며 말했다. "황금 양털이 이 나라를 지켜주는 보물이라는 것은 알고 있겠지요? 지금까지 많은 사람들이 황금 양털을 가져가려다 용에게 죽임을 당한 것도 알고 있겠지요? 그래도 좋다면 한 가지 해야 할 일이 있소. 불 뿜는 두 마리의 청동 발 황소를 끌고 밭을 간 후 카드모스가 죽인 거대한 뱀의 이빨들을 땅에 심으시오. 이빨을 땅에 심으면 무사들이 튀어나와 칼을 들이댈 텐데 그들을 모두 죽이시오. 그러면 황금 양털을 가져갈 수 있소."

뱀의 이빨은 아테나의 지시에 따라 카드모스가 반을 남겨 아이에테스 왕에게 준 것이다.

이아손은 왕이 자기를 죽이려고 무리한 제안을 했다는 사실을 잘 알고 있었지만 왕의 제안을 수락했다. 그날 밤 이아손은 고민하며 바닷가를 서성이고 있었다. 메데이아 공주는 이아손에게 다가갔다. "제가 도와드리죠.

저는 마법의 여신 헤카타를 모시는 마법사이기도 해요."

이아손은 반갑기도 하면서도 의아해서 물었다. "왜 아버지의 뜻을 거스르며 나를 도와주려고 하는 거죠?"

메데이아는 수줍게 고개를 돌리며 말했다. "저는 왕자님을 사랑합니다. 저와 결혼해주실 건가요?"

이아손은 결혼을 맹세했다. 공주는 이아손에게 황소의 뜨거운 불을 막는 부적을 건네고는 뱀 이빨 병사들 한가운데 돌을 던지라고 일러주었다.

「메데이아」 19세기 영국 화가 앤터니 프레데릭 샌디스의 작품이다. 메데이아의 뒤로 이아손과 함께 타고 온 아르고 호와 황금 양털이 걸린 나무가 묘사되어 있다. 버밍엄 미술관 소장

2 황소로 밭을 갈고 땅에서 나온 병사를 무찌르다

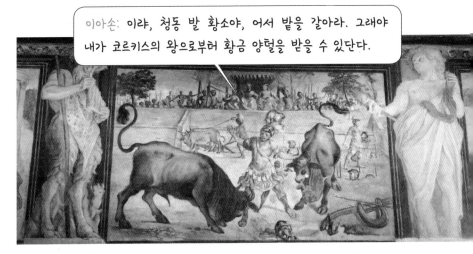

이아손: 이랴, 청동 발 황소야, 어서 밭을 갈아라. 그래야 내가 코르키스의 왕으로부터 황금 양털을 받을 수 있단다.

황소를 길들이는 이아손 ©Sailko

약속한 날이 되자 왕을 비롯한 사람들은 전쟁의 신 아레스에게 바쳐진 숲에 모였다. 이윽고 청동 발 황소가 콧구멍으로 불을 내뿜으며 이아손에게 달려왔다. 길가의 풀밭이 불길에 활활 타올랐다. 이아손은 부적을 지니고 있어 불에 타지 않았다.

이아손은 불을 뿜어내는 황소에게 돌진해 뿔을 잡고 잽싸게 멍에를 둘러 씌웠다. 다른 한 마리에도 멍에를 씌웠다. 이아손은 두 황소에게 쟁기를 달고 돌밭을 간 다음 뱀의 이빨을 땅에 뿌리고 흙으로 덮었다.

그러자 땅속에서 한 무리의 병사들이 솟아올라 이아손에게 칼을 들이댔다. 메데이아가 알려준 비법대로 이아손은 돌을 하나 주워서 병사들의 한가운데에 던졌다. 그러자 병사들은 누가 돌을 던졌냐고 외치면서 서로 싸우다 죽어갔다. 이아손은 남은 몇 명을 칼로 내리쳐 죽였다.

지켜보던 대원들은 모두 뛰쳐나와 환호성을 질렀다. 이아손이 왕에게 황금 양털을 달라고 하자 왕은 다음날 궁전으로 오라고 말했다.

3 메데이아의 도움으로 황금 양털을 손에 넣다

이아손: 황금 양털을 지키는 용아, 메데이아가 준 이 약 냄새를 맡고 조용히 자려무나.

「**용에 독을 뿌리는 이아손**」 17세기 이탈리아 화가 살바토르 로사의 작품이다. 이아손은 이올코스의 왕자다. 영어로는 제이슨(Jason)이라 부른다. 세인트 루이스 미술관 소장

왕은 궁전으로 돌아와서 병사들에게 명령했다. "내일 아침 날이 밝자마자 이아손의 배를 습격해 모두 죽여라."

아버지의 명령을 엿들은 메데이아는 궁전을 빠져나왔다. 궁전 문을 벗어나자 남동생 압시르토스가 누나를 불렀다. 공주는 동생에게 입단속을 시켰다. 그래도 동생을 믿을 수 없었던 동생을 불러 세웠다. "밤길이 무서우니 같이 가 줘."

공주는 동생과 함께 비탈을 내려가 아르고 호로 갔다. 공주는 동생을 아르고 호에서 기다리게 하고 왕자와 함께 배에서 내려 숲으로 갔다.

어둠 속에서 황금 양털이 나뭇가지에 걸려 빛을 내고 있었고 나무 옆에서 잠들지 않는 용이 황금 양털을 지키고 있었다. 이제 용을 달래 재우는 일만 남았다. 이아손은 메데이아가 미리 준비해 준 마법의 약을 용에게 몇 방울 뿌렸다. 약 냄새를 맡은 용은 이제껏 한 번도 닫은 적 없는 커다란 두 눈을 스르르 감고 깊은 잠에 빠져들었다.

왕자는 잠든 용 위로 올라가 양털 가죽을 내렸다.

「**황금 양털을 든 이아손**」 18~19세기 덴마크 조각가 베르텔 토르발센의 작품이다. 토르발센은 고대 그리스 조각에서 영감을 받은 작품을 많이 제작했다. 토르발센 박물관 소장

「**이아손과 메데이아**」19세기 프랑스 화가 귀스타브 모로의 작품이다. 이아손과 메데이아가 잠든 용을 딛고 서 있다. 그리스 신화 곳곳에 등장하는 마녀 키르케가 메데이아의 고모다. 메데이아는 시대를 초월해 예술가들의 영감을 불러일으킨 대표적인 신화 속 인물이다. 오르세 미술관 소장

「**황금 양털을 손에 넣은 이아손**」 18세기 프랑스 화가 장 프랑수아 드 트루아의 작품이다. 프라
도 미술관 소장

「**이아손과 황금 양털**」 17세기 플랑드르 화가 에라스무스 켈리누스의 작품이다. 런던 내셔널 갤러
리 소장

4 메데이아, 추격을 피하려고 남동생을 바다에 던지다

> 메데이아: 압시르토스야, 동생인 너를 찢어서 바다에 던질 수밖에 없구나. 아버지가 너를 건져 장례를 치르는 사이에 도망을 쳐야 하니까.

「압시르토스를 바다에 던지는 메데이아」 19~20세기 영국 화가 허버트 제임스 드레이퍼의 작품이다. 황금 양털 뒤에서 이아손이 원정대를 지휘하고 있고 메데이아는 동생 압시르토스를 바다에 던지고 있다.

메데이아는 이아손을 재촉했다. "날이 새면 병사들이 배를 습격할 테니 빨리 배로 가서 출항해야 합니다."

이아손 일행은 황금 양털을 손에 넣은 뒤 메데이아를 데리고 급히 배로 향했다. 아이에테스 왕이 손쓸 새가 없도록 서둘러 배를 띄워 테살리아로 향했다.

메데이아는 코르키스에서 도망 나올 때 동생 압시르토스도 데리고 갔다.

아르고 호가 코르키스를 빠져 나오기 시작했다. 배가 떠났다는 보고를 받은 아이에테스 왕은 서둘러 추격에 나섰다.

왕의 배들이 아르고 호를 바짝 뒤따르자 대원들은 더 빨리 노를 저었다. 왕이 뱃머리에서 메데이아와 아들을 발견했다. "너희는 왜 아르고 호에 있느냐?"

메데이아가 대답했다. "저는 사랑하는 이아손 왕자님을 따라가겠어요. 그러니 아버지는 제발 돌아가세요."

왕은 노발대발하여 소리쳤다. "너와 황금 양털을 빼앗길 수는 없다."

왕의 배가 아르고 호에 바짝 붙자 메데이아는 갑자기 칼을 꺼내 동생을 찔렀다. 피를 흘리며 쓰러진 동생을 메데이아는 보란 듯이 번쩍 들어 바다에 던졌다.

이 모습을 본 왕은 경악했다. "공주야, 이게 무슨 짓이냐! 병사들은 어서 시체를 건져라."

공주는 아랑곳하지 않고 이아손에게 말했다. "아버지가 동생의 시체를 건지는 동안 빨리 달아나요."

아이에테스 왕은 신하들에게 명령했다. "왕자의 시신을 바다에서 건져라. 추격을 멈추고라도 아들을 건져야 한다."

왕은 처참하게 죽은 아들의 시신을 수습했다. 그 틈을 타서 아르고 호는 추격하는 배들로부터 멀어졌다.

아이에테스 왕은 아들의 시신을 건진 후 아르고 호를 다시 추격하기 시작했다. "저들을 놓쳐서는 안 된다. 괘씸한 반역자들을 반드시 잡고 황금 양털을 되찾아라."

아이에테스 왕은 앞서가는 아르고 호를 쫓으며 소리쳤다.

5 오르페우스의 노래가 세이렌의 노래를 누르다

세이렌: 오르페우스의 노랫소리 때문에 우리 노래를 듣고도 그냥 지나치다니, 이 굴욕을 어떻게 씻어야 할까?

「**오디세우스와 세이렌**」 19~20세기 영국 화가 허버트 제임스 드레이퍼의 작품이다.

올림포스에서 제우스는 아버지를 배신하고 동생을 죽인 메데이아를 괘씸하게 여겨 벼락을 날렸다. 엄청난 파도가 아르고 호를 덮쳐 금방이라도 뒤집힐 것 같았다. 이때 뱃머리의 떡갈나무 여인상이 말했다. "마법사 여신 키르케가 메데이아와 이아손이 지은 죄를 용서해야 너희는 그리스로 돌아갈 수 있을 것이다."

메데이아는 이아손에게 키르케가 있는 곳을 알려주었다. "키르케는 내 고모니까 제가 설득해 볼게요. 고모의 궁전은 이탈리아에 있는 아이아이에 섬에 있어요."

배는 파도와 싸우며 항해를 계속해 아이아이에 섬에 닿았다. 메데이아는 대원들에게 주의를 주었다. "키르케는 낯선 남자들만 보면 모두 사자나 돼지 같은 짐승으로 바꿔버리니 배에서 나오지 마세요."

메데이아는 이아손의 손을 꼭 잡았다. "제가 손을 잡고 있으면 당신을 짐승으로 만들지 못할 거예요."

둘은 궁전에 가서 키르케에게 사정을 이야기했다. 키르케는 메데이아가 못마땅했지만 마지못해 용서했다. "메데이아 네가 사랑을 위해 모든 것을 포기했기 때문에 특별히 제우스께 용서를 빌어보겠다."

키르케는 제우스에게 제물을 올리고 아르고 호가 순항하기를 빌었다. 순탄하게 항해하던 도중 또 다른 장애물이 나타났다. 세이렌의 노랫소리였다. 세이렌은 바다의 예쁜 세 마녀. 머리는 아름다운 처녀의 모습을, 몸통은 새의 모습을 하고 있다. 카프리 섬이라는 작은 바위섬에 앉아 지나가는 배의 선원들을 홀려서 암초에 부딪치게 한 다음 물에 빠진 선원들을 잡아먹었다.

대원들은 자기도 모르게 노랫소리가 나는 쪽으로 노를 저었다. 세이렌이란 것을 알아차린 메데이아는 노를 젓고 있는 오르페우스에게 소리쳤다. "빨리 리라를 뜯으며 노래를 부르세요."

오르페우스의 리라 연주와 노랫소리가 세이렌들의 노랫소리를 밀어냈다. 세이렌의 소리를 듣지 못하게 된 대원들은 배를 똑바로 몰기 시작해 바위섬을 비켜갔다. 배가 그냥 지나가자 세이렌 가운데 하나가 자존심이 상해 바다에 뛰어들어 죽어버렸다. 경고를 알리는 음향 장치인 사이렌(Siren)은 세이렌에서 유래했다.

6 항해자들의 수호신이 된 카스토르와 폴리데우케스

폴리데우케스: 아버지 제우스여, 불사의 몸을 포기할 테니 어머니 레아의 몸에서 함께 태어난 스파르타 왕의 아들 카스토르를 다시 살려주십시오.

「카스토르와 폴리데우케스」
18세기 프랑스 조각가 앙투안 쿠아즈보의 작품이다. 베르사이유와 트리아농 궁 소장

헬레네는 제우스와 스파르타의 왕 틴다레오스의 왕비인 레다 사이에서 태어났다. 제우스가 백조로 변신해 레다에게 다가갔다. 백조가 너무 아름다워 레다가 백조를 껴안았다. 백조는 제우스로 변해 레다와 사랑을 나누었다.

레다는 두 개의 알을 낳았다. 한 알에서는 제우스의 자식인 헬레네와 폴리데우케스가 태어났고 다른 한 알에서는 틴다레오스의 자식인 카스토르와 클리타임네스트라가 태어났다.

테세우스와 페이리토스가 헬레네를 스파르타에서 납치해 갔을 때 젊은 영웅 카스토르와 폴리데우케스는 부하들을 이끌고 헬레네를 구출하러 즉각 아티카로 달려갔다. 테세우스가 친구 따라 지하 세계에 내려간 사이에 둘은 여동생을 되찾아왔다.

카스토르는 말을 잘 길들이고 돌보는 것으로 유명했고, 폴리데우케스는 권투를 잘하는 것으로 유명했다. 두 형제는 사이가 무척 좋아 아르고 호 원정에도 함께 참가했다.

원정 도중 폭풍이 일자, 오르페우스가 사모트라케 섬의 신들에게 기도를 올리고 리라를 탔다. 그랬더니 폭풍이 멎으면서 별들이 두 형제의 머리 위에 나타났다. 이 사건을 계기로 카스토르와 폴리데우케스는 뱃사람들과 항해자들의 수호신으로 여겨졌다.

아르고 호 원정이 끝나고 두 형제는 이다스와 링케우스를 상대로 싸우게 되었다. 이 싸움에서 그만 카스토르가 죽고 말았다. 제우스의 아들로서 불사신인 폴리데우케스는 제우스에게 기도했다. "제 목숨을 내놓을 테니 카스토르가 다시 살아나게 해 주십시오."

제우스는 그 부탁을 반쯤 들어주었다. 두 형제가 교대로 하루는 지하 세계에서 다음날에는 하늘나라에서 보내게 해 주었다. 제우스가 두 형제의 우애에 탄복하여 둘을 별자리인 쌍둥이자리로 만들어주었다.

「거위와 레다」 16세기 프랑스 작가 프란체스코 바치아카의 작품이다. 메트로폴리탄 미술관 소장

7 이아손, 테살리아로 돌아오다

이아손: 작은 아버지, 황금 양털을 가지고 왔으니 이제는 약속대로 왕좌를 돌려주세요.

펠리아스: 그동안 고생 많았으니 우선 쉬면서 기다려라.

숙부 펠리아스 왕 앞에 나선 이아손 이아손은 황금 양털을 찾아온 덕분에 숙부로부터 왕좌를 돌려받는다. 왕 옆의 두 여인은 아버지를 회춘시키려다 죽이고 마는 두 딸이다. ⓒSailko

세이렌의 유혹에서 벗어난 배는 좁은 해협에 들어섰다. 갑자기 오른쪽 절벽의 동굴에서 괴물이 나타났다. 스킬라의 허리에 달린 사나운 개들이 대원들을 잡아먹으려 한 것이다.

스킬라라는 이 괴물은 원래 아름다운 처녀였는데 키르케가 질투해서 허리에 6개의 개 머리가 달리고 12개의 다리가 나온 괴물로 변하게 했다.

대원들은 급히 뱃머리를 왼쪽으로 돌렸다. 이번에는 왼쪽 절벽의 큰 구멍에서 카리브디스라는 용을 닮은 거대한 괴물이 소용돌이를 일으키며 바닷물을 빨아들였다가 내뱉었다. 이 소용돌이에 휘말리면 아무리 큰 배도 박살이 났다.

아르고 호가 카리브디스의 입으로 빨려 들어갈 때 헤라가 보낸 바다의 님프들이 배를 넓은 바다로 밀어주었다.

'스킬라와 카리브디스'라는 말은 한 가지 위험을 피하려고 선택한 다른 길에 숨어 있는 또 다른 위험을 의미한다.

아르고 호는 파이아케스라는 섬에 닿았다. 파이아케스의 알키노스 왕은 아르고 호 원정대 대원들을 따뜻하게 맞아주었다.

그런데 코르키스의 왕 아이에테스가 보낸 추격대가 이 섬에 먼저 와 있었다. 추격대 대장이 왕에게 말했다. "이아손이 황금 양털을 훔치고 메데이아 공주를 납치해 갔으니 두 사람을 저희에게 넘겨주십시오."

알키노스 왕은 이아손과 메데이아에게 어떻게 된 일인지 물었다. 이아손이 대답했다. "아이에테스 왕이 황금 양털을 주기로 해놓고 주지 않아서 가져왔습니다. 공주는 저와 함께 그리스에 가서 결혼할 것입니다."

현명한 왕비가 판결을 내렸다. "두 사람이 아직 결혼하지 않았으니 공주는 아버지에 딸린 사람입니다. 공주를 추격대에 넘겨줄 수밖에 없네요."

그러자 이아손과 메데이아는 바로 결혼식을 올렸다. 다음날 왕과 왕비는 추격대장을 만나 두 사람이 결혼했으니 넘겨줄 수 없다고 말했다.

파이아케스 섬을 무사히 떠난 아르고 호는 드디어 그리스에 도착했다. 테살리아에 무사히 도착한 이아손은 펠리아스에게 황금 양털을 건넸고 아르고 호는 포세이돈에게 바쳤다.

이후 황금 양털이 어떻게 되었는지는 알 길이 없다. 이것으로 보아 죽기 살기로 얻을 만큼의 가치가 있는 물건은 아니었는지도 모른다. 아르고 호 원정은 아마도 중요한 해상 탐험이면서도 해적질이었을 것이다. 당시에는 해상 탐험을 통해 값비싼 물건을 약탈했다.

8 메데이아에게 아이손을 젊게 해달라고 부탁하다

이아손: 메데이아, 당신의 마법으로 내 수명을 몇 년 앗아가는 대신 그걸 내 아버지에게 더해 줄 수 있겠소?

메데이아: 내 마법이 통한다면, 이아손 당신의 수명을 줄이지 않고도 아버님의 수명을 늘릴 수 있을 거예요.

「메데이아와 이아손」 19세기 영국 화가 존 윌리엄 워터하우스의 작품이다. 개인 소장 황금 양털을 되찾은 것을 축하하는 잔치가 열렸지만 병든 아버지가 잔치에 올 수 없어 이아손은 마음이 마냥 편치만은 않았다. 효자 이아손은 아내 메데이아에게 자신의 수명을 아버지에게 더해 달라고 간청했다.

보름달이 뜬 날 메데이아는 별들에게 주문을 건 다음 보름달에게 주문을 외웠다. 이어서 지옥의 여신 헤카테와 땅의 여신 텔루스에게도 주문을 외웠다. 텔루스는 마법의 효험을 지닌 식물들을 자라게 해주는 여신이었다. 숲과 동굴의 신들, 산과 계곡의 신들, 호수와 강의 신들, 바람과 안개의 신들에게도 도와달라고 빌었다. 메데이아가 주문을 외우자 하늘에서 뱀들이 이끄는 이륜차가 내려왔다. 메데이아는 이륜차에 올라타서 신비한 약효를 지닌 식물들이 자라고 있는 곳으로 날아갔다. 메데이아는 어떤 식물을 골라서 약효를 뽑아낼지 잘 알고 있었다. 꼬박 아흐레 밤 동안 약초를 찾아다녔다.

아흐레 밤이 지나자 메데이아는 두 개의 제단을 쌓았다. 하나는 헤카테에게 바치는 제단이고 다른 하나는 청춘의 여신인 헤베에게 바치는 제단이었다.

헤카테 아르테미스가 달밤의 아름다움을 나타낸다면, 헤카테는 달밤의 어두움과 두려움을 상징한다. 헤카테는 주술과 마법의 여신이어서 밤에 땅 위를 떠돈다. 오직 개들만이 이 여신의 기척을 느껴 짖는다고 한다.
바티칸 미술관 소장

9 메데이아, 아이손은 젊게 만들고 펠리아스는 죽게 만들다

메데이아: 아버님, 이 가마솥의 액체가 젊게 만들어줄 거예요.

「**아이손을 젊게 만드는 메데이아**」 네덜란드 화가 도메니쿠스 판 비넨의 작품이다. 아이손은 이올코스를 세운 초대 왕 크레테우스와 티로의 아들이다. 포 미술관 소장

메데이아는 제단에 검은 양 한 마리를 바치고 우유와 포도주를 뿌렸다. 이어서 하데스와 하데스에게 잡혀간 신부 페르세포네에게 늙은 왕의 목숨을 서둘러 앗아가지 말라고 간청했다. 이어서 마법으로 왕을 데려와 깊은 잠에 빠지게 만들었다. 잠에 빠진 왕을 약초로 만든 침대 위에 뉘었는데, 마치 죽은 사람 같았다. 메데이아는 제단을 세 번 돌았다. 메데이아는

가마솥 안에 마법의 약초들과 이름도 모르는 온갖 해괴한 것들을 모조리 집어넣은 후 마른 올리브 가지로 휘저었다. 올리브 가지를 빼내자 초록색이 감돌았고 올리브가 주렁주렁 매달렸다. 부글부글 끓으면서 액체가 넘쳐 떨어진 자리에는 풀들이 파릇파릇 자라났다.

이제 메데이아는 늙은 왕의 목을 칼로 그어 몸속의 피를 전부 빼낸 다음에 왕의 입에 가마솥의 액체를 쏟아부었다. 그러자 하얀 머리카락은 청춘의 검은 색으로 바

「**메데이아와 아이손**」 16세기 이탈리아 화가 지롤라모 마키에티의 작품이다. 베키오 궁전 소장

뀌었고 핏줄마다 싱싱한 피가 흘렀다. 왕은 마치 사십 년 전의 청춘 시절로 돌아간 것만 같았다.

마침 펠리아스의 두 딸이 메데이아가 아이손 왕을 위해 마법을 썼다는 소문을 듣고는 메데이아를 찾았다. "우리 아버지도 마법을 써서 젊게 해 주실 수 있나요?"

이번에는 메데이아가 가마솥에 맹물에다 몇 가지 시시한 풀만 집어넣었다. 메데이아는 딸들과 함께 펠리아스의 침실에 들어가서 두 딸에게 깊은 잠에 빠진 아버지의 피를 뽑으려면 칼을 대야 한다고 다그쳤다. 딸들은 고개를 돌린 채 마구잡이로 아버지를 찔렀다. 왕이 깜짝 놀라 잠에서 깨어나자 메데이아가 나서서 최후의 일격을 가했다. 메데이아는 왕을 가마솥 안에 담고 나서 급히 줄행랑을 쳤다. 한참 후에야 딸들은 자신들이 복수극에 이용되었다는 사실을 깨달았다.

10 이아손, 코린토스의 공주와 결혼하다

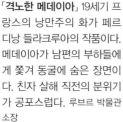

메데이아: 이아손이여, 그대를 위해 복수까지 해주었건만 나를 버리다니! 이아손 그대의 흔적인 우리 자식을 죽여버릴 거예요.

「격노한 메데이아」 19세기 프랑스의 낭만주의 화가 페르디낭 들라크루아의 작품이다. 메데이아가 남편의 부하들에게 쫓겨 동굴에 숨은 장면이다. 친자 살해 직전의 분위기가 공포스럽다. 루브르 박물관 소장

메데이아가 공주를 이용해 펠리아스 왕을 죽이자 백성들이 궁전으로 몰려왔다. "왕을 죽인 마녀를 몰아내라."

메데이아는 이아손의 손을 잡고 급히 궁전을 빠져나와 아르고 호에 올랐다. 이아손은 메데이아의 잔인함에 실망했다. "공주들에게 아버지를 죽이게 한 것은 너무한 일이오."

메데이아는 낯빛조차 바꾸지 않고 말했다. "당신을 사랑하기 때문에 대신 복수해준 거예요."

이아손과 메데이아는 남쪽에 있는 코린토스라는 나라에 도착했다. 그곳에서 아들 둘을 낳고 행복하게 살았다. 그러던 어느 날 이아손이 메데이

아에게 충격적인 말을 했다. "메데이아, 나는 코린토스의 공주 크레우사와 결혼하기로 했소. 당신의 잔인성이 나를 실망시켰소. 그러니 아이를 데리고 이 나라를 떠나주시오."

메데이아는 다시 매달렸다. "당신은 죽을 때까지 나를 사랑하겠다고 약속하셨잖아요."

메데이아는 아버지를 배신하고 남동생까지 죽였으며 남편을 위해 펠리아스 왕까지 대신 죽였다. 하지만 이아손은 코린토스의 공주 크레우사와 결혼하려고 메데이아를 버렸다.

메데이아는 엎드려 울다 머리를 번쩍 들었다. 작은 상자에서 예쁜 드레스를 꺼내 마법의 약을 뿌렸다. 옷을 상자에 넣은 후 두 아들을 불렀다. "너희가 이 옷을 공주에게 주고 나의 선물이라고 전해라."

큰 애가 선물을 들고 둘째가 뒤따랐다. 예쁜 드레스를 전해 받은 크레우사 공주는 기쁜 마음에 입어보았다. 그런데 드레스를 입자마자 옷에 불이 붙었다. 불을 끄러 온 왕의 몸에도 불이 붙었다. 불은 궁전 전체로 번졌다.

메데이아의 짓이라는 것을 눈치 챈 이아손은 칼을 들고 집으로 뛰어들었다. 하지만 집에는 두 아이가 피를 흘리며 쓰러져 있었다. 메데이아는 용이 끄는 이륜마차에 올라 도망치며 소리쳤다. "공주와 애들은 내가 죽였어요. 당신은 사랑을 배신한 대가가 무엇인지 깨달아야 해요."

이아손은 밖으로 나가 방황하다 바닷가에 이르렀다. 썩고 있는 아르고 호의 뱃머리에 등을 기대고 앉았다. 이때 센 바람이 불어와 아르고 호 뱃머리의 떡갈나무 여인상이 떨어져 이아손의 머리를 쳤다. 이아손은 얼굴을 모래에 박고 쓰러졌다. 사랑을 배신한 대가치고는 혹독했다.

메데이아는 아테나이에서 아이게우스 왕과 결혼했다. 나중에 아이게우스 왕의 아들인 테세우스의 모험담을 이야기할 때 테세우스의 계모인 메데이아가 다시 등장할 것이다.

3 인간이자 신이었던 천하장사

| 헤라클레스

헤라클레스는 테바이에 사는 암
피트리온의 아내 알크메네와 제우
스 사이에서 태어났다.

헤라는 남편이 바람 피워 낳은 헤
라클레스를 미워했다. 헤라클레스
가 아기였을 때 헤라가 독사 두 마리
를 보내 죽이려 했으나 헤라클레스는 양손으로 두 뱀을 각각 목 졸라 죽였
다. 헤라클레스가 청년이 됐을 때는 헤라가 헤라클레스를 미치게 하여 자
기 아내와 자식을 죽이게 만들었다.

제정신으로 돌아온 헤라클레스는 미케네의 왕 에우리스테우스가 지시
하는 12과업을 행하면 죄를 씻고 불사의 몸이 될 것이라는 신탁을 들었다.
네메아의 사자와 물뱀 히드라를 퇴치하고, 님프 헤스페리데스가 지키는
정원의 황금 사과를 따오고, 저승을 지키는 개 케르베로스를 산 채로 잡는
등 12과업을 마쳤다.

하지만 헤라가 다시 헤라클레스를 미치게 만들어 헤라클레스가 친구 이
피토스를 살해하는 바람에 제우스의 명에 따라 옴팔레 여왕의 노예가 되었
다. 능력이 뛰어날수록 인생의 고난도 큰 게 진리인가 보다.

결국 새 아내의 의심 때문에 마법의 옷을 입게 되고 온몸이 뜯겨나가는
고통을 겪은 끝에 영혼만 올림포스로 올라가 신이 되었다.

- 그의 피는, 빨갛게 달아오른 쇠를 얼음장 같은 물에 넣었을 때처럼 부글거리며 끓었다. 고통은 무자비했다. 독이 불꽃처럼 날름거리며 내장을 태웠고, 검은 땀이 온몸에서 샘솟았으며, 힘줄이 터지는 소리가 났다.
  (오비디우스 『변신 이야기』)

- 소년을 사랑하게 된 제우스는 원래 모습과 다른 모습으로 가니메데스에게 다가가기를 원했다. 새가 되려고 했지만 예사로운 새는 되려 하지 않았다. 자신의 벼락을 나를 수 있는 새여야만 했다.
  (오비디우스 『변신 이야기』)

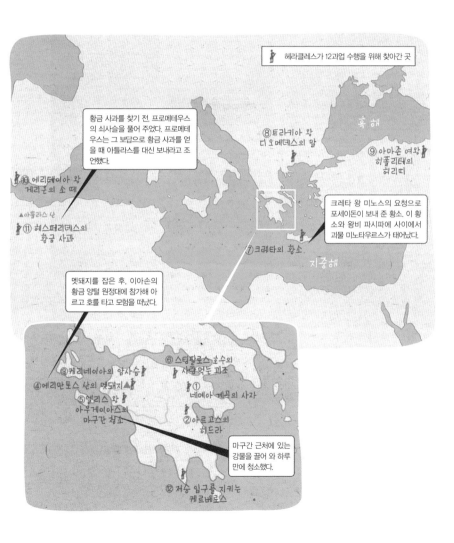

헤라클레스가 12과업 수행을 위해 찾아간 곳

흑해

황금 사과를 찾기 전, 프로메테우스의 쇠사슬을 풀어 주었다. 프로메테우스는 그 보답으로 황금 사과를 얻을 때 아틀라스를 대신 보내라고 조언했다.

⑧트라키아 왕 디오메데스의 말

⑨아마존 여왕 히폴리테의 허리띠

⑩에리테이아 왕 게리온의 소 떼

▲아틀라스 산

⑪헤스페리데스의 황금 사과

크레타 왕 미노스의 요청으로 포세이돈이 보내 준 황소. 이 황소와 왕비 파시파에 사이에서 괴물 미노타우로스가 태어났다.

⑦크레타의 황소

지중해

멧돼지를 잡은 후, 이아손의 황금 양털 원정대에 참가해 아르고 호를 타고 모험을 떠났다.

⑥스팀팔로스 호수의 사람 먹는 괴조

③케리네이아의 암사슴

④에리만토스 산의 멧돼지

⑤엘리스 왕 아우게이아스의 마구간 청소

①네메아 계곡의 사자

②아르고스의 히드라

마구간 근처에 있는 강물을 끌어 와 하루 만에 청소했다.

⑫저승 입구를 지키는 케르베로스

1 알크메네, 제우스의 아들 헤라클레스를 낳다

알크메네: 쌍둥이 아들이 태어났는데 누가 제우스의 아들 헤라클레스이고 누가 남편 임피트리온의 아들 이피클레스인지 모르겠어.

「헤라클레스의 탄생」 18세기 프랑스 화가 장자크 바비에 작품이다.

미케네 왕 엘렉트리온의 딸인 알크메네는 사촌인 암피트리온과 결혼했다. 엘렉트리온은 이웃 나라와 싸움을 하고 있었다. 소떼를 서로 빼앗는 싸움에서 소떼는 되찾았지만 아홉 명의 아들 가운데 여덟 명의 아들을 잃었다.

사위 암피트리온이 원수를 갚겠다며 나섰다. 그런데 갑자기 소 한 마리가 왕을 향해 난폭하게 돌진했다. 암피트리온은 소몰이 몽둥이를 소에게 던졌다. 몽둥이가 뿔을 맞고 튕겨 왕의 이마를 때렸고 왕은 그 자리에서 죽었다.

왕이 죽자 동생인 스테넬로스가 왕이 되었다. 새 왕은 암피트리온의 죄를 물었다. "고의는 아니었으나 왕을 돌아가시게 하였으니 이 나라를 떠나라."

암피트리온과 알크메네는 미케네를 떠나 테바이로 갔다. 테바이의 크레온 왕과 왕비는 둘을 따뜻하게 맞았다. 암피트리온은 소떼를 훔쳐 싸움을 벌인 타포스 섬 사람들을 응징하기 위해 왕에게 군대를 빌려달라고 요청했다. 왕은 전리품을 얻을 수 있었으므로 군대를 빌려주었다. 암피트리온이 아내의 오빠 원수를 갚기 위해 출전했다.

이즈음 제우스는 올림포스에서 다음과 같은 신탁 때문에 고민에 빠져 있었다. "괴물 기간테스들이 쳐들어올 것이다. 인간 영웅의 도움을 받아야 기간테스를 물리칠 수 있을 것이다."

제우스는 무심코 인간 세상을 내려보다가 발코니에 서 있는 알크메네를 보았다. 제우스는 인간 영웅을 낳아 줄 여자로 지혜롭고 아름다운 알크메네를 점찍었다. 제우스는 알크메네의 남편 암피트리온의 모습으로 변신하여 알크메네가 있는 집으로 갔다.

알크메네는 암피트리온으로 변신한 제우스를 남편인 줄 알고 반갑게 맞았다. 제우스는 알크메네를 껴안으며 말했다. "싸움터에서 적을 무찌르고 돌아왔소."

변신한 제우스는 알크메네와 하룻밤을 보냈다. 제우스는 훌륭한 영웅을 낳기 위해서 밤의 길이를 세 배나 늘렸다. 다음날 아침 알크메네가 일어나 보니 암피트리온이 곁에 없었다. 알크메네는 남편이 궁전에 왕을 알현하러 갔다고 생각했다.

얼마 지나지 않아 진짜 암피트리온이 문을 열고 들어와 말했다. "싸움터에서 적을 무찌르고 이제 막 돌아왔소."

알크메네는 깜짝 놀라 물었다. "어제 돌아오셔서 하룻밤 주무셨잖아요?"

그럼 어젯밤 자신에게 다녀갔던 남자는 누구란 말인가?

알크메네

암피트리온은 괴이하게 생각하여 예언자인 장님 테이레시아스를 찾아 갔다. 예언자가 말했다. "어제 제우스가 당신 모습으로 변신하여 당신 아내와 사랑을 나누었소. 아들 쌍둥이를 낳을 것인데, 한 아이는 제우스의 아들로서 뛰어난 영웅이 될 것이오. 다른 아이는 당신 아들이오."

암피트리온은 충격을 받았지만 신의 뜻이라 생각하여 아내를 오히려 위로했다.

산달이 가까워 오자 제우스는 신들에게 선언했다. "내 아들 페르세우스의 집안에서 가장 먼저 태어나는 아이가 미케네의 왕이 될 것이오."

암피트리온의 아버지 알카이오스는 스테넬로스의 형이자 페르세우스의 아들이다. 페르세우스는 제우스가 황금 소나기로 변신해 청동탑에 갇힌 다나에 공주와 관계 맺어 낳은 아들이다. 페르세우스는 나중에 메두사의 머리를 베고 안드로메다 공주와 결혼했다. 그는 미케네를 세우고 왕이 된 후 아들을 여럿 낳았는데, 그 아들들이 여러 도시의 왕이 되었다.

헤라는 헤라클레스가 페르세우스 집안의 우두머리가 되는 것을 두고 볼 수 없었다. 그녀는 분만의 여신인 딸 에일레이투이아를 불러 당부했다. "미케네 왕 스테넬로스의 아내 니키페가 아이를 낳게 하라. 임신한 지 일곱 달밖에 되지 않았지만 알크메네보다 니키페가 아이를 먼저 낳아야 한다."

그래서 스테넬로스의 아들 에우리스테우스가 칠삭둥이로 태어났다. 뒤이어 알크메네가 쌍둥이 아들을 낳았다. 먼저 태어난 아이가 제우스의 아들 헤라클레스였고, 뒤이어 태어난 아이가 암피트리온의 아들 이피클레스였다. 막 태어난 쌍둥이를 안은 부모는 제우스의 아들이 누구인지 구분할 수 없었다.

2 아기 헤라클레스, 헤라가 보낸 두 뱀을 죽이다

헤라클레스: 헤라 여신이 보낸 독사들아, 내가 어리다고 얕보는 거냐?

「독사를 죽이는 헤라클레스」 17세기 이탈리아 화가 베르나르디노 메이의 작품이다. 빈 도루테움 소장

헤라는 제우스의 아이를 죽이려고 독사 두 마리를 보냈다. 이피클레스는 뱀을 보자 울음을 터뜨렸지만 헤라클레스는 두 뱀을 한 손에 한 마리씩 잡아 목을 졸라 죽였다. 이 모습을 본 부모는 누가 제우스의 아들인지 알았다. 제우스는 자신을 대신해 큰일을 해낼 인간 아들의 이름을 미리 '헤라클레스'라고 지어 두었다. 헤라클레스는 '헤라의 영광을 위하여'를 의미한다. 그렇게 해서라도 아들을 헤라의 질투로부터 보호해 주고 싶었던 것이다. 하지만 아이러니하게도 헤라의 질투를 가장 많이 받은 인간이 영웅 헤라클레스였다.

제우스: 헤라클레스야, 헤라의 젖을 먹어라. 영원한 생명을 얻을 것이다.

「**은하수의 기원**」 16세기 이탈리아 화가 틴토레토의 작품이다. 제우스가 잠든 헤라 몰래 헤라 클레스에게 헤라의 젖을 먹이는 장면이다. 잠에서 깨어난 헤라가 아기를 밀어내자 젖이 뿜어 져 나오고 있다. 런던 내셔널 갤러리 소장

어느 날 제우스는 아기 헤라클레스를 올림포스로 데려가서 자고 있는 헤라의 젖을 물렸다. 여신의 젖을 먹으면 영원한 생명을 얻을 수 있기 때문이다.

헤라클레스가 어찌나 세게 젖을 빨았던지 헤라가 잠에서 깨어났다. 헤라는 아기를 밀어 젖에서 떼었다.

아기가 빤 힘 때문에 헤라의 젖이 멀리까지 뿜어져 나가 은하수가 되었다. 은하수는 영어로 밀키웨이(Milky Way, 젖의 길)라고 한다. 땅으로 떨어진 젖은 순결한 꽃 백합이 되었다.

3 미친 헤라클레스, 아내와 자식을 죽이다

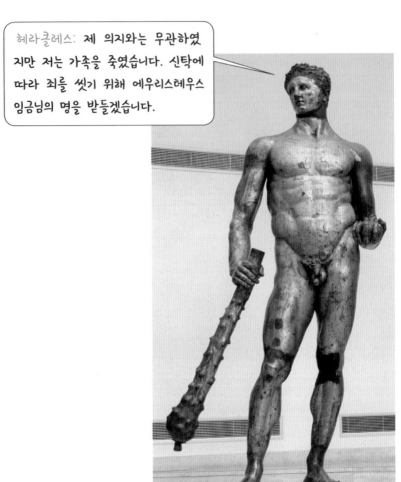

헤라클레스: 제 의지와는 무관하였지만 저는 가족을 죽였습니다. 신탁에 따라 죄를 씻기 위해 에우리스테우스 임금님의 명을 받들겠습니다.

헤라클레스 BC 2세기경 작품이다. 카피톨리니 박물관 소장

헤라클레스가 어렸을 때 어머니 알크메네와 양아버지 암피트리온은 헤라클레스를 그리스 최고의 선생들에게 보냈다.

헤라클레스는 국어, 수학, 체육, 음악, 무술 선생님으로부터 개별 과외를 받았다.

어느 날은 헤라클레스가 음악에는 소질이 없었던지 선생님이 한심하다며 막대기로 머리를 때렸다. 헤라클레스는 리라로 음악 선생님을 쳐서 죽여 버렸다.

부모는 헤라클레스의 성질을 죽이게 하려고 키타이론 산에 보내 양을 치게 했다. 양을 치며 정신 수양을 한 헤라클레스는 열여덟 살이 되자 테바이로 돌아가기로 했다.

길을 가다 숲에 이르자 나무 위에서 사람들의 목소리가 들렸다. "젊은이, 마을로 가지 말고 빨리 나무 위로 올라오시오. 사자가 사람과 가축을 잡아먹고 있소."

헤라클레스는 사람들의 말을 무시하고 길을 재촉했다. 마을 앞에 이르자 풀밭에 커다란 사자가 한 마리 앉아 있었다. 사자가 헤라클레스를 잡아먹기 위해 덮쳤다. 헤라클레스는 주먹을 날리고 몽둥이를 휘둘러 숨을 끊었다. 헤라클레스가 사자를 메고 마을로 들어서자 사람들은 크게 놀라며 영웅이라고 추켜세웠다.

그때 말 탄 남자가 병사들의 호위를 받으며 지나갔다. 헤라클레스가 길 한 가운데 서 있자 병사들이 길을 비키라고 고함을 쳤다. 말 탄 남자가 거만하게 말했다. "나는 오르코메노스의 왕 에르기노스가 보낸 사신이다. 너희 나라가 바쳐야 할 소 100마리를 받으러 가는 길이다. 그러니 순순히 길을 비켜라."

마을 청년이 헤라클레스에게 조용히 일러 주었다. "4년 전 전쟁에서 우리 테바이가 지는 바람에 20년 동안 해마다 소 100마리를 바쳐야 합니다."

청년의 말을 듣고 헤라클레스는 사신과 병사들을 혼쭐내 주었다. 헤라클레스가 황급히 달아나는 사신의 귀를 잡아당기자 귀가 떨어져 나갔다.

알크메네와 암피트리온은 헤라클레스를 반갑게 맞았지만 한편으로는 에르기노스 왕이 군사를 몰고 올까 봐 걱정했다. 이때 아테나 여신이 나타나 말했다. "내 신전의 신상 밑에 옛 테바이 사람들이 숨겨 놓은 무기가 있으니 쓰도록 하라."

신전의 무기로 무장한 테바이 병사들은 에르기노스 왕이 이끄는 병사들을 용감하게 무찔렀다. 헤라클레스는 왕을 죽이고 해마다 소 200마리씩 조공을 바치게 했다.

테바이의 크레온 왕은 크게 기뻐하며 헤라클레스를 딸 메가라와 결혼시켰다. 헤라클레스와 메가라는 아들 셋을 낳고 행복하게 살았다.

헤라는 헤라클레스가 행복하게 사는 꼴을 볼 수 없어 헤라클레스를 미치게 만들었다. 미친 헤라클레스의 눈에 아내는 사자로, 아들들은 하이에나로 보였다. 자기 가족을 해치러 온 줄 잘못 알고 헤라클레스는 사자와

하이에나 셋을 주먹을 휘둘러 죽여 버렸다.

정신이 돌아오자 아내와 아이들이 죽은 것을 알아차리고는 울부짖었다. 자신도 가족의 뒤를 따라 죽으려고 칼을 빼들었는데, 그때 친척인 테세우스가 칼을 빼앗으며 소리쳤다. "실수로 가족을 죽였다고 해서 목숨을 끊어서야 되겠소? 당신은 영웅으로서 해야 할 일이 많소."

헤라클레스는 고민 끝에 델포이 신전에서 신탁을 들어보기로 했다. 그런데 뜻밖의 신탁이 내려졌다. "미케네 왕 에우리스테우스를 찾아가라. 왕이 시키는 12 과업을 마치면 죄를 씻을 수 있다."

「헤라클레스의 열두 가지 과업」

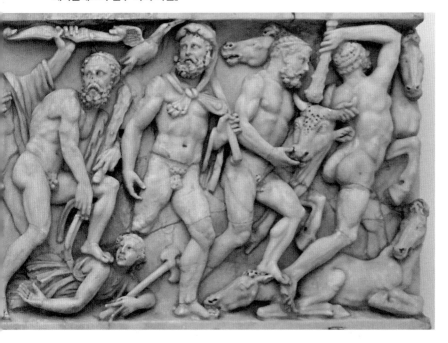

1 네메아의 사자를 죽이다

헤라클레스: 이 사자 괴물아, 몽둥이와 화살로도 죽지 않으면 맨손으로 목 졸라 죽일 수밖에.

「**헤라클레스와 네메아의 사자**」 17세기 플랑드르 화가 페테르 루벤스의 작품이다. 네메아의 사자는 헤라클레스에게 죽임을 당한 후, 제우스에 의해 하늘의 별자리(사자자리)가 되었다.

미케네에서는 암피트리온을 추방한 스테넬로스 왕이 죽은 뒤 칠삭둥이 에우리스테우스가 왕이 되었다. 헤라의 방해만 없었다면 헤라클레스가 왕이 되었을 것이다.

헤라클레스는 아내와 자식을 죽인 죄를 씻기 위해 에우리스테우스 왕을 찾아가 부하가 되었다.

왕은 목숨을 건 모험을 헤라클레스에게 여러 번 맡겼다. 이것이 바로 '헤라클레스의 열두 가지 과업'이다.

칠삭둥이 에우리스테우스 왕은 자기보다 뛰어난 헤라클레스가 죽기를 바라며 무리한 첫 번째 과업을 내렸다. "네메아 계곡에 살고 있는 사자를 잡아 가죽을 가져 오너라."

네메아의 사자는 티폰의 아내 에키드아의 자식이다. 반인반수의 괴물 티폰이 올림포스를 공격했을 때 제우스가 시칠리아 섬을 불끈 들어 티폰을 내리쳤다. 제우스가 던진 섬에 티폰이 깔려 버려 지금도 시칠리아 섬의 에트나 화산은 가끔 불을 내뿜는다. 티폰이 섬에 깔리자 티폰의 아내 에키드나는 동굴 속에 숨어들어 키마이라, 케르베로스, 히드라, 오르트로스를 낳았다. 오르트로스와도 관계하여 네메아의 사자, 스핑크스 등 괴물을 낳았다. 네메아의 사자는 사람과 동물을 가리지 않고 잡아먹어 사람들은 공포에 떨고 있었다.

네메아 계곡에서 사자와 마주친 헤라클레스는 몽둥이로도 공격하고 화살로도 공격해 보았지만 뜻대로 되지 않자 맨손으로 사자의 목을 졸라 죽였다.

헤라클레스가 죽은 사자를 어깨에 짊어지고 돌아왔더니 왕은 기겁을 했다. "너무 무서우니 앞으로는 멀찌감치 서서 결과를 알리도록 하라."

헤라클레스는 사자 털가죽을 벗겨 사자 머리는 투구처럼 쓰고 몸통은 갑옷처럼 입었다. 제우스는 사자를 불쌍히 여겨 별자리 '사자자리'로 만들어 주었다.

2 물뱀 히드라를 물리치다

헤라클레스: 히드라의 가운데 머리는 몽둥이로 쳐서 떨어뜨려도 머리가 두 개씩 새로 생기는군.

「**헤라클레스와 히드라**」 15세기 이탈리아 화가 안토니오 델 폴라이우올로의 작품이다. 네메아의 사자 가죽을 걸친 헤라클레스가 물뱀 히드라를 몽둥이로 공격하고 있다. 헤라클레스는 히드라를 죽인 다음 히드라의 독을 화살 끝에 발라 두었다. 우피치 미술관 소장

왕이 내린 두 번째 과업은 물뱀 히드라를 죽이는 일이었다. 히드라 역시 에키드나의 자식이다. 머리가 아홉 개나 달린 물뱀 히드라는 아미모네 샘 근처의 늪에 살면서 아르고스 지방을 휩쓸고 다녔다.

샘은 그 지역에 가뭄이 들었을 때 아미모네가 찾아냈다. 포세이돈이 아미모네에게 반해 자기 삼지창으로 바위를 치게 했더니 세 줄기의 물이 솟았다. 샘에는 히드라가 도사리고 있어 아르고스 사람들이 물을 구할 수 없었다. 히드라의 아홉 개 머리 중에서 가운데 머리는 영원히 죽지 않는 운명을 타고났다. 독이 아주 강해 내쉬는 숨만으로도 사람과 짐승들을 죽일 수 있었다.

헤라클레스는 조카 이올라오스가 모는 전차를 타고 히드라가 사는 늪으로 갔다. 헤라클레스가 몽둥이로 쳐서 떨어뜨려도 떨어져 나간 목에서 두 개의 머리가 새로 생겨났다. 그중 하나를 다시 몽둥이로 떨어뜨리자 그 목에서도 두 개의 머리가 나왔다.

헤라클레스는 이올라오스에게 소리쳤다. "내가 히드라의 머리를 몽둥이로 치면 머리가 떨어져 나간 곳을 횃불로 지져라."

이올라오스가 목이 떨어져 나간 자리에 얼른 불로 지지자 그 목에서는 머리가 나오지 않았다. 히드라의 목이 차례차례 떨어져 나가자 헤라는 커다란 게를 내려 보냈다.

게는 헤라클레스의 발목을 집게발로 물었다. 헤라클레스는 다른 발로 게의 등을 밟아 등딱지를 으깨 버렸다. 그러고는 죽은 게를 발로 멀리 찼다. 헤라는 게를 가엾게 여겨 별자리 '게자리'로 만들어 주었다.

마지막으로 남은 히드라의 가운데 머리가 헤라클레스에게 덤볐다. 헤라클레스는 늪가에 있는 커다란 바위를 번쩍 들어 내리쳤다. 아홉 번째 머리는 거대한 바위 밑에 파묻혔다.

헤라클레스는 히드라의 목에서 흘러내린 피를 화살촉에 묻혔다. 히드라의 피에는 맹독이 있어 훗날 필요할 것이라고 판단한 것이다.

3 케리네이아의 암사슴을 체포하다

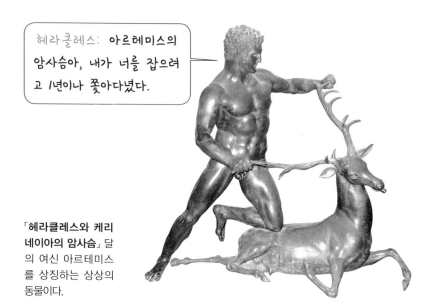

헤라클레스: 아르테미스의 암사슴아, 내가 너를 잡으려고 1년이나 쫓아다녔다.

「**헤라클레스와 케리네이아의 암사슴**」달의 여신 아르테미스를 상징하는 상상의 동물이다.

헤라클레스가 히드라를 없애고 오자 왕은 헤라클레스에게 케리네이아의 암사슴을 상처 하나 없이 생포하여 미케네로 데려 오라고 지시했다. 왕은 헤라클레스가 사슴을 잡아온다 하더라도 아르테미스의 노여움을 살거라고 생각했다.

얼룩무늬를 지닌 이 암사슴은 사냥의 여신인 아르테미스가 사랑하는 신성한 사슴이었다. 황소보다 크며 화살보다 빠르고 청동 발굽과 황금 뿔이 달려 있어서 마치 숫사슴처럼 보였다.

헤라클레스는 이 화살처럼 빠른 사슴을 쫓아다니느라 1년이나 시간을 보냈다. 지친 사슴이 강가에서 쉬고 있을 때 사슴을 덮쳐 가까스로 생포했다. 헤라클레스는 미케네로 돌아가던 중 우연히 아르테미스와 마주쳤다.

헤라클레스는 노여움에 찬 아르테미스에게 이렇게 말했다. "왕의 지시를 받아 산 채로 잡았을 뿐입니다. 왕에게 보여주고 곧 되돌려 놓겠습니다."

4 에리만토스의 멧돼지를 생포하다

헤라클레스: 멧돼지야, 나는 네놈을 에우리스테우스 왕에게 데려가야 한단다.

「헤라클레스와 에리만토스의 멧돼지」 20세기 초기 화가 루이스 투아일리온의 작품이다.

아르테미스는 헤라클레스를 용서했고 여신을 이용해 헤라클레스를 제거하려던 에우리스테우스의 계획은 실패했다.

왕은 네 번째 과업으로 에리만토스의 산에 사는 멧돼지를 생포해 오라고 시켰다. 멧돼지는 농작물을 파헤치고 사냥꾼과 나그네를 해쳤지만 아무도 이 멧돼지를 잡지 못했다. 헤라클레스는 이 멧돼지를 1년간 추격한 끝에 눈 속으로 몰아세워 생포했다.

사로잡은 멧돼지를 가져가자 에우리스테우스는 기겁을 하면서 청동 항아리에 숨었다.

에우리스테우스: 멧돼지가 너무 무서우니 가까이 데려오지는 말라.

항아리에 숨은 에우리스테우스 루브르 박물관 소장

5 아우게이아스의 외양간을 청소하다

헤라클레스: 두 강물을 합쳐서 외양간으로 끌어들이면 쉽게 청소할 수 있겠군.

「아우게이아스의 외양간」

왕은 청동항아리에 숨어서 다섯 번째 과업을 내렸다. 30년 동안 청소하지 않은 아우게이아스 왕의 외양간을 청소하는 일이었다. 서쪽에 있는 엘리스 나라의 아우게이아스 왕은 소 삼천 마리를 기르고 있었는데, 삼십 년 동안 마구간을 청소한 적이 없어 오물이 산더미처럼 쌓여 있었다.

헤라클레스는 왕에게 제안했다. "소의 10분의 1을 주신다면 외양간을 하루 만에 청소해드리지요."

왕은 흔쾌히 승낙했다. 헤라클레스는 근처에서 두 줄기 강물을 합쳐서 외양간으로 끌어들여 산더미처럼 쌓여 있는 오물을 단 하루 만에 깨끗이 청소했다.

아우게이아스는 에우리스테우스의 지시에 따라 외양간을 청소했다는 이유를 내세우며 소를 주지 않았다. 헤라클레스는 훗날 엘리스로 쳐들어가 약속을 지키지 않은 왕을 죽였다.

6 스팀팔로스의 새를 모두 쫓아내다

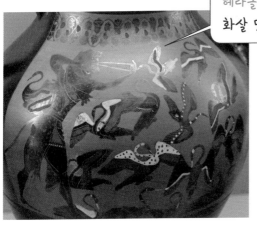

헤라클레스: 이 식인 새들아, 화살 맛을 볼 테냐!

「헤라클레스와 스팀팔로스의 새」 대영 박물관 소장

에우리스테우스 왕은 여섯 번째 과업으로 스팀팔로스의 괴물 새를 없 애라는 지시를 내렸다. 스팀팔로스의 새는 전쟁의 신 아레스에게 바쳐진 상상의 식인 새다. 아르카디아 동북쪽의 스팀팔로스 호수 옆에 살고 있는 이 새들은 날카로운 청동 깃털로 덮여 있고 청동부리와 발톱을 지니고 있 었는데, 청동 깃털로 사람을 쳐서 죽였고 독성을 지닌 배설물을 떨어뜨려 농사를 망쳤다.

헤라클레스는 늪을 다니기가 어렵고 화살로 수많은 새 떼를 몰아내기 어렵다고 생각했다. 새 떼가 청동 깃털을 퍼덕이며 헤라클레스에게 덤볐 으나 헤라클레스가 둘러쓴 사자 가죽을 뚫지는 못했다.

이때 여신 아테나가 나타났다. "이 징을 치고 노래를 부르면 새들이 놀 라서 숲에서 하늘로 올라갈 것이다. 그때 이 활로 몇 마리를 쏘아 죽이면 다들 놀라 멀리 달아날 것이다."

헤라클레스가 늪이 잘 보이는 산자락에서 징을 울리며 노래를 부르자 새들이 놀라 날아올랐다. 헤라클레스가 활을 쏘아 몇 마리를 떨어뜨리자 새들은 모두 흑해의 아레스 섬으로 떼 지어 날아가 버렸다.

7 크레타의 황소를 사로잡다

헤라클레스: 이 미친 황소야. 어디서 사람들을 해치고 다니느냐!

「크레타의 황소」

헤라클레스는 일곱 번째 과업으로 미친 황소를 생포해 데리고 와야만 했다.

이 황소는 에우로페를 크레타로 데려오기 위해 제우스가 보낸 황소다. 크레타의 왕 미노스의 아내 파시파에가 욕정을 품고 교접한 황소라는 설도 있다.

포세이돈이 이번에는 이 황소를 미치게 만들었다. 미친 황소는 콧구멍으로 불을 내뿜으며 들이받아 크레타 섬 사람들을 공포로 몰아넣었다.

헤라클레스는 크레타 섬으로 가서 미노스 왕을 만나 미친 황소를 잡아가도 좋다는 허락을 받은 후 맨손으로 황소를 사로잡았다. 헤라클레스가 황소를 어깨에 메고 미케네로 돌아오자 에우리스테우스 왕은 이 황소를 헤라에게 바쳤다.

하지만 헤라클레스를 싫어했던 헤라는 헤라클레스가 잡은 선물을 원하지 않았다. 황소는 마라톤 평원을 돌아다녔고, 나중에 테세우스가 이 황소를 죽였다.

8 디오메데스의 암말을 사로잡다

헤라클레스: 이 식인 말들아! 너희를 사로잡아 가야 하니 죽이지는 않겠다.

「디오메데스의 암말들」 19세기 독일 작가 요한 고트프리트 새도의 작품이다.

에우리스테우스로부터 지시 받은 여덟 번째 과업은 디오메데스의 야생 말들을 생포해 데려오는 것이었다. 트라키아의 왕 디오메데스가 암말 네 마리를 길렀다. 왕은 이 암말들을 훈련시켜 트라키아로 들어오는 다른 나라 사람들을 잡아먹게 했다. 알렉산드로스 대왕의 애마 부케팔루스는 이 암말의 후손이라고 한다.

헤라클레스는 많은 젊은이들을 데리고 트라키아로 갔다. 헤라클레스는 젊은이들의 도움으로 말들을 바다로 몰아 생포했다. 디오메데스와 싸우기 위해 헤르메스의 아들인 압데로스에게 말들을 맡겼으나 압데로스가 말들에게 잡아먹혔다.

헤라클레스는 디오메데스의 목뼈를 부러뜨리고 청동 구유에 집어던져 말들이 찢어서 잡아먹게 했다. 죽은 압데로스는 그를 기리는 도시인 압데라를 세워 그곳에 묻어주었다.

말들이 사람 고기를 먹고 난 후 온순해지자 암말들을 에우리스테우스에게 데리고 갔다.

9 아마존 여왕의 황금 허리띠를 가져오다

아마존 여전사들: 그리스 남자가 우리 히폴리테 여왕님을 납치하러 왔다.

헤라클레스: 나는 아마존 족 여왕의 황금 허리띠를 갖고 미케네로 돌아가야 한다.

「**히폴리테의 황금 허리띠를 얻는 헤라클레스**」 17세기 네덜란드 화가 니콜라우스 크뉘페르의 작품이다. 허미티지 박물관 소장

에우리스테우스 왕은 헤라클레스에게 아홉 번째 과업을 내렸다. "딸 아드메테가 아마존 족 여왕의 아름다운 황금 허리띠를 갖고 싶어 하니 그 허리띠를 가져오너라."

황금 허리띠는 전쟁의 신 아레스가 히폴리테에게 선물로 준 것이다. 소아시아 흑해 아래쪽에 있는 아마존 족은 용맹스러운 여자 전사들이었다. 여자 전사들은 다른 나라의 남자들과 하룻밤만 결혼하여 아이를 낳았다. 남자 아기가 태어나면 죽이거나 다른 나라에 버리고 여자 아이만 전사로 길렀다. 여자 전사들은 활을 쏘기에 거추장스러운 오른쪽 젖가슴은 잘라냈다. '아마존'은 '유방이 없다'는 의미를 지닌다.

남아메리카에 있는 아마존 강은 소아시아의 아마존 족에서 이름을 따왔다. 1514년 스페인 탐험가 프란시스코 데오렐라가 이끄는 탐험대가 아마존 강가에서 원주민과 싸움을 벌였다. 원주민 전사들 중에는 여자들이 많았다. 그래서 탐험대원들은 주변을 흐르는 강을 아마존 강이라고 불렀다. 오늘날에도 용맹스럽고 힘 센 여자를 흔히 '아마조네스'라고 부른다.

헤라클레스는 지원자를 모아 아마존 테르모돈 강 하구에 도착했다. 그곳에서 헤라클레스는 히폴리테 여왕과 만났다. 둘은 서로 반했다. 히폴리테는 자신의 허리띠를 헤라클레스에게 주겠다고 약속했다.

헤라클레스가 여왕과 다정하게 이야기하는 것을 보고 헤라는 더욱 안달이 났다. 아마존 여전사로 변신한 헤라는 아마존으로 가서 거리에 나와 있는 여전사들에게 거짓 소문을 퍼뜨렸다. "그리스 남자가 우리 히폴리테 여왕님을 납치하러 왔다."

소문을 듣고 격분한 여전사들이 말을 타고 헤라클레스와 지원자들을 공격했다. 성질 급한 헤라클레스는 히폴리테가 자신을 배신한 것으로 오해하여 여전사들과 히폴리테를 방망이로 마구 내리쳐 죽였다. 헤라클레스는 여왕의 허리에서 허리띠를 빼내고는 미케네로 돌아왔다.

「**아마존 족과의 전쟁**」 19세기 네덜란드 화가 안셀름 포이어바흐의 작품이다.
게르만 국립 박물관 소장

10 게리온의 황소 떼를 몰고 오다

헤라클레스: 나 헤라클레스가 리비아와 유럽 국경에서 산 하나를 둘로 쪼개 지브롤터 해협을 만들었노라.

❍ **「헤라클레스의 기둥들」** 로마 시대까지 '헤라클레스의 기둥들', '칼페와 아빌라'로 알려졌던 두 산은 타리크가 이끄는 이슬람 교도들이 점령한 이후부터 '자발타리크(타리크의 산)'라고 불렸다. 자발타리크는 지브롤터라는 지명의 기원이 되었다. ⓒBueno

❍ **지브롤터 해협 위성 사진**

에우리스테우스 왕이 헤라클레스에게 내린 열 번째 과업은 게리온이 소유한 소들을 빼앗아오는 것이었다.

게리온은 다리 둘에 몸뚱이가 셋인 괴물이었다. 지구의 서쪽 끝에 위치한 한 섬에서 살며 많은 붉은 소를 기르고 있었다. 소떼는 거인 에우리티온과 두 개의 머리를 가진 개 오르토스가 지키고 있었다.

헤라클레스는 게리온이 살고 있는 에리테이아 섬으로 가기 위해 리비아의 사막을 지나게 되었다. 더위에 지친 헤라클레스는 태양을 향해 화살을 겨누었다.

황금 마차를 몰던 태양 신 헬리오스가 당황하며 말했다. "이보게, 헤라클레스여. 제발 활을 거두게나. 내가 황금 배를 빌려줄 테니. 대신 내가 동

헤라클레스: **몸뚱이가 셋인 괴물 게리온아, 덤비지 말고 진작에 소떼를 내놓을 것이지.**

「헤라클레스와 게리온의 소떼」 16세기 독일 화가 루카스 크라나흐의 작품이다. 헤르조그 안톤 울리히 미술관 소장

쪽으로 갈 때는 돌아와야 하네. 내가 서쪽 바다로 넘어간 다음 동쪽으로 다시 이동할 때는 황금 배를 타야 하거든."

헤라클레스는 황금 배를 타고 하룻밤 만에 에리테이아 섬에 이르렀다. 헤라클레스는 유럽과 아프리카가 만나는 지브롤터 해협에 이르렀을 때 기념으로 해협 양쪽에 바위산을 하나씩 세워놓았다. 산 하나를 둘로 쪼개 양옆으로 벌려 지브롤터 해협을 만들었다고도 한다. 이 두 산을 헤라클레스의 기둥이라고 부른다.

헤라클레스가 에리테이아 섬에 도착해 섬 위로 올라가자 냄새를 맡고 쫓아온 오르트로스가 덤벼들었다. 헤라클레스는 몽둥이로 개를 때려눕혔다. 이어서 쫓아온 목동 에우리티온도 몽둥이로 때려죽였다.

게리온이 고함을 지르며 나타났다. 헤라클레스는 히드라의 독화살로 세 머리를 각각 명중시켜 게리온을 죽였다. 헤라클레스는 붉은 소 떼를 황금 사발에 태우고 미케네로 향했다.

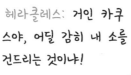
헤라클레스: 거인 카쿠
스야, 어딜 감히 내 소를
건드리는 것이냐!

「헤라클레스와 카쿠스」
16~17세기 네덜란드 화
가 헨드릭 골치우스의
작품이다. 프란츠 할스 미
술관 소장

헤라클레스가 게리온의 소 떼를 몰고 카쿠스가 사는 곳을 지날 때였다. 헤파이스토스의 아들 카쿠스가 헤라클레스가 잠자는 틈을 노려 소 몇 마리를 훔쳤다. 소가 끌려간 방향을 속이려고 거인은 소의 꼬리를 잡고 뒷걸음질 쳐 동굴로 끌고 갔다.

잠에서 깬 헤라클레스는 소 몇 마리가 없어진 것을 알고 주변을 둘러보았으나 찾을 수 없었다. 헤라클레스는 카쿠스의 계략에 속아 넘어간 것이다. 헤라클레스가 남은 소 떼를 몰고 카쿠스의 동굴 주변을 지나갈 때 동굴 안에서 소 한마리가 울음소리를 냈다. 헤라클레스가 동굴에 숨겨 놓은 소들을 발견했다. 카쿠스는 입으로 불을 내뿜으며 방어했지만 헤라클레스는 카쿠스의 목을 졸라 죽였다.

헤라클레스는 마침내 소 떼를 몰고 에우리스테우스에게 갔다. "마지막 열 번째 과업을 마쳤습니다. 소들은 궁전 뜰에 세워놓았으니 확인해보십시오."

왕은 소들을 헤라에게 제물로 바치며 헤라클레스가 과업을 마쳤다고 보고했다. 헤라는 왕에게 말했다. "헤라클레스의 과업은 아직 끝나지 않았다. 히드라의 머리는 조카의 도움을 받아 떨어뜨렸고 아우게이아스의 외양간은 보수를 받기로 하고 청소했다. 그러니 이 둘은 무효다. 두 가지 과업을 더 주어라.

「**헤라클레스와 카쿠스가 있는 풍경**」 17세기 프랑스 화가 니콜라 푸생의 작품이다. 푸시킨 미술관 소장

11 황금 사과를 따오는 과업을 맡다

세 명의 헤스페리데스: 아틀라스의 딸인 우리가 황금 사과가 열리는 정원을 지키고 있지요. 헤라클레스가 아틀라스에게 부탁해 황금 사과를 구했어요. 나중에 황금 사과는 정원으로 돌아왔답니다.

「**황금 사과를 지키는 헤스페리데스 요정들**」 19세기 에드워드 번 존스의 작품이다. '헤스페리데스'란 '저녁의 아가씨들'을 의미한다. 헤스페리스의 복수형이다. 헤스페리스는 세 명인데, 황금 사과가 열리는 정원을 지킨다. 사과나무를 감고 오르는 뱀은 이 사과나무가 서 있는 자리가 세계의 중심임을 상징한다. 함부르크 쿤스트할레 소장

왕은 헤라클레스를 불렀다. "히드라의 머리를 벤 것과 외양간을 청소한 것은 무효다. 그러니 두 가지 과업을 더 수행해야 한다. 이번에는 세 명의 헤스페리데스가 지키는 황금 사과를 따오너라. 사과나무가 어디에 있는지는 아무도 모르니 세계의 동쪽 끝에서 서쪽 끝까지 모두 찾아봐야 한다."

황금 사과나무는 헤라가 제우스와 결혼할 때 대지의 여신 가이아로부터 받은 것인데, 헤라는 이 사과를 헤스페리데스한테 맡기고, 머리가 100개나 되는 용 라돈에게 밤낮으로 지키게 했다.

「**헤스페리데스의 정원**」 19세기 알버트 허터의 작품이다.

「**헤스페리데스의 정원**」 19세기 영
국 화가 프레더릭 레이턴의 작품
이다. 레이디 레버 아트미술관 소장

12 프로메테우스의 쇠사슬을 풀어주다

프로메테우스: 고맙소. 황금 사과를 구하려면 어깨에 하늘을 떠받치고 있는 아틀라스를 찾아가 보시오.

헤라클레스: 제우스에게 운명의 비밀을 가르쳐주었으니 이젠 내가 그대를 묶은 쇠사슬을 끊을 수 있을 것이오.

프로메테우스의 쇠사슬을 풀어주는 헤라클레스 니콜라스 버틴의 작품이다.

헤라클레스는 세계의 동쪽 끝을 향해 끝없이 걸었다. 동쪽 끝에 이르자 바위산에서 비명이 들려왔다. 바위산에 올라가 보니 독수리가 프로메테우스의 간을 쪼고 있었다. 프로메테우스가 인간에게 불을 훔쳐다 주고 신에게 바치는 제물도 나쁜 고기를 쓰게 한 적이 있었다. 제우스는 신을 속인 죗값으로 프로메테우스에게 벌을 내렸다. 프로메테우스는 바위산에 쇠사슬로 묶인 채 매일 독수리에게 간을 쪼이는 벌을 받았다.

헤라클레스는 프로메테우스에게 다가갔다. 독수리가 놀라서 하늘로 치솟자 헤라클레스는 화살을 쏘아 떨어뜨렸다. 아버지 제우스가 아끼는 독수리를 죽인 것이 마음에 걸려 용서를 빌었다. "아버지의 허락도 받지 않고 독수리를 죽였습니다. 용서해주십시오."

프로메테우스는 제우스의 운명에 관한 비밀을 감추고 있었으므로 제우스는 프로메테우스에게 내린 형벌을 거두지 않았다. 제우스가 헤라클레스를 용서하는 대신 한 가지 제안을 했다. "프로메테우스에게 내 운명의 비밀을 물어보거라. 그 비밀을 나에게 알려주면 너를 용서하겠다."

헤라클레스는 프로메테우스를 설득했다. "우리 두 사람의 운명이 걸린 일이기도 합니다. 왜 굳이 고생을 사서 하십니까? 어서 말씀하십시오."

프로메테우스는 고집을 꺾고 제우스의 비밀을 털어놓았다. "제우스가 바다의 여신 테티스와 결혼하면 테티스가 낳은 아들이 아버지보다 더 위대해질 것입니다."

테티스는 어찌나 아름다웠던지 제우스가 아내로 맞고 싶어 했다. 하지만 제우스는 프로메테우스의 예언이 마음에 걸려 테티스가 인간인 펠레우스와 결혼하도록 했다. 이 테티스와 펠레우스 사이에서 태어난 아들이 저 유명한 아킬레우스다.

제우스는 헤라클레스와 프로메테우스를 용서하고 헤라클레스에게 프로메테우스를 묶은 쇠사슬을 끊도록 지시했다. 제우스는 쇳조각으로 반지를 만들어 프로메테우스에게 주며 말했다. "너를 절대 풀어주지 않겠다고 맹세했다. 이 반지를 끼고 있으면 내가 너를 풀어주지 않은 셈이 된다."

프로메테우스는 반지를 받아 손가락에 끼웠다. 헤라클레스가 황금 사과를 따러 간다는 것을 알고 프로메테우스가 말했다. "그 사과는 세 님프들과 무서운 용이 지키고 있소. 님프들은 아틀라스의 딸이오. 아틀라스는 올림포스의 신들에게 덤벼든 죄로 사과나무 근처에서 하늘을 어깨로 떠받치고 있소. 찾아가서 부탁해보시오."

13 레슬링 달인 안타이오스를 목 졸라 죽이다

헤라클레스: 안타이오스 네놈을 집어던져도 힘이 솟는다면 공중에 들어 올려 목을 조르는 수밖에 없군.

「헤라클레스와 안타이오스」 BC2세기경의 작품을 BC4세기경에 복원한 작자 미상의 작품이다. 나폴리 고고학 박물관 소장

헤라클레스는 황금 사과를 구하러 세계의 동쪽 끝에서 아틀라스가 있는 세계의 서쪽 끝을 향해 가는 도중에 온갖 모험을 겪었다.

리비아에 들렀을 때 안타이오스가 레슬링 시합을 하자고 헤라클레스에게 제안했다. 진 사람은 목숨을 내놓아야 한다. 대지의 여신 가이아와 바다의 신 포세이돈의 아들인 안타이오스는 자신의 영역으로 낯선 사람이

지나가면 레슬링 시합을 강요했다. 시합에 진 상대는 죽여서 그 뼈를 포세이돈 신전의 지붕을 만드는 데 사용했다.

헤라클레스가 힘센 거인에다 레슬링의 명수인 안타이오스와 맞붙었다. 헤라클레스가 안타이오스를 여러 번 집어던졌지만 땅에 떨어지면 다시 새로운 힘이 솟구쳐 도저히 이길 수가 없었다. 헤라클레스는 안타이오스를 땅에서 번쩍 들어올려 땅의 기운을 뺀 후 공중에서 목 졸라 죽였다.

◐ 「헤라클레스 파르네세」
◐ 「안타이오스의 목을 조르는 헤라클레스」

14 아틀라스 대신 하늘을 짊어지다

헤라클레스: 아틀라스 님, 이 헤라클레스가 대신 하늘을 짊어지고 있을 테니 딸들이 지키고 있는 황금 사과를 가져다주십시오.

「아틀라스 대신 하늘을 짊어지는 헤라클레스」 작자 미상의 작품이다. 함펠 옥션 소장

　헤라클레스는 온갖 모험을 겪으며 아프리카에 있는 아틀라스 산에 이르렀다. "아틀라스님, 테바이에서 온 헤라클레스입니다. 황금 사과 한 개가 필요해서 찾아왔습니다."

　사정 이야기를 들은 아틀라스는 딱하다는 듯이 말했다. "내가 이렇게 하늘을 떠받치고 있는데 어떻게 사과를 따올 수 있겠나?"

　헤라클레스는 사과를 따오는 동안 대신 하늘을 지겠다고 말했다. 사과를 찾아 돌아온 아틀라스는 헤라클레스에게 사과를 주려다 사과를 든 손을 도로 거두며 말했다. "나도 이제 하늘을 떠받치는 일을 그만두고 싶다. 헤라클레스 너는 힘이 세니 하늘을 받치고 그동안 고생한 내가 이 사과를 에우리스테우스 왕에게 가져다주겠다."

헤라클레스는 당황했지만 곧 정신을 차리고 말했다. "제가 오랫동안 하늘을 떠받치려면 사자 가죽을 어깨에 대는 게 좋겠습니다. 가죽을 대는 동안 하늘을 떠받쳐주십시오."

프로메테우스는 헤라클레스의 말에 일리가 있다고 생각해 사과를 땅에 놓고 하늘을 건네받았다. 사과를 쥐어 든 헤라클레스는 웃으며 말했다. "사과를 따주셔서 감사합니다. 그럼 계속 수고하십시오."

헤라클레스는 황금 사과를 가지고 에우리스테우스에게 돌아왔다. 왕은 신성한 사과를 인간이 가질 수 없다고 생각해 아테나 여신에게 바쳤다. 아테나는 사과를 헤라의 비밀 정원에 도로 갖다 놓았다.

「**헤라클레스와 아틀라스**」 16세기 독일 화가 루카스 크라나흐의 작품이다. 헤르조그 안톤 울리히 미술관 소장

15 케르베로스를 사로잡고 테세우스를 구출하다

> 헤라클레스: 저승의 개 케르베로스야, 꼼짝 말고 나와 함께 가자. 너를 생포해 가야 내 죄를 씻을 수 있거든.

「**헤라클레스와 케르베로스**」 17세기 플랑드르 화가 페테르 루벤스 작품이다. 프라도 미술관 소장

왕이 마지막 열두 번째 과업을 하달했다. "지하 세계로 가서 케르베로스를 사로잡아 오라."

케르베로스는 지하 세계의 문을 지키는 머리 셋 달리고 꼬리가 뱀처럼 생긴 무서운 개다. 헤라클레스는 크게 놀라며 말했다. "살아 있는 인간이 어떻게 지하 세계에 가서 그 무서운 케르베로스를 사로잡아 올 수 있단 말입니까?"

헤라클레스는 힘없이 궁전을 나섰을 때 헤르메스가 나타나 헤라클레스

를 하데스의 지하 세계로 데려다주었다.

　지하 세계에 도착한 헤라클레스는 하데스에게 케르베로스를 데려가야
한다고 말했다. 하데스는 무기를 쓰지 않고 개를 잡으면 데려가게 해 주겠
다고 했다. 헤라클레스는 케르베로스에게 다가갔다. 개는 세 개의 빨간 혀
를 날름거리며 덤볐다. 헤라클레스가 머리 셋을 꽉 붙잡아 힘껏 죄었다.
개는 집요하게 발버둥 쳤지만 마침내 힘이 빠져 축 늘어졌다. 헤라클레스
는 하데스와 작별하고 케르베로스를 어깨에 멘 채 발걸음을 돌렸다.

　이때 헤라클레스는 긴 의자에 테세우스와 그의 친구인 페이리토스가
앉아 있는 것을 보았다. 페이리토스는 무모하게도 저승 세계의 왕비인 페
르세포네를 아내로 맞이하고 싶다며 저승 세계로 내려왔다. 테세우스는
페이리토스가 저승 세계로 내려오는 것을 도와주려고 함께 온 것이다. 둘
이 앉아 있는 의자는 '망각의 의자'였다. 망각의 의자에 앉으면 지난 일을
모두 잊어버릴 뿐 아니라 궁둥이가 의자에 꼭 달라붙어 떨어지지 않는다.
헤라클레스가 테세우스를 아무리 불러도 테세우스는 멍하니 앉아 있었
다. 헤라클레스는 테세우스의 팔을 힘껏 잡아당겼다. 테세우스가 의자에
서 떨어지긴 했지만 궁둥이의 살이 의자에 붙어 떨어져 나갔다. 그 후 테
세우스의 후손들은 대대로 궁둥이도 작고 허벅지도 가늘었다. 헤라클레
스는 케르베로스를 메고 에우리스테우스에게 갔다. 왕은 무서워서 또 항
아리 속으로 피신했다.
헤라클레스는 케르베로
스를 나중에 다시 저승
세계로 데려다주었다.

「케르베로스」 18세기 영국화
가 윌리엄 블레이크 작품이다.

1 옴팔레의 노예가 되다

헤라클레스: 옴팔레 여왕님, 이 헤라클레스는 당신의 노예로서 양털로 실을 잣는 게 좋습니다!

「**헤라클레스와 옴팔레**」
18세기 독일 화가 요한 하인리히 티슈바인의 작품이다.

헤라클레스가 무찌른 괴물들은 인간 세계에 널리 퍼져 있는 악 혹은 인간의 마음속에 숨어 있는 악을 상징한다. 헤라클레스가 열두 과업을 모두 수행한 것은 세상과 마음속의 악을 모두 물리친 것을 의미한다. 따라서 헤라클레스는 시련에서 벗어나 행복하게 사는 게 이치에 맞다. 그런데도 헤라는 노여움을 풀지 않고 헤라클레스를 또 미치게 했다.

미친 헤라클레스는 도둑맞은 소를 찾으러 온 친구 이피토스를 성벽에서 떨어뜨려 죽였다. 제우스는 그 벌로 헤라클레스를 삼 년 동안 리디아 여왕 옴팔레의 노예로 지내게 했다. 헤라클레스는 여왕에게 사자 가죽과 몽둥이를 내어주고 여자 옷을 입고 양털로 실을 잣는 등 순한 양이 되어 살았다. 여왕은 헤라클레스가 입던 사자 가죽을 걸치고 헤라클레스를 내려다보았다. 3년 동안 옴팔레의 노예로 지내고 이피토스의 아들들에게 몸값을 주고 나서야 노예 신분에서 풀려났다.

2 아켈로오스를 물리치고 데이아네이라와 결혼하다

헤라클레스: 아켈로오스 네놈이 제우스의 아들인 나를 능멸했겠다. 헛바닥이 아니라 힘으로 결판을 내자!

강의 신 아켈로오스: 어디 굴러온 돌이 데이아네이라를 차지하겠다고 나서느냐? 나는 이곳 토박이다.

「**헤라클레스와 아켈로오스의 결투**」 프랑스 화가 노엘 코아펠의 작품이다. 아켈로오스는 대양의 신 오케아노스와 테티스의 맏아들이다. 아켈로오스 강은 그리스 서부에 있다. 뱀처럼 구불구불하며, 강수량이 많아지면 하류에 있는 평원에 범람한다. 릴 미술관 소장

헤라클레스는 옴팔레의 노예로 지내면서 겸손한 성격을 지니게 되었다. 이제는 새 아내를 맞아 행복하게 살고 싶은 생각뿐이었다.

당시 칼리돈의 공주 데이아네이라가 예쁘다는 소문이 널리 퍼져 많은

헤라클레스: 뱀으로 변신해봐야 소용없다. 뱀 목조르기는 아기 때도 이미 해봤다.

❍ **헤라클레스와 아켈로오스의 결투** ⓒCarole Raddato 루브르 박물관 소장

❍ **「강의 신 아켈로오스」** 유약을 바르지 않고 점토를 굽는 테라코타 기법으로 만들어진 아켈로스의 탈이다. 로마 국립 미술관 소장

구혼자들이 몰려들었다. 헤라클레스와 강의 신 아켈로오스도 구혼에 나서자 다른 사람들은 포기하고 물러났다.

헤라클레스는 데이아네이라의 아버지에게 자랑을 늘어놓았다. "내 아버지가 제우스입니다. 계모 헤라가 시킨 12과업도 무사히 수행했습니다."

아켈로오스도 지지 않고 말했다. "나는 이 나라를 흐르는 물길의 왕이오. 그대가 다스리는 이 나라에 속한 토박이라오. 어딘지 모를 곳에서 굴러들어온 저 자가 제우스의 아들이라고 내세우지만 그게 무슨 대수겠소."

발끈한 헤라클레스가 으름장을 놓았다. "힘으로 결판을 내자!"

헤라클레스는 아켈로오스를 붙잡아 집어던지려고도 했고, 몸통을 노리기도 했다. 하지만 아켈로오스도 몸집이 큰지라 맞붙어 한 발짝도 물러서지 않았다. 헤라클레스는 네 번의 시도 끝에 아켈로오스를 패대기치더니 등에 올라타고 목을 움켜쥐었다.

아켈로오스는 헤라클레스의 힘을 당할 수 없어 슬며시 뱀으로 변신하여 헤라클레스의 손아귀에서 벗어났다. 뱀이 혀를 날름거리며 헤라클레스에게 덤볐다. 헤라클레스는 뱀의 목을 꽉 쥐며 말했다. "뱀 목조르기는 아기 때도 하던 일이다."

아켈로오스는 헤라클레스의 손에서 벗어나려고 이번에는 황소로 변신했다. 헤라클레스는 황소의 목을 틀어쥐더니 머리를 땅에 찧었다. 이어서 머리에서 뿔을 하나 뽑아버렸다. 뿔이 뽑힌 황소는 울부짖으며 달아났다.

마침내 헤라클레스는 데이아네이라와 결혼했다. 님프 나이아스들이 뿔을 가져가서 향기로운 꽃들로 속을 채웠다. 그 뿔을 풍요의 여신이 넘겨받아 '코르누코피아이(풍요의 뿔)'라고 이름 붙였다.

이 이야기는 황당무계하지만 깊은 뜻이 숨어 있다. 아켈로오스는 장마철이면 넘쳐흐르는 강이었다. 강이 그 처녀의 나라를 구불구불 흐르는 것은 아켈로오스가 데이아네이라에게 반해 아내로 삼으려 한 것을 의미한다. 아켈로오스가 뱀으로 변한 것은 강이 구불구불하다는 것을 의미하고, 황소로 변한 것은 강이 흐르면서 사나운 물소리를 냈다는 것을 의미한다. 강이 범람할 때면 새로운 물줄기가 생겼는데, 뿔은 이 물줄기를 의미한다.

헤라클레스가 아켈로오스를 이긴 것은 둑을 쌓고 수로를 만들어 강의 범람을 막았다는 것을 의미한다. 강을 새로 복구하면 주변의 땅이 아주 비옥해진다. 바로 그런 땅을 가리켜 '풍요의 뿔'이라고 불렀다.

「풍요의 뿔」 프랑스에 있는 엘리제 궁전의 홀 천장에 풍요의 뿔 모양이 아름답게 장식되어 있다. 뿔은 행복과 부유함을 상징한다.

3 데이아네이라를 납치한 네소스를 죽이다

헤라클레스: 이놈 네소스야, 켄타우로스족인 주제에 내 아내를 낚아채려 하느냐!

「네소스에게 납치당하는 데이아네이라」 프랑스 화가 노엘 코아펠의 작품이다. 베르사유궁의 트리아농 소장

행복한 신혼 생활이 삼 년 지났을 무렵 헤라클레스는 아내와 여행을 떠났다. 어느 강가에서 윗몸은 사람이고 아랫몸은 말인 네소스라는 켄타우로스족 한 명이 다가왔다. "돈을 주시면 제가 건네 드리지요."

헤라클레스는 자기는 직접 걸어서 건너기로 하고 아내를 네소스에게 맡겼다. 네소스가 아내를 등에 태우고 강을 건너기 시작했다. 헤라클레스는 뒤를 따랐다.

네소스는 강을 다 건너자 데이아네이라를 태운 채 달아나며 말했다. "당신은 정말 예쁘군. 이제부터는 내 아내가 돼야 해." 헤라클레스는 히드라의 독을 묻힌 화살을 쏘아 네소스의 심장을 정확하게 맞췄다.

네소스는 죽어 가면서도 데이아네이라에게 거짓말을 했다. "내 피를 받아두었다가 헤라클레스가 바람피울 때 남편 옷에 바르면 남편의 마음을 돌릴 수 있을 것이오."

헤라클레스: 데이아네이라, 네소스를 처치했으니 이제 걱정 마시오.

「헤라클레스, 데이아네이라, 켄타우로스 네소스」 16세기 플랑드르 화가 바르톨로메우스 슈프랑거의 작품이다. 헤라클레스가 아내를 겁탈하려 한 네소스를 처치한 장면이다. 하노버 미술관 소장

4 네소스의 피가 묻은 예복을 입다

헤라클레스: 리카스 네놈이 가져온 예복의 독기 때문에 내가 죽을 지경이 됐다. 어디 혼 좀 나봐라.

「**심부름꾼 리카스를 던지는 헤라클레스**」 18세기 이탈리아 조각가 안토니오 카노바의 작품이다. 네소스는 헤라클레스의 화살에 맞았기 때문에 그의 피에는 히드라의 독이 섞여 있었다. 헤라클레스는 끔찍한 고통을 견디지 못하고 옷을 가져온 리카스를 바다에 집어 던져 버린다.

얼마 지나지 않아 데이아네이라에게 마법의 피가 필요할 때가 왔다. 헤라클레스가 원정을 다니다 이올레라는 아름다운 공주를 포로로 잡아왔는데 데이아네이라가 오해한 것이다.

헤라클레스는 부하를 불렀다. "승리를 기념하여 신들에게 제물을 바치려 하네. 아내에게 가서 흰 예복을 달라고 해 가져오게."

데이아네이라는 남편이 이올레를 사랑하고 있다고 확신했다. 사랑의 마법을 시도할 절호의 기회라고 여겨 예복에 네소스의 피를 살짝 묻혔다. 잠시 후에 핏자국이 보이지 않도록 다시 빨았다. 얼룩은 지워졌지만 마법의 효력은 남아 있었다.

헤라클레스는 부하가 가져다 준 흰 예복을 입자마자 비명을 질렀다. 헤라클레스의 독화살을 맞은 네소스의 피에는 히드라의 독이 들어 있었는데, 강한 독이 순식간에 몸속에 퍼졌기 때문이다.

분별력을 잃은 헤라클레스는 예복을 건넨 부하 리카스를 바닷속으로 던져버렸다. 그러고선 예복을 벗으려 했지만 살에 딱 들러붙어 떨어지지 않았다. 다급하게 옷을 벗느라 자기 살가죽까지 다 뜯어냈다. 헤라클레스가 참담한 몰골로 집으로 돌아왔다. 데이아네이라는 네소스에게 속은 것을 알고 목매 죽었다.

헤라클레스는 죽을 결심을 하고 친구 필록테테스와 함께 오이테 산에 올라갔다. 분신하려고 장작더미 위에 누운 헤라클레스에게 친구 필록테테스가 불을 붙였다. 불길은 삽시간에 모든 것을 집어삼켰다. 기구한 그의 운명은 이렇게 끝나는 듯했다.

네소스가 죽기 전 간계를 부려 헤라클레스에게 앙갚음을 한 데서 훗날 '네소스의 셔츠'라는 말이 생겼다. 이는 '받는 사람에게 고통을 주는 선물'이라는 뜻이다.

5 올림포스로 올라가 신이 되다

제우스: 어려운 과업을 수행한 내 아들이 지금 오이테 산에서 저런 장작불 따위에 정복당하지는 않을 것이오. 인간인 어미에게서 받은 육신은 탈지라도 신인 나에게서 받은 영혼은 불멸할 것이오. 내가 죽은 아들을 되살려 천상으로 데려올 테니 고깝게 여기지 말고 따뜻하게 맞아주기를 바라오.

헤르메스: 헤라클레스여, 제우스의 명이니 어서 올림포스로 올라갑시다.

「**올림포스로 올라가는 헤라클레스**」 프랑스 화가 노엘 코아펠의 작품이다. 제우스의 부름을 받은 헤라클레스가 헤르메스의 안내를 받으며 올림포스로 올라가고 있다. 베르사유 궁전 소장

신들도 지상의 영웅이 비참한 최후를 맞는 모습을 보고 안타까워했다. 신들은 모두 제우스의 뜻에 따랐지만 헤라만이 마지막 말을 듣고 불쾌하게 여겼다. 꼭 자기에게 하는 말로 들렸기 때문이다. 그렇다고 남편의 결정을 대놓고 반대할 입장은 아니었다.

불길은 인간 어머니 알크메네에게서 받은 헤라클레스의 몸을 모두 태웠다. 하지만 제우스로부터 받은 신성한 영혼은 조금도 타지 않고 불길에서 빠져나왔다. 제우스의 명을 받은 헤르메스가 헤라클레스를 구름으로 감싼 다음 사륜마차에 태워 올림포스로 데려왔다. 헤라클레스는 별들 사이에서 살게 되었다. 헤라클레스가 하늘에서 한 자리를 차지하자 아틀라스는 더 무거워진 하늘을 짊어져야 했다.

헤라도 헤라클레스와 화해를 하고 자기 딸인 헤베와 결혼하는 것을 허락했다. 청춘의 여신인 헤베는 원래 신들에게 술을 따르는 일을 맡았는데, 헤라클레스의 아내가 되면서 그 일을 그만두었다고 한다.

「**헤라클레스의 신격화**」 18세기 프랑스 화가 프랑수아 르무안의 작품이다. 베르사유 궁전 소장

4 영광은 사라지고

| 테세우스, 아리아드네, 미노타우로스

아테나이의 왕 아이게우스가 트로이젠에 들렀을 때 아이트라 공주와 사랑을 나누어 테세우스를 낳았다. 테세우스는 청년이 되었을 때 어머니가 일러주는 대로 큰 바위를 들어 올려 아이게우스가 숨겨둔 검과 샌들을 찾아냈다. 테세우스는 부자의 징표를 들고 아테나이로 떠났다. 안전한 바닷길 대신 위험한 육로를 택해 온갖 위험을 극복하고 아버지를 찾아갔다. 테세우스는 아버지의 만류를 무릅쓰고 크레타의 괴물 미노타우로스의 먹이가 되기로 자청했다. 남녀 재물 14명 가운데 한 명으로 크레타 섬에 간 것이다.

테세우스는 아리아드네 공주에게 검과 실을 얻어 괴물을 퇴치한 다음 길을 잃지 않고 무사히 미궁을 빠져나왔다. 테세우스 일행은 아리아드네를 데리고 섬을 빠져나왔지만 디오니소스의 계시로 아테나이로 돌아오는 도중 낙소스 섬에 아리아드네를 혼자 떼어놓았다. 테세우스는 괴물 미노타우로스를 무찌르고 아테나이의 번영을 이끈 영웅이다. 하지만 괴물을 퇴치하는 데 도움을 준 아리아드네를 배신하고 아마존 족 여왕과 결혼했으며 장차 아내로 삼기 위해 어린 헬레네를 납치하기도 했다. 헬레네는 훗날 트로이 전쟁의 원인이 되었다.

• 저 악명 높은 시니스도 영웅의 손에 죽었습니다. 그 악당은 먼저 소나무 가지를 땅에 닿게 구부렸습니다. 그러고서 길손의 사지를 묶고 구부렸던 나무를 놓아 길손을 갈가리 찢어 죽였습니다.
(오비디우스 『변신 이야기』)

테세우스가 자신을 도와준 아리아드네를 버리고 떠난 섬이다. 이후 디오니소스 신이 아리아드네를 구해줬다.

미케네 문명이 융성하기 전까지 크레타의 속국이었다. 미노타우로스는 크레타에 대한 아테네의 반감이 반영된 상상의 괴물이다.

200년간 동부 지중해의 교역을 독점했던 크레타의 수도이다. 미노타우로스를 가두기 위해 설계된 복잡한 미궁(라비린토스)이 있다.

1. 테세우스, 바위를 들어 아버지의 검과 신발을 꺼내다

트로이젠의 아이트라 공주: 테세우스야, 네 아버지 아이게우스 왕이 이 나라에서 아테나이로 떠나기 전에 자신의 칼과 신발을 큰 돌 아래 묻어두셨다. 네가 커서 돌을 치우고 두 물건을 꺼낼 만큼 힘이 세지거든 자기에게 보내라고 하셨단다.

테세우스: 어머니, 이제 이 정도 바위는 들어 올릴 수 있어요. 아버지를 찾고 싶어요.

「**아버지의 검을 찾아낸 테세우스**」 17세기 화가 니콜라 푸생의 작품이다. 폐허가 된 고대 건축물을 배경으로 근육질의 테세우스가 돌을 들어 올리고 있다. 콩테 미술관 소장

　자식을 얻지 못한 아테나이의 아이게우스 왕은 신탁을 듣기 위해 델포이로 갔다. 신탁의 내용은 알 듯 모를 듯했다. "아테나이로 돌아갈 때까지 술 부대의 마개를 뽑지 말라."

　아테나이로 돌아오던 중에 친구인 피테우스가 다스리는 트로이젠에 들렀다. 피테우스 왕은 아이게우스로부터 신탁에 대해 듣고는 "아들이 영웅이 되고 왕이 될 것이다."라고 풀이했다.

　피테우스 왕은 축하의 의미로 술자리를 베풀었다. 왕은 딸인 아이트라 공주를 불러 술상을 차리게 했다. 아이트라는 아버지가 시키는 대로 아이게우스의 잔에 계속 술을 따랐다. 아이게우스는 왕과 공주가 권하는 대로

술을 마셔 크게 취했다.

피테우스는 술에 취한 아이게우스를 침실로 안내했다. 피테우스는 아이트라에게 말했다. "오늘 밤 당장 저 친구와 결혼하라. 저 친구에게서 태어날 아들이 영웅이 되고 왕이 될 것이다. 아이게우스가 신탁을 듣고 나에게 온 것은 너와 결혼하도록 신이 아이게우스를 인도한 것이다."

피테우스 왕은 아이트라를 아이게우스의 방에 들여보내며 말했다. "저자의 아들을 낳거라."

아이트라는 아버지의 친구인 아이게우스와 동침했다. 이튿날 아침 아이게우스는 머리가 아파 손으로 이마를 만지며 잠에서 깨어났다. 옆에 아이트라가 누워 있는 것을 보고 놀라서 물었다. "아이트라, 이게 어찌 된 일이냐?"

아이트라는 정색을 하며 대답했다. "우린 어젯밤에 결혼했잖아요. 아버지가 신의 뜻에 따라 결혼하라고 말씀하셨어요."

아이게우스는 아테나이로 떠나기 전에 아이트라를 집 밖에 있는 큰 바위로 데리고 갔다. 바위 옆에 작은 구덩이를 파서 자기의 칼과 신발을 넣고는 큰 바위를 들어 칼과 신발 위에 덮었다.

아이게우스가 아이트라에게 당부했다. "만약 아이가 태어나 이 바위를 치울 수 있게 되거든 묻어둔 칼과 신발을 꺼내 나를 찾아오게 하거라."

아이트라는 아들을 낳자 테세우스라고 이름 지었다.

테세우스가 열여섯 살이 되자 아이트라는 테세우스를 바위 옆으로 데려갔다. "테세우스야, 이 바위를 들 수 있겠니?"

테세우스는 바위를 가볍게 들어 옮겨 칼과 신발을 꺼냈다. 아이트라는 테세우스에게 아버지에 관해 이야기했다. "네 아버지는 아테나이의 왕 아이게우스란다. 이 바위를 들 만큼 네가 자라면 바위 아래에 있는 칼과 신발을 꺼내 들고 아테나이로 찾아오라고 말씀하셨다."

테세우스는 아버지의 칼을 차고 신발을 신어봤다. 아이트라는 아이게우스를 닮은 테세우스를 흐뭇한 표정으로 바라봤다.

2 악당 페리페테스와 시니스를 죽이다

테세우스와 페리페테스

외할아버지 피테우스가 테세우스에게 말했다. "이제 아테나이로 떠나야 한다면 안전하게 배를 타고 가거라. 네가 타고 갈 배를 마련했다."

테세우스는 당차게 대답했다. "육지로 당당하게 걸어가겠습니다. 저도 영웅 헤라클레스처럼 악당들을 무찌르며 가겠습니다."

테세우스는 걸어서 길을 떠났다. 길에서 제일 먼저 만난 악당은 헤파이스토스의 아들인 페리페테스라는 강도였다. 페리페테스는 쇠몽둥이를 들고 다니며 나그네들을 괴롭혔다. 페리페테스가 테세우스를 보고 덤볐지만 테세우스는 쇠몽둥이를 빼앗아 그 몽둥이로 페리페테스를 때려죽였다. 테세우스는 쇠몽둥이를 자신의 무기로 삼았다.

테세우스와 시니스 뮌헨 국립 고대미술박물관 소장

　테세우스가 두 번째로 만난 악당은 시니스였다. 시니스는 지나가는 사람들을 잡아다가 잔인하게 죽이곤 했다. 그는 두 나무를 휘어서 붙잡아 놓고 휜 나뭇가지에 행인을 묶은 다음 휜 나무가 곧게 펴지도록 붙잡은 것을 놓았다. 나무 두 그루가 각각 튕겨져 곧게 펴지면서 묶인 사람의 몸이 반으로 찢겨져 나갔다. 테세우스는 악당 시니스를 잡아 똑같은 방법으로 죽여버렸다.

3 침대에서 튀어 나온 프로크루스테스의 목을 쳐내다

「프로크루스테스에게 도끼를 휘두르는 테세우스」 17세기 영국 박물관 소장

테세우스가 다음에 만난 악당은 스케이론이었다. 스케이론은 행인을 붙잡아 자기 발을 씻게 하고 엎드려 있는 행인을 발로 차서 절벽 아래 바다로 떨어뜨려 바다거북의 밥이 되게 했다. 테세우스는 스케이론을 붙잡아 똑같은 방법으로 죽였다.

테세우스는 프로크루스테스라는 악당도 만났다. 프로크루스테스는 낚시를 하다가 나그네를 만나면 친절하게도 자기 집으로 데려갔다. 그러고는 쇠로 만든 침대를 내주면서 쉬어가라고 권했다. 하지만 침대는 쉬는 곳이 아니라 형틀이나 다름없었다.

프로크루스테스는 '손발을 늘리는 사람'을 의미한다. 그는 나그네의 키가 침대보다 짧으면 강한 힘으로 키를 늘려 나그네를 죽이고, 키가 침대보다 크면 침대에 맞춰 남는 부분을 싹둑 잘랐다.

테세우스는 프로크루스테스가 다른 나그네들에게 한 그대로 프로크루스테스를 쇠 침대에 묶었다. 침대에서 프로크루스테스의 목이 벗어나자 테세우스는 도끼로 목을 잘라버렸다.

이 이야기에서 '프로크루스테스의 침대'라는 말이 생겼다. 자신의 생각에 맞춰 다른 사람의 생각을 고치려 하거나 남에게 해를 끼치면서까지 자신의 주장을 굽히지 않을 때 쓰는 말이다.

비스마르크: 내가 보기엔 여성의 자유는 너무 키가 큰 것 같아. 다리를 잘라내야겠어.

독일의 프로크루스테스
19세기 독일 잡지의 삽화다.

4 아이게우스, 테세우스가 아들인 것을 알아보다

메데이아: 테세우스 독살 계략을 실패했어. 멀리 메디아로 도망가야겠군.

아이게우스 왕: 테세우스 네가 검을 들고 있는 것을 보니 내 아들이 틀림없구나!

「테세우스가 아들이라는 것을 알아본 아이게우스」 프랑스 화가 플랑드랭의 작품이다. 화면 왼쪽에서 메데이아가 도망치고 있다. 메데이아는 아이게우스와의 사이에 낳은 자신의 아이를 왕으로 삼으려고 테세우스를 독살하려고 한다.

마침내 테세우스는 아테나이에 도착했다. 아테나이 사람들은 악당들을 무찌른 테세우스를 열렬히 환영했다. 이때 아테나이의 아이게우스 왕은 코린토스에서 온 마법사 메데이아와 살고 있었다.

메데이아는 남편 이아손을 위해 아버지와 조국을 배반하고 남동생까지 죽였고, 이아손이 배신하자 두 사람 사이에서 태어난 두 아이를 죽이고 코린토스에서 도망쳤다. 그 메데이아가 왕을 유혹해 왕비가 되어 있었다.

마법사 메데이아는 사람들에게 둘러싸여 궁전 앞을 지나가는 테세우스를 보고 아이게우스의 아들인 것을 알아차렸다. 메데이아는 테세우스가 왕이 되면 자기 아이들이 위험해질 거라고 생각했다.

메데이아는 왕의 마음을 흔들었다. "낯선 청년이 왕의 자리를 차지할지 모릅니다. 사람들이 저 청년에게 열광하는 것을 보니 당신의 자리를 빼앗을까 봐 불안합니다. 마라톤에 가서 미친 황소를 처치하라고 하는 게 좋겠어요. 황소가 테세우스를 처치할 거니까요."

아이게우스 왕은 좋은 생각이라고 맞장구를 쳤다. 미친 황소는 헤라클레스가 12과업의 하나로 크레타 섬에서 잡아왔는데, 마라톤 벌판에 방치되어 있었다. 이 황소는 제우스가 에우로페를 납치할 때 잠시 몸을 빌렸던 황소인데, 이후 지나치게 난폭하여 골칫거리였다.

테세우스는 왕의 지시를 받고 마라톤 벌판으로 가서 미친 황소를 잡아왔다. 이번에는 메데이아가 축하 잔치를 열어 독이 든 술잔을 직접 주겠다고 제안했다. 메데이아는 잔치에 참석한 테세우스에게 독이 든 잔을 건네며 말했다. "사람들을 괴롭히는 악당들을 없애고 마라톤에서 날뛰고 있는 미친 황소까지 잡다니 정말 대단하구나. 자 내 축하주를 받거라."

테세우스가 독이 든 술잔을 받아 마시려는 순간 아이게우스 왕은 테세우스가 차고 있던 칼과 신고 있는 신발을 보았다. 아들인 줄 알아차린 왕은 술잔을 손으로 내리치며 소리쳤다. "너는 내 아들이다."

이어서 왕은 메데이아를 쏘아보며 말했다. "테세우스가 내 아들이라는 사실을 알고 죽이려고 했군."

계략이 탄로 나자 메데이아는 재빨리 도망쳤다. 멀리 아시아로 도망갔는데, 그 나라는 메데이아의 이름을 따서 메디아라고 불렸다. 메디아는 기원전 8세기에 이란 고원의 서북부에 메디아 인이 세운 왕국이다.

황소를 잡는 테세우스 BC 430년경 작품이다. 스페인 고고학 박물관 소장
©Luis Garcia

1 아이게우스, 미노타우로스에게 줄 제물을 바치다

「미노타우로스」 19세기 영국 화가 프레더릭 와츠의 작품이다. 테이트 브리튼 갤러리 소장

그 무렵 아테나이 사람들은 강국인 크레타의 왕 미노스의 강요로 해마다 조공을 바쳤다. 아이게우스 왕은 산 제물인 총각 일곱 명과 처녀 일곱 명을 미노타우로스라는 괴물에게 바쳤다.

지난날 미노스 왕은 포세이돈에게 바쳐야 할 황소를 자신이 갖고 신에게는 다른 황소를 바쳤다. 화가 난 포세이돈은 원래 자신이 받아야 할 황소와 크레타 왕비 파시파에가 동침하게 만들었다. 미노타우로스는 파시파에와 황소 사이에서 탄생했다.

인간의 몸에 황소의 머리를 달고 있는 미노타우로스가 사람들을 마구 잡아먹었다. 미노스 왕은 다이달로스가 만든 미궁에 미노타우로스를 가뒀다. 미궁은 아주 복잡해서 일단 갇히면 누구도 빠져나올 수 없었다.

왕은 고민에 빠졌다. 미노타우로스를 미궁에 가두기는 했지만 원래 포세이돈에게 바치기로 했던 황소의 자손이었으므로 그냥 방치할 수는 없었다. 결국 인간밖에 먹지 않는 미노타우로스에게 전쟁 포로를 먹이로 주기로 결정했다. 미노스 왕은 산 제물을 구하기 위해 전쟁을 해야만 했다.

언젠가부터 미노스 왕의 아들 안드로게오스는 아테나이에서 열린 각종 운동 경기에 참석해 모든 종목에서 우승했다. 아이게우스 왕은 안드로게오스에게 마라톤에서 날뛰고 있는 미친 황소를 잡아달라고 부탁했다. 황소를 잡으러 간 안드로게오스는 황소의 뿔에 받혀 죽어버렸다. 그 사건을 빌미로 미노스 왕이 아테나이로 쳐들어갔다. 아이게우스 왕이 우연한 사고였다고 설명했지만 미노스 왕은 제물을 요구했다.

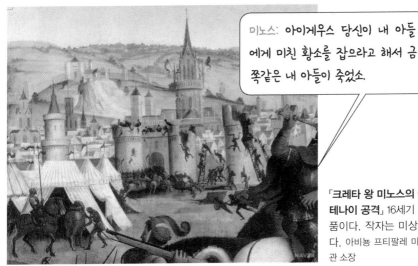

미노스: 아이게우스 당신이 내 아들에게 미친 황소를 잡으라고 해서 금쪽같은 내 아들이 죽었소.

「크레타 왕 미노스의 아테나이 공격」 16세기 작품이다. 작자는 미상이다. 아비뇽 프티팔레 미술관 소장

2 테세우스, 미노타우로스를 죽이다

아리아드네: 테세우스님, 어찌하여 미노타우로스의 제물이 되셨나요? 제가 미노타우로스를 무찌를 칼과 미궁을 빠져나올 때 쓸 실타래를 드릴게요.

파이드라: 아리아드네는 제 언니예요. 훗날 형부인 테세우스와 결혼하는 사람이 저예요.

「**테세우스를 연모하는 아리아드네**」 18세기 화가 르죈느의 작품이다. 아리아드네가 테세우스를 사랑스런 눈빛으로 쳐다보고 있다. 오른쪽에는 훗날 테세우스의 아내가 되는 파이드라가 테세우스의 팔을 잡고 서 있다. 아리아드네와 파이드라는 이복 자매 사이다.

　제물로 보낼 총각들과 처녀들은 제비뽑기로 결정했는데, 테세우스는 아버지의 만류를 뿌리치고 자신이 제물이 되겠다고 자청했다. "괴물을 죽여 버리면 젊은이들을 바치지 않아도 되는 것 아닙니까? 이번에 제가 미노타우로스의 먹이로 가서 괴물을 죽이겠습니다."

　아이게우스는 극구 말렸지만 테세우스는 크레타로 가는 배를 타려고 바닷가로 갔다. 미노타우로스의 먹이를 태운 배는 애도의 의미로 검은 돛을 달았다.

배에 오른 테세우스는 왕에게 말했다. "괴물을 죽이고 돌아오면 승리의 표시로 흰 돛을 달고 오겠습니다."

크레타 섬에 도착한 '제물 일행'은 미노스 왕 앞으로 끌려갔다. 왕의 딸 아리아드네가 테세우스를 보고는 그 자리에서 반했다. 테세우스도 마찬가지였다.

아리아드네는 미궁을 만든 다이달로스를 찾아가 도움을 요청했다. 다이달로스는 한 뭉치의 실을 주며 테세우스에게 건네주라고 일렀다. 아리아드네는 실과 칼을 들고 감옥으로 가서 테세우스와 대면했다. "왕자님이 미노타우로스를 죽이고 미궁에서 빠져나오도록 도와드리면 저를 아테나이로 데려가 결혼해주시겠어요?"

아리아드네는 테세우스의 약속을 받아내고 실과 칼을 건넸다. "실의 끝을 안쪽 문고리에 매고 실을 풀면서 미궁에 들어가세요. 이 칼로 괴물을 죽인 후 풀린 실을 따라 나오시면 됩니다."

테세우스는 실을 풀면서 미궁으로 들어가 아리아드네가 준 검으로 미노타우로스를 죽이고는 실을 따라 미로를 빠져나왔다.

이 이야기에서 '아리아드네의 실'이라는 말이 생겼다. 아주 어려운 일을 해결하는 지혜나 물건을 의미한다.

미노타우로스를 무찌른 테세우스 프레스코화로, 이탈리아 폼페이 유적이다.

3 아리아드네를 낙소스 섬에 남겨두다

아리아드네: 테세우스님, 잠든 사이에 어찌 나를 버리고 떠나셨나요?

「**낙소스 섬의 아리아드네**」 영국 화가 에블린 드 모건의 작품이다. 아리아드네는 테세우스의 배신으로 낙소스 섬에 홀로 남겨진다. 이후 술의 신 디오니소스가 아리아드네를 발견하고 도움을 준다.

아리아드네는 아버지가 눈치채기 전에 테세우스 일행과 함께 배를 타고 크레타 섬을 빠져나갔다. 아테나이를 향해 가는 도중에 낙소스 섬에 잠시 머물렀다.

테세우스는 뱃사람들에게 물을 길어오라고 시킨 후 근처 잔디밭에서 아리아드네와 함께 누웠다. 깜빡 잠이 든 테세우스의 꿈에 포도주의 신 디오니소스가 나타나 말했다. "아리아드네를 잠든 채 놓아두고 떠나라."

신의 뜻을 거역할 수 없었던 테세우스는 잠든 아리아드네를 버려두고 떠났다. 아리아드네가 눈을 떴을 때 배는 이미 수평선 너머로 멀어져가고 있었다. "오, 왕자님! 저를 사랑하지 않으셨나요? 그저 저를 이용하신 건가요?"

아리아드네가 홀로 탄식하고 있을 때 디오니소스가 나타나 한 잔의 물을 내밀었다. 아리아드네가 물을 마시자 테세우스에 관한 기억이 모두 사라졌다. 디오니소스는 아리아드네의 머리에 아름다운 관을 씌어주었다.

테세우스는 아리아드네를 생각하느라 아티카 해안에 들어섰는데도 흰 돛을 올리기로 한 아버지와의 약속을 깜빡 잊었다. 아테나이의 절벽 위에서 검은 돛을 본 늙은 왕은 자기 아들이 죽었다고 여기고 절망했다. 왕은 절벽 아래 바다로 몸을 던졌다. 이 바다는 '아이게우스'라는 이름을 따서 '에게 해'로 불린다. 테세우스는 아버지의 뒤를 이어 아테나이의 왕이 되었다.

「모로 누운 아리아드네」 이탈리아의 뛰어난 조각상 중 하나인 바티칸의 「모로 누운 아리아드네」는 바로 테세우스가 잠든 아리아드네를 버려두고 떠나는 상황을 묘사하고 있다. 모조품은 보스턴에 있는 아테니엄 미술관에 소장되어 있다. 바티칸 미술관 소장

1 테세우스, 아마존족 여왕과 결혼해 히폴리토스를 낳다

「**아마존족과 그리스 전사들의 전투**」 대리석 석관의 부조 작품이다. 바티칸 미술관 소장

테세우스는 백성을 위한 정치를 펴고 나라를 잘 다스렸다. 테세우스의 업적 가운데서도 가장 유명한 것은 아마존족과 전투다. 헤라클레스의 공격을 받은 아마존족은 피해를 회복하기도 전에 다시 테세우스의 공격을 받았다. 테세우스는 이 전쟁에서 안티오페 여왕을 납치해왔다.

테세우스는 안티오페 여왕과 결혼해 아들 히폴리토스를 낳았다. 몇 년후 아마존족 여전사들은 여왕을 납치해간 아테나이를 침공했다. 안티오페는 아테나이 편에 서서 자기 종족인 아마존족과 싸워야 했다.

테세우스: 안티오페를 죽인 아마존족 여전사들아, 너희는 온전할 줄 알았더냐!

싸움 도중에 안티오페가 양쪽 병사들 사이에 들어가 외쳤다. "싸움을 멈추시오. 서로 싸우면 모두 큰 피해를 봅니다. 여전사들은 싸우지 말고 돌아가시오."

여전사들은 왕비에게 함께 돌아가자고 요구했다. 왕비는 이미 테세우스와 결혼한 몸이라 그럴 수 없다고 말했다. 결국 안티오네는 여전사의 화살에 맞아 죽음을 맞이했다.

왕비가 죽자 흥분한 테세우스는 여전사들을 닥치는 대로 죽였다. 여전사들은 수많은 시체를 남긴 채 배를 타고 달아났다.

2 페이리토오스와 우정을 나누다

페이리토오스: 켄타우로스여, 어서 오시오.
내 결혼식에 와주어서 고맙소.

켄타우로스를 하객으로 맞이하는 페이리토오스와 신부
19세기 나폴리 국립 고고학 소장

어느 날 신하가 급하게 달려와 보고했다. "도둑들이 마라톤 평야에 침입해 임금님의 소 떼를 훔치고 있습니다."

테세우스는 병사들을 이끌고 도둑들을 뒤쫓았다. 소 떼를 몰고 가던 도둑 두목이 테세우스와 마주 섰다. 둘은 서로를 쳐다보며 상대의 기품과 사내다운 용모에 감탄했다.

도둑 두목이 테세우스를 노려보다 입을 열었다. "나는 라피타이의 왕 페이리토오스요. 당신이 어떤 사람인지 보기 위해 소를 훔치는 척했을 뿐이오. 듣던 대로 멋진 사내요. 나는 그대가 원하는 대로 하겠소."

테세우스는 평화의 표시로 손을 내밀며 짧게 대답했다. "그대와의 우정을 원하오."

페이리토오스: 켄타우로스야, 내 신부를 납치하려 하다니 그러고도 무사할 줄 아느냐? 내 칼을 받아라!

페이리토오스의 신부를 납치하는 켄타우로스 19세기 영국 박물관 소장

두 사람은 변치 않는 우정을 맹세했다. 얼마 후 페이리토오스가 자신의 결혼식에 테세우스를 초청했다. 결혼식에는 윗몸은 사람이고 아랫몸은 말인 켄타우로스들도 신랑 쪽 친척으로서 참석했다.

켄타우로스들은 술이 거나하게 취하자 여자들과 신부를 납치하려 했다. 페이리토오스와 테세우스가 병사들과 함께 켄타우로스들에게 덤벼들어 피로연장은 순식간에 싸움터로 변했다.

페이리토오스가 신부를 납치하려는 켄타우로스를 칼로 찌르자 켄타우로스는 신부를 내동댕이치고 달아났다. 신부는 땅에 떨어지면서 머리를 찧는 바람에 그 자리에서 죽었다.

페이리토오스: 헬레네는 이리 오시오. 내 친구 테세우스는 이 시대의 영웅이니 같이 갑시다.

헬레네를 납치하는 테세우스와 페이리토오스 19세기 이탈리아 화가 펠라치오 팔라지의 작품이다.

테세우스와 페이리토오스는 다시 만났다. 테세우스가 말했다. "우린 둘다 아내를 잃었군. 좋은 신붓감을 알아봐야겠군. 나는 제우스와 스파르타의 왕비 사이에서 태어난 헬레네와 결혼하겠네. 지금은 어리지만 헬레네가 크면 결혼할 생각이야."

테세우스가 마음에 둔 헬레네는 당시 어린아이였지만 훗날 트로이 전쟁의 원인이 될 정도로 아름답게 자란다.

페이리토오스는 제우스의 딸을 아내로 맞이하고 싶었다. "나는 지하 세계의 왕비인 페르세포네를 아내로 맞겠네."

테세우스는 친구를 위해 반대했다. "헬레네는 제우스와 인간 사이에서 태어난 인간이지만 페르세포네는 제우스와 데메테르 여신 사이에서 태어난 여신이라는 사실을 모르는가? 인간이 여신을 아내로 삼는 것은 위험해. 더구나 페르세포네는 하데스의 왕비란 말일세."

페이리토오스가 페르세포네를 아내로 맞겠다고 고집하자 결국 테세우스도 친구의 뜻을 따르기로 했다. 먼저 페이리토오스는 테세우스가 헬레네를 납치하는 것을 도와주었다. 둘은 함께 스파르타로 가서 정원에서 놀고 있는 헬레네를 납치했다. 테세우스가 헬레네를 안은 채 말을 타고 달렸고 페이리토오스는 스파르타 병사들을 따돌렸다.

테세우스는 헬레네를 트로이젠에 있는 어머니와 외할아버지에게 맡겼다. 이번에는 테세우스가 위험천만한 일인 줄 뻔히 알면서도 야심에 찬 친구를 따라 지하 세계로 내려갔다. 하데스를 만난 페이리토오스는 다짜고짜 하데스에게 말했다. "페르세포네를 아내로 삼고 싶습니다."

하데스는 어이없다는 듯이 말했다. "네놈 기상이 가상해 페르세포네에게 너의 말은 전하마."

하데스는 의자를 가리키며 앉아서 기다리라고 했다. 그 의자는 망각의 의자였다. 한 번 앉으면 궁둥이가 달라붙어 떨어지지 않고 지난 일을 모두 잊어버리는 마법 의자였다.

헤라클레스가 12과업 가운데 하나인 지옥의 수문장 개 케르베로스를 사로잡으러 왔다가 테세우스를 의자에서 떼어내

구해주었다. 하지만 페이리토오스는 의자에서 떨어지지 않아 구할 수 없었다. 여신을 아내로 삼으려는 죄가 무거웠기 때문이다.

지하 세계에서 탈출한 테세우스는 먼저 헬레네가 잘 있는지 확인하기 위해 트로이젠으로 갔다. 하지만 헬레네의 오빠들이 쳐들어와 이미 헬레네와 어머니 레다를 데리고 간 뒤였다.

하데스와 수문장 케르베로스 헤라클리온 고고학 박물관 소장

3 히폴리토스, 바다 괴물에게 희생당하다

히폴리토스: 계모 파이드라의 계략 때문에 포세이돈의 바다 괴물에게 당하는구나!

「**바다 괴물에 희생당하는 테세우스의 아들 히폴리토스**」 플랑드르 화가 루벤스의 작품이다.

보쌈해온 헬레네를 오빠들에게 도로 빼앗긴 후 테세우스는 크레타의 왕 미노스의 딸 파이드라와 결혼했다. 크레타와 사이좋게 지내자는 뜻이었다.

이때 안티오페가 낳은 테세우스의 아들 히폴리토스는 늠름한 청년이 되어 있었다. 한 예쁜 처녀가 사냥을 하는 히폴리토스를 따라왔다.

히폴리토스는 처녀를 야멸차게 내쳤다. "난 사랑보다 사냥이 더 좋아."

우연히 이 말을 들은 아프로디테는 화를 내며 중얼거렸다. "사랑이 귀찮다고? 사랑의 여신에게 모멸감을 줬어. 괘씸한 것!"

여신은 아들 에로스를 불러 파이드라에게 금화살을 쏘라고 지시했다. 금화살을 맞은 젊은 파이드라는 히폴리토스의 손을 잡으며 자기를 받아달라고 애원했다. "사랑하는 히폴리토스, 둘이 멀리 달아나서 함께 살아요."

히폴리토스는 계모에게 싸늘하게 대응했다. "아버지를 배신하란 말입니까? 그럴 수는 없습니다."

사랑은 곧 증오로 변했다. 파이드라는 다음과 같은 유서를 남기고 목을 맸다. "당신 아들 히폴리토스가 제 손을 덥석 잡으며 사랑한다고 말했어요. 당신 보기 부끄러워 더 이상 살 수 없어요."

유서를 본 테세우스는 당장 히폴리토스를 불렀다. "너는 어찌 어머니를 유혹하려 했느냐? 당장 이 나라를 떠나거라."

테세우스는 아들에게 질투심을 느껴 아들을 벌해 달라고 포세이돈에게 빌었다. "포세이돈이시여, 저 발칙한 히폴리토스를 벌하소서."

추방당한 히폴리토스가 해안을 따라 이륜마차를 몰고 있었다. 그때 갑자기 높은 파도가 밀려오더니 바다 괴물이 물속에서 솟구쳤다. 말들이 놀라서 미친 듯이 달리는 바람에 이륜마차가 바위에 부딪쳐 산산조각 났다. 히폴리토스는 마차에서 튕겨나가 피투성이가 되었다.

사람들은 히폴리토스를 테세우스에게 메고 갔다. 히폴리토스는 숨을 거두며 말했다. "아버지, 저는 억울합니다."

아르테미스 여신은 자신을 숭배하는 히폴리토스가 죽는 게 안타까워 의술의 신 아스클레피오스에게 도움을 요청했다. 겨우 살아난 히폴리토스는 부모의 눈을 피해 아르테미스가 이끄는 대로 이탈리아에 갔다. 그곳에서 님프의 보호를 받으며 숨어 지냈다.

백성들은 아들을 죽이려 했던 테세우스를 더 이상 따르지 않았다. 테세우스는 왕좌에서 물러나 스키로스의 리코메데스 왕을 찾아갔다. 리코메데스는 테세우스를 환대했지만 시간이 지나자 자신의 자리를 넘본다고 생각해 그를 벼랑에서 밀어 죽여 버렸다.

테세우스는 아버지 아이게우스를 찾으러 아테나이로 갈 때 악당 스케이론을 절벽에서 떨어뜨려 죽인 적이 있다. 자신도 똑같은 방식으로 죽은 것이다.

2장 일리아스 오디세이아

1 아름다움이 전쟁을 불러오다

| 파리스, 헬레네, 메넬라오스

바다의 여신 테티스와 펠레우스의 결혼식에 초대받지 못한 불화의 여신 에리스가 던져놓은 황금 사과를 두고 헤라와 아프로디테, 아테나가 서로 다퉜다. 트로이 왕자 파리스는 아프로디테를 가장 아름다운 여신으로 지목했고, 그 대가로 세상에서 가장 아름다운 여인을 아내로 맞았다. 헬레네를 빼앗긴 그리스 진영과 헬레네를 납치한 트로이 진영의 9년에 걸친 싸움은 여신들의 아름다움에 대한 사소한 경쟁 때문에 빚어졌다. 작은 불씨가 큰불 만들 듯 세상에는 사소한 일에서 시작된 대 사건이 많다.

- 어디 한번 군신 아레스의 벗이라는 메넬라오스를 기다려봐라. 네가 어떤 사내의 아내를 빼앗아왔는지 알게 될 것이다. 하프도, 아프로디테의 선물도 네 몸과 머리카락이 흙먼지 속에서 나뒹구는 것을 막아주지 못하리라. (호메로스 『일리아스』)

- 기뻐하라, 파트로클로스여. 지금 저승에 있을지라도 전에 했던 그대와의 약속을 지킬 것이다. 헥토르를 끌고 와 그의 살을 개에게 먹일 것이고, 타오르는 그대의 제단 앞에서 건장한 트로이 남자 열두 명의 목을 베리라. (호메로스 『일리아스』)

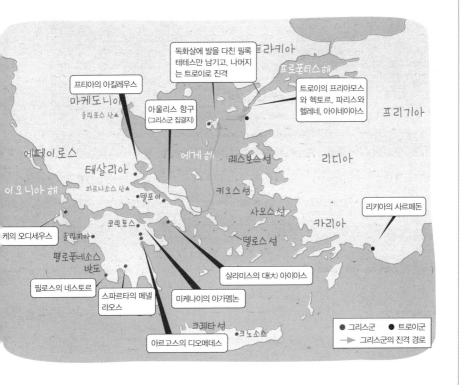

1 파리스의 심판, 트로이 전쟁을 야기하다

레티스, 펠레우스: 이렇게 신들께서 모두 참석해주시니 몸 둘 바를 모르겠습니다.

「**테티스와 펠레우스의 결혼**」 16세기 후반 화가 코르넬리스 반 할렘의 작품이다. 할렘의 프란스 할스 박물관 소장

바다의 여신 테티스는 어찌나 아름다웠던지 제우스가 그녀를 아내로 맞고 싶어 할 정도였다. 포세이돈은 테티스가 바다의 여신이니 자신이 차지해야 한다고 주장했다. 이때 카프카스 산에서 프로메테우스의 말이 들렸다. "테티스와 결혼하면 아들이 아버지보다 더 위대해질 것이다."

이 말을 들은 포세이돈과 제우스는 테티스를 포기했다. 제우스는 테티스를 인간에게 시집보내기로 했다. 그래서 테티스는 프티아의 펠레우스 왕과 결혼하게 되었다. 올림포스의 신들은 모두 결혼을 축하해주었다. 헤파이스토스는 갑옷을, 포세이돈은 말을, 케이론은 창을 선물했다. 펠레우스와 테티스의 결혼 잔치에 다른 신들은 모두 초대를 받았지만 불화의 여신 에리스는 초대받지 못했다.

아테나: 나에게 그 사과를 주면 지혜와 전쟁에서의 승리를 주겠다.

아프로디테: 나는 세상에서 가장 아름다운 여자를 아내로 맞게 해주겠다.

헤라: 그 사과를 나에게 주면 너에게 권력과 부를 주겠다.

「**파리스의 심판**」 17세기 플랑드르 화가 페테르 루벤스의 작품이다. 메두사의 머리가 박힌 방패는 아테나의 것이고, 아르고스의 눈이 달린 공작은 헤라의 것이다. 아프로디테의 뒤편에는 아들 에로스가 앉아 있다. 런던 내셔널 갤러리 소장

에리스는 다짜고짜 잔치에 나타나 식탁 위에 사과 하나를 굴렸다. 헤라, 아프로디테, 아테나는 이 사과에 눈을 떼지 못했다. 사과에는 '가장 아름다운 여신에게'라는 글이 적혀 있었다. 세 여신은 사과가 자기 것이라고 서로 주장했다. 세 여신은 제우스에 판결해달라고 요청했지만 제우스는 난처한 표정을 지었다. 제우스는 트로이 근처에 있는 이데 산에서 파리스가 양을 치고 있는 모습을 보았다. 제우스는 잘생긴 청년 파리스가 가장 아름다운 여신을 결정해줄 거라고 말했다.

여신들은 파리스에게 다가가 환심을 사려고 했다. 헤라는 부와 권력을 주겠다고 했고 아테나는 전쟁 영웅이 되게 해주겠다고 했으며, 아프로디테는 절세 미녀를 아내로 삼게 해주겠다고 약속했다. 파리스는 아프로디테에게 황금 사과를 건넸다. 다른 두 여신은 파리스에게 앙심을 품었다.

2 프리아모스 왕, 카산드라의 경고를 무시하다

카산드라: 저 젊은이는 아버지 (프리아모스 왕)가 이데 산에 버렸던 파리스입니다. 신탁에 따라 파리스는 여자 때문에 트로이를 불바다로 만들 거예요.

예언자 카산드라의 경고 19세기 영국 화가 존 콜리어의 「카산드라」다. 개인 소장

    양치기 파리스는 트로이의 프리아모스 왕과 헤카베 왕비 사이에서 태어났다. 왕비는 셋째를 가지면서 트로이가 온통 불바다가 되는 꿈을 꾸었다. 신탁을 들어보니 "이번에 태어날 아기가 트로이를 불바다로 만들 것이다."라는 답이 돌아왔다.

    왕비는 아들을 낳았다. 신탁이 두려운 왕과 왕비는 이데 산의 양치기 아게라오스를 불러 말했다. "아이를 산에 데려가 산짐승에게 잡아먹히게 하라."

아게라오스는 아기를 이데 산 숲속에 버렸다. 아이가 어떻게 되었을지 걱정이 된 아게라오스는 아이를 버린 곳에 다시 가보았다. 그런데 웬일인지 암곰이 나타나 아이에게 젖을 먹이고 있었다. 아게라오스는 암곰을 쫓아내고 아이를 집으로 데려다 길렀다. 아이의 이름은 파리스. 그는 이데 산에서 양과 소를 치며 성장했다.

파리스는 산에서 생활하다가 산의 요정 오니노네와 사랑에 빠져 결혼했다.

어느 날 프리아모스 왕의 신하들이 이데 산에 와서 경기의 우승자에게 줄 소를 가져갔다. 아끼던 소를 빼앗긴 파리스는 오이노네에게 말했다. "경기에 참여해 소를 찾아올게."

파리스는 모든 경기에 참여해 우승했다. 레슬링에서 진 왕자가 파리스를 칼로 찌르려 했다. 이 광경을 본 공주 카산드라가 파리스를 보고 외쳤다. "안 돼! 저 젊은이는 이데 산에 버렸던 왕자다."

카산드라에게는 앞일을 예언할 수 있는 능력이 있었다. 카산드라에게 호감을 가졌던 아폴론으로부터 부여받은 것이다. 예언 능력이 생긴 카산드라는 아폴론의 청혼을 거절했다. 나이를 먹어 늙으면 아폴론이 떠난다는 사실을 알았기 때문이다. 아폴론은 한 번 준 예언 능력을 빼앗을 수는 없었다. 대신 카산드라의 예언을 아무도 믿지 않게 했다.

카산드라가 아무리 왕자라고 외쳐도 아무도 믿지 않았다. 이때 파리스를 데려다 기른 아게라오스가 나타나 파리스가 왕자라는 것을 밝혔다. 왕과 왕비가 파리스를 받아들이자 카산드라가 이번에는 신탁을 들먹였다. "어서 쫓아내세요. 파리스는 트로이를 불바다로 만들 거예요!"

왕과 왕비는 이미 오래전의 신탁이라며 카산드라의 경고를 무시했다.

어느 날 아프로디테가 파리스에게 나타났다. "파리스! 이제 약속대로 가장 아름다운 여자를 아내로 맞게 해주겠다. 배를 타고 스파르타로 가거라."

3 헬레네, 메넬라오스를 선택하다

오디세우스: 구혼자들 사이에서 싸움이 벌어지면 온 그리스가 혼란에 빠질지 모릅니다. 선택은 헬레네 공주님에게 맡깁시다. 공주님이 마음을 정한 이후에는 합심하여 헬레네를 모든 위험으로부터 지켜냅시다. 헬레네를 위해서라면 전쟁의 불길 속이라도 뛰어듭시다.

「**오디세우스**」 헬레니즘 후기에 제작된 오디세우스 대리석 상이다. 바티칸 미술관 소장

아프로디테가 보호한 덕분에 파리스는 무사히 스파르타에 이르렀다. 파리스는 스파르타의 왕 메넬라오스에게 융숭한 대접을 받았다.

메넬라오스의 아내인 헬레네는 절세 미녀였다. 헬레네는 백조로 변신한 제우스가 스파르타의 틴다레오스 왕의 아내인 레다를 유혹하여 얻은 딸이다. 헬레네는 레다가 낳은 알에서 태어났다. 영웅 테세우스가 헬레네를 아내로 삼으려고 납치한 적이 있었다. 테세우스가 친구를 도우러 지하 세계에 다녀오는 동안 헬레네의 오빠들이 와서 그녀를 데려갔다.

구혼자들은 서로 헬레네를 차지하려고 난리법석이었다. 구혼자 가운데는 미케네 왕의 동생 메넬라오스, 이타케의 오디세우스 왕, 스키로스의 리코메데스 왕도 있었다. 마침 오디세우스가 나타나 공주의 의견에 따르자고 제안했다.

다들 오디세우스의 제안을 따르기로 했다. 헬레네는 잘생기고 부자인 메넬라오스의 손을 잡았다. 헬레네는 메넬라오스와 결혼했고, 얼마 안 돼 메넬라오스는 스파르타의 왕이 되었다. 이때 파리스가 손님으로 온 것이다.

「트로이의 헬레네」 에블린 드 모르간의 작품이다. 바티칸 미술관 소장

1 파리스, 헬레네와 함께 트로이로 가다

헬레네: 파리스 왕자님, 사랑해요.

파리스: 헬레네, 메넬라오스 왕이 돌아오기 전에 트로이로 갑시다.

「헬레네와 파리스의 사랑」 부분 18~19세기 프랑스 화가 자크 다비드의 작품이다. 파리스에게 황금 사과를 받은 아프로디테는 약속대로 파리스가 헬레네를 아내로 맞을 수 있게 해준다. 파리스와 사랑에 빠진 헬레네는 남편 메넬라오스를 버리고 금은보화를 챙겨 트로이로 떠난다. 루브르 박물관 소장

파리스는 아프로디테의 도움을 받아 거침없이 헬레네를 유혹했다. 마침 왕은 크레타에 가 있었다. 결국 헬레네는 사랑하는 딸 헤르미오네도 놔두고 파리스와 함께 트로이로 향했다. 트로이 궁전에 도착한 파리스는 프리아모스 왕과 헤카베 왕비에게 헬레네를 소개했다. 왕과 왕비는 두 사람을 반갑게 맞았으나 공주 카산드라는 펄쩍 뛰었다. "헬레네가 트로이를 불바다로 만들 거예요. 당장 쫓아내세요."

카산드라의 만류에도 불구하고 왕과 왕비는 두 사람의 결혼을 허락했다.

2 메넬라오스와 아가멤논, 전쟁을 선언하다

메넬라오스: 형님, 트로이의 왕자 파리스가 제 아내 헬레네를 납치해 달아났습니다.

아가멤논: 그리스의 명예를 되찾기 위해서라도 우리가 헬레네를 찾아와야 한다.

❍ 「메넬라오스」 메넬라오스의 모습을 본뜬 대리석 흉상이다. 바티칸 박물관 소장
❍ 「아가멤논」 상수시 궁전에 있는 아가멤논의 동상이다. ©Steffenheilfort

　장례를 치르고 돌아온 메넬라오스는 파리스가 헬레네를 납치해 달아난 것을 알고는 분노했다. 메넬라오스는 미케네의 왕인 형 아가멤논을 찾아 갔다. 아가멤논은 메넬라오스를 적극적으로 지지했다. "불행한 일이 생기면 도와주기로 한 구혼자들을 불러라."

　이렇게 해서 그 유명한 트로이 전쟁이 시작됐다. 트로이 전쟁은 위대한 시인들의 단골 주제였다. 호메로스나 베르길리우스 같은 시인들도 트로이 전쟁을 노래했다.

3 팔라메데스, 오디세우스를 설득하다

아가멤논: 팔라메데스, 어떻게 해서든지 오디세우스와 아킬레우스를 설득하여 원정에 참가시키시오. 장군의 지략을 믿겠소. 장군은 저울이나 자, 체커(서양 장기), 주사위도 만들지 않았소.

팔라메데스: 걱정 마십시오. 꼭 아킬레우스를 트로이 원정에 참여시키겠습니다.

아가멤논과 팔라메데스 17세기 네덜란드 화가 렘브란트의 「라이덴 역사 작품 (팔라메데스)」이다. 네덜란드 라켄할 시립 박물관 소장

메넬라오스는 그리스의 왕족들에게 전갈을 보내 이전에 맹세한 대로 자기 아내를 찾는 데 동참해 달라고 호소했다. 옛 구혼자들은 아가멤논의 궁전으로 모여들었다. 정작 헬레네를 지켜내자고 제안했던 오디세우스는 모습을 드러내지 않았다.

그 무렵 오디세우스는 사랑하는 페넬로페와 결혼을 한 데다 아이까지 얻었다.

페넬로페는 스파르타의 공주였다. 페넬로페가 오디세우스와 결혼해 친정을 떠나려 했을 때 아버지 이카리오스 왕은 딸과 헤어지기 싫어했다. "오디세우스, 내 딸과 여기서 살면 안 되겠나?"

오디세우스는 이타케로 가야 한다며 페넬로페와 함께 궁전을 떠났다. 왕이 따라와 숲길에서 다시 간청했다. "이보게 오디세우스, 왕위도 물려줄 테니 딸과 함께 여기서 살게나."

오디세우스는 왕의 간청이 하도 안쓰러워 페넬로페에게 어떻게 할 것인지 물었다. 페넬로페는 눈물이 그렁그렁한 눈으로 아버지를 쳐다보다가 머리에서 베일을 늘어뜨려 얼굴을 가렸다. 베일로 얼굴을 가리는 것은 남편을 따라가겠다는 뜻이었다.

오디세우스가 뭉그적거리자 아가멤논이 설득하려고 팔라메데스를 보냈다. 팔라메데스가 이타케에 도착했을 때 오디세우스는 나귀와 소를 같은 쟁기에 매고 밭을 갈게 하면서 소금을 뿌리고 있었다. 오디세우스는 왕비와 팔라메데스가 온 것을 보고도 모르는 척 했다. 미친 척하고 있었던 것이다.

그러자 팔라메데스는 페넬로페에게 어린 아들 텔레마코스를 받아서 오디세우스의 쟁기 앞에 놓았다. 진짜로 미쳤는지 알아보려는 것이었다. 오디세우스가 아들 앞에서 쟁기를 옆으로 비키는 바람에 거짓 연기를 하고 있었다는 사실이 드러나고 말았다.

오디세우스는 어쩔 수 없이 전쟁에 가담했다. 트로이로 가려고 집을 떠나는 날 아들이 활을 잡고 칭얼댔다. 그 활은 친구 아버지가 아폴론에게 받은 것인데, 그 친구가 오디세우스에게 우정의 표시로 준 것이다. 사냥개 아르고스도 오디세우스를 붙잡고 놓아주지 않으려 했다.

4 오디세우스, 아킬레우스를 끌어들이다

「리코메데스의 딸들 중에서 아킬레우스를 알아본 오디세우스」 18세기 프랑스 화가 루이 고피에의 작품이다. 오디세우스가 꾀를 내면서까지 아킬레우스를 트로이 전쟁에 끌어들이려고 했던 이유는 예언자 칼카스 때문이다. 칼카스는 아킬레우스가 참전하지 않는다면 트로이 전쟁에서 그리스가 승리할 수 없다고 예언했다. 스톡홀름 국립 미술관 소장

　오디세우스도 자신처럼 내켜 하지 않는 아킬레우스를 끌어들이려고 했다. 아킬레우스는 테티스와 펠레우스 사이에서 태어난 아들이다. 테티스와 펠레우스의 결혼식에서 불화의 여신이 헤라, 아테나, 아프로디테 앞에 황금 사과를 굴렸던 이야기를 기억할 것이다.

테티스는 바다의 님프로서 불멸의 존재였지만 인간인 아들은 트로이에서 죽을 것이 뻔했다. 테티스는 아들이 참가하지 못하게 여자로 변장시켜 리코메데스 왕의 궁궐로 보냈다. 아킬레우스는 공주들 틈에 끼어 지내면서 몸을 숨겼다.

오디세우스는 그 사실을 귀신같이 알아냈다. 그래서 팔라메데스와 함께 상인으로 변장해 궁궐로 들어가서 여자들의 장신구를 가득 펼쳐놓았다. 장신구들 속에는 멋진 칼도 한 자루 있었다.

공주들은 장신구에 정신이 팔려 있었다. 여장을 한 아킬레우스만 칼을 집어 들어 뽑는 바람에 정체가 탄로 나고 말았다. 결국 오디세우스의 설득에 넘어간 아킬레우스는 전쟁에 동참했다.

아킬레우스와 리코메데스의 딸들 17세기 이탈리아 화가 아르테미시아 젠틸레스키의 「리코메데스의 딸들 중에서 아킬레우스를 알아본 오디세우스」다. 오디세우스와 팔라메데스가 상인으로 변장해 궁궐로 들어가서 여자들의 장신구를 가득 펼쳐놓았다. 개인 소장

5 그리스군의 영웅들

　메넬라오스의 형이자 미케네의 왕인 아가멤논이 그리스 군의 총사령관을 맡았다. 아킬레우스는 그리스 군에서 가장 뛰어난 장수였다. 그다음은 몸집이 큰 아이아스였다. 아르고스의 왕 디오메데스는 아킬레우스에 버금가는 장수였다. 이타케 섬의 왕 오디세우스는 총명하기로 이름이 높았다. 필로스의 왕 네스토르는 지략을 갖춘 그리스 군의 백전노장이었다. 헤라클레스에게 활을 물려받은 테살리아의 왕자 필록테테스, 아킬레우스의 절친한 친구 파트로클로스도 있었다.

아가멤논: 미케네의 왕으로 그리스 군의 총사령관을 맡았소.

메넬라오스: 스파르타의 왕이자 아가멤논의 동생이오. 분하게도 파리스에게 헬레네 왕비를 빼앗겼지요.

❂「**아가멤논**」타란토 국립 고고학 박물관 소장

❂「**메넬라오스와 파트로클로스**」피렌체 로자 데이 란치 회랑에 있는 작품이다. 메넬라오스가 죽은 파트로클로스를 안고 있다.

아이아스: 살라미스의 왕자로 몸집이 어마어마하다오. 둘째가라면 서러운 용맹을 자랑하지요.

◐「아이아스」파트로클로스의 시신을 지키는 아이아스다.

◐「아킬레우스와 파트로클로스」아킬레우스가 파트로클로스의 팔에 붕대를 감아주고 있는 장면이다. 베를린 구 박물관 소장

파트로클로스: 아킬레우스의 둘도 없는 친구예요.

아킬레우스: 프리아의 왕자로 그리스 제일의 장수이지요.

디오메데스: 아르고스의 왕으로 아킬레우스 다음가는 장수요.

오디세우스: 나는 이타케의 왕이오. 지혜로 전쟁을 이끌지요.

○ 「오디세우스」 바티칸 미술관 소장 ⓒshakko

○ 「디오메데스」 루브르 박물관 소장

네스토르: 필로스의 왕이오. 그리스 군에서 가장 나이도 많고 경험도 많아 전략가로 통하지요.

「네스토르」 필로스 해변에서 아들들과 함께 포세이돈에게 제물을 바치는 네스토르다. 스페인 국립 고고학 박물관 소장

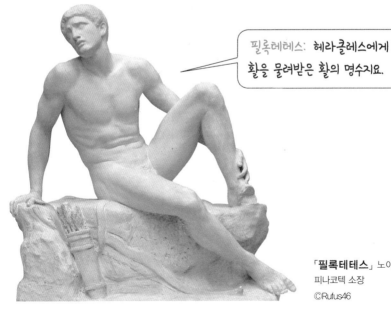

필록테테스: 헤라클레스에게 활을 물려받은 활의 명수지요.

「필록테테스」 노이에 피나코텍 소장
ⓒRufus46

6 아가멤논의 딸이 제물로 바쳐지다

예언자 칼카스: 아가멤논이 출항 전에 수사슴을 죽였어요. 그 일로 아르테미스는 분노했어요. 처녀 여신의 분노를 달래려면 처녀를 제물로 바치는 수밖에 없습니다. 그 처녀는 죄를 지은 이의 딸이어야 합니다.

「이피게네이아의 희생을 주관하는 칼카스」 폼페이 유적 중 비극시인의 집에 그려진 프레스코화다. 작품 오른쪽의 키가 큰 사람이 칼카스다. 칼카스의 예언에 따라 이피게네이아가 아르테미스에게 제물로 바쳐졌다. 나폴리 국립 고고학 박물관 소장

2년 동안의 준비를 마치고 그리스 함대와 육군이 보이오티아의 아울리스 항에 집결했다. 출항 준비를 하는 동안 아가멤논은 근처에서 사냥을 하다가 아르테미스에게 바쳐진 수사슴을 죽이고 말았다. 발끈한 여신은 앙갚음으로 군대에 전염병을 내리고 바람도 막아버려 함대가 출항할 수 없게 했다.

이때 예언자 칼카스가 나서서 아르테미스의 분노를 풀려면 죄 지은 자의 딸을 바쳐야 한다고 말했다. 아가멤논은 밤새도록 고민하다 그리스의 명예를 위해 마지못해 승낙했다.

아르테미스: 이피게네이아가 너무 불쌍해. 사슴을 대신 남겨 놓아야지.

아가멤논: 아비로서도 어쩔 수가 없구나.

이피게네이아: 슬픈 곳에서 희망은 나를 버렸구나.

클리타임네스트라: 안 돼요, 우리 딸을 죽이다니! 어디 두고 보시오.

「이피게네이아의 희생」
17세기 프랑스 화가 프랑수아 페리에의 작품이다. 이피게네이아는 미케나이 왕 아가멤논과 클리타임네스트라의 딸이다. 어머니가 딸을 살려 달라고 애원했지만, 아가멤논은 딸을 제물로 바친다. 디종 미술관 소장

아킬레우스에게 시집을 보낸다고 속여 딸 이피게네이아를 데려왔다. 헬레네의 쌍둥이 언니인 클리타임네스트라 왕비는 아가멤논의 설명을 듣고 하얗게 질렸다. 왕비가 살려달라고 애원했지만 아가멤논은 눈물을 머금고 공주를 아르테미스 신전의 제단에 눕혔다. 사제가 칼을 공주의 몸에 꽂으려는 순간 여신이 노여움을 풀고 이피게네이아를 구름에 감싼 다음 낚아챘다. 그 자리에는 암사슴 한 마리를 대신 남겨 놓았다. 여신은 이피게네이아를 타우리스로 데려가 자기 신전을 돌보는 여사제로 삼았다.

7 필록테테스, 렘노스 섬에 남다

오디세우스: 렘노스 섬에서 무사히 승리를 기원하는 제사를 지냈는데, 운 나쁘게도 뱀에 물렸구려. 여기서 혼자 치료하며 기다리시오.

필록테테스: 오디세우스, 당신은 인정도 없소. 상처 입은 사람을 섬에 혼자 두고 떠날 수 있단 말이오.

「렘노스 섬에 버려지는 필록테테스」 18세기 프랑스 화가 기욤 기용 르티에르의 작품이다. 루브르 박물관 소장

이윽고 순풍이 불어오기 시작했고 전염병으로 다 죽어가던 병사들이 언제 그랬냐는 듯이 일어났다. 1천 척이 넘는 그리스 함대는 돛을 활짝 펴고 트로이로 향했다.

신들에게 승리를 비는 제사를 올리기 위해 원정대는 렘노스 섬에 들렀다. 제사가 끝났을 때 독사가 필록테테스의 발목을 물었다. 상처에서 나는 냄새가 너무 심해 병사들이 달아났다.

의술의 신 아스클레피오스의 아들인 마카온은 병사들 사이에서 군의관으로 통했다. 그는 필록테테스에게 약을 발랐고, 치료를 위해 일행은 필록테테스를 남겨두고 떠날 수밖에 없었다.

호메로스에서는 아스클레피오스가 인간 의사로 소개되어 있으나 훗날 전설에서는 아폴론의 아들이라고 전한다. 마카온은 케이론 밑에서 자라면서 의술을 배워 죽은 사람도 되살릴 수 있었다. 제우스는 인간이 아스클레피오스 덕분에 불사의 경지에 이르게 될까 두려워 그를 번개로 쳐서 죽였다. 아폴론의 요청으로 제우스는 아스클레피오스를 별로 바꾸어 뱀주인자리에 앉혔다.

펠로폰네소스 반도의 에피다우로스에는 아스클레피오스를 기리는 커다란 신전이 세워졌는데, 많은 병자들이 몰려들었다. 아스클레피오스의 자손들이 의술의 비법을 내려받았는데 정신요법이 주된 비방이었다. 아스클레피오스의 아들인 마카온은 외과 의사로 유명했는데, 트로이 전쟁에도 참여해 그리스 군에게 많은 도움을 주었다.

아스클레피오스: 필록테테스를 치료한 마카온이 내 아들이라오.

「**아스클레피오스**」 한 마리의 뱀이 감겨 있는 지팡이가 보인다.

8 트로이의 영웅들

아가멤논의 함대가 트로이 해안으로 다가갔다. 트로이에서는 프리아모스 왕의 맏아들 헥토르가 총사령관이 되어 주변 동맹 도시들의 군대와 함께 그리스 군을 기다리고 있었다.

트로이 군은 만만한 상대가 아니었다. 프리아모스 왕은 늙었지만 현명한 군주였다. 나라를 잘 다스렸을 뿐 아니라 이웃 나라들과도 동맹 관계를 굳건하게 맺어 놓았다. 프리아모스가 가장 아끼는 인물은 아들 헥토르였다. 헥토르는 안드로마케를 아내로 맞이했는데, 장수 역할 못지않게 남편 역할을 훌륭하게 해냈다. 트로이 군의 주요 장군들로는 헥토르 외에 동맹군의 2인자 아이네이아스, 헥토르의 동생 데이포보스, 동맹 도시 리키아의 장군 글라우코스, 제우스와 페니키아 공주 에우로페의 아들인 리키아의 왕 사르페돈, 헬레네를 데려온 헥토르의 동생 파리스 등이 있었다.

프리아모스: **트로이의 왕이오. 나이는 많지만 나라를 굳건히 다스렸소.**

「**프리아모스**」 기원전 5세기경 제작된 조각상이다. 글립토테크 소장

파리스: 나는 헥토르의 동생이오. 스파르타에서 헬레네 왕비를 데려오는 바람에 트로이 전쟁이 일어났지요.

헥토르: 나는 프리아모스의 맏아들이자 트로이 동맹군의 총사령관이오. 내 아내 안드로마케와 아들이 정말 사랑스럽지 않소?

◐ 「**파리스**」 18세기 이탈리아 조각가 안토이노 카노바의 작품이다. 노이에 피나코테크 소장

◐ 「**헥토르와 안드로마케**」 아들 아스티아낙스를 안고 있는 헥토르의 모습이다. 옆에 선 여인은 헥토르의 아내 안드로마케다.

글라우코스: 트로이와 동맹을 맺은 리키아의 장군이오.

◐「글라우코스와 디오메데스」 글라우코스는 그리스군 디오메데스와 맞서다 조상 때 인연을 맺은 관계임을 알고 서로 갑옷을 바꿔 입었다.

◐「사르페돈」 잠과 죽음의 신이 사르페돈을 감싸고 있다. 사르페돈은 제우스와 피니키아 공주 에우로페의 아들로, 리키아의 왕이다. 라오다메이아의 아들이라는 설도 있다. 클리블랜드 미술관 소장

사르페돈: 잠과 죽음의 신이여 트로이 전쟁은 이렇게 끝나나요 나를 어디로 데려가시오?

아이네이아스: 아버지! 불타는 트로이에서 아버지를 구출하겠어요!

「**아이네이아스**」 17세기 조각가 피에르 르포트르의 작품이다. 아이네이아스가 아버지 안키세스를 안고 불타는 트로이를 빠져나가고 있다. 아이네이아스는 아프로디테와 트로이 왕족 안키세스 사이에서 태어났다. 헥토르에 이어 트로이 동맹군의 2인자이다. 루브르 박물관 소장

9 아킬레우스, "프로테실라오스의 원수를 갚아라!"

「아킬레우스의 말과 오토메돈」 19세기 프랑스 화가 앙리 르뇨의 작품이다. 보스턴 미술관 소장

그리스 군은 바닷가에 도착했지만 아무도 상륙하려 하지 않았다. 가장 먼저 트로이 땅을 밟는 사람은 죽게 된다는 예언이 있었기 때문이다. 용맹한 아킬레우스가 배에서 뛰쳐나가려 했다. 어머니 테티스 여신이 말고삐를 잡는 사이에 성질 급한 프로테실라오스가 "돌격!"을 외치며 뛰쳐나갔다. 그러자 군사들이 물밀 듯이 돌진했다.

그리스 군과 트로이 군은 들판에서 간격을 좁혀나갔다. 그리스의 선봉은 프로테실라오스이고, 트로이 군의 선봉은 헥토르였다. 헥토르가 활을 쏘자 프로테실라오스가 말에서 떨어져 죽었다. 예언대로 제일 먼저 트로이 땅을 밟은 자가 죽은 것이다.

복수에 불탄 아킬레우스는 헥토르를 향해 말을 몰면서 적진을 누볐다. 트로이 군은 아킬레우스 군대를 피해 성안으로 들어가 문을 굳게 닫았다.

그리스 군은 배를 모래톱으로 올리고 배 앞에 막사를 세운 다음 막사 앞에 긴 방벽을 둘렀다. 작업이 끝나자 아가멤논은 프로테실라오스의 장례를 치렀다.

프로테실라오스에게는 집에 남겨 놓고 떠난 아내 라오다메이아가 있었다. 남편이 결혼 다음 날 출전하여 신혼 생활을 단 하루밖에 하지 않은 새댁이었다. 남편의 전사 소식을 들은 라오다메이아는 딱 세 시간만 남편과 대화할 수 있게 해달라고 신들께 빌었다. 올림포스에서 제우스가 헤르메스에게 신부의 기도를 들어주라고 지시했다.

헤르메스가 프로테실라오스를 이승으로 다시 데려왔다. 세 시간이 지나 남편이 다시 저승으로 떠날 때 라오다메이아도 따라나섰다. 님프들이 프로테실라오스의 무덤 주변에 느릅나무를 여러 그루 심었는데, 그 나무들은 무럭무럭 자라서 트로이가 훤히 내려다보일 정도로 높이 자랐다고 한다.

2. 트로이 이야기, 일리아스
| 아킬레우스

트로이 전쟁에 관한 이야기가 일리아스다. 고대 그리스 호메로스의 작품 『일리아스』는 그리스 최대 최고의 민족 대서사시로서 유럽인의 정신과 사상의 원류가 된다. 트로이 전쟁은 위대한 문학 작품들의 소재가 되어왔다. 일리아스는 트로이의 별명 일리오스에서 유래했다. 10년에 걸친 전쟁 중에서 마지막 해에 일어난 사건들을 노래한 서사시가 바로 일리아스다. 아킬레우스와 아가멤논이 전쟁 포로 처녀를 차지하는 문제를 놓고 갈등하면서 전쟁의 흐름이 급변한다. 사소한 여자 문제가 국제 전쟁마저 좌우한 것이다.

• 하늘과 땅의 주인이시여! 아버지시여! 나의 하찮은 기도를 들어주소서! 이 먹구름을 걷어 하늘의 빛을 되돌려 주소서. 그래서 앞이 보인다면 이 아이아스가 더 무엇을 바라겠나이까. 그리스가 멸망해야 한다면 당신 뜻에 따르겠나이다. 하지만 제가 죽더라도 한낮의 빛 속에서 죽게 하소서. (영국 시인 포퍼의 시 『파트로클로스의 죽음을 아킬레우스에게 알릴 전령을 찾는 아이아스』)

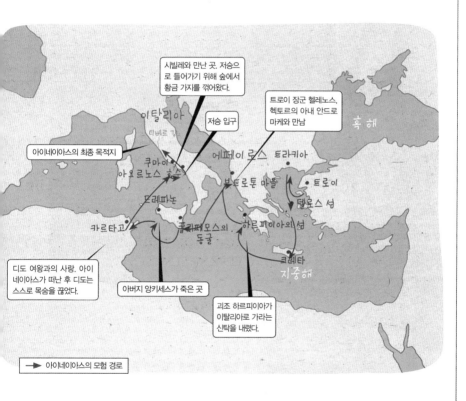

1 신들이 만든 트로이 성

아폴론, 포세이돈: 제우스에게 대들다 트로이에서 성벽 쌓는 노역을 했는데, 트로이 왕은 보수도 주지 않았어. 우리가 대가를 치르게 해주지.

「**트로이 성**」 터키의 히사를리크 언덕에 남아 있는 트로이 성의 잔해다. 트로이 유적은 1998년 유네스코 세계문화유산에 정식 등록되었다. ⓒCherryX

트로이 군이 성 밖으로 거의 나오지 않아 전쟁은 꼬박 아홉 해나 계속되었다. 튼튼한 성벽이 있는 한 그리스 군은 트로이를 함락할 수 없었고 트로이 군도 아킬레우스가 있는 한 그리스 군을 무찌를 수 없었다.

트로이 성이 튼튼한 데는 이유가 있었다. 포세이돈이 아폴론과 짜고 제우스에게 대든 적이 있었다. 제우스는 포세이돈과 아폴론에게 "당장 트로이로 가서 1년간 라오메돈 왕의 종살이를 하고 오너라."라고 명령했다. 프리아모스 왕의 아버지인 라오메돈 왕은 포세이돈과 아폴론에게 트로이의 성벽을 쌓으라고 지시했다. 트로이 성은 신들이 쌓았기 때문에 튼튼할 수밖에 없었다.

아폴론과 포세이돈이 그리스 군을 도운 것은 우연이 아니다. 아폴론과 포세이돈은 트로이 왕 라오메돈(프리아모스의 아버지) 밑에서 힘들게 트로이 성벽을 쌓았지만 보수는 받지 못했다.

트로이성 잔해 벌판 너머 바다가 보인다. 트로이 성 앞의 벌판에서 격전이 치러졌을 것이다.

2 아가멤논, 미녀 포로 크리세이스를 차지하다

크리세스: 아가멤논이여, 몸값은 많이 가져 왔으니 포로로 잡아간 제 딸은 돌려주십시오.

아가멤논: 안 된다. 전리품 은 돌려주지 않는 법이다.

「**아가멤논에게 딸의 몸값을 지불하려는 크리세스**」 트로이에 상륙한 후, 그리스 군은 9년 동안 20여 개가 넘는 트로이 동맹국들을 정복했다. 정복 과정에서 그리스 군은 식량뿐 아니라 여인 들까지 약탈해 노예처럼 부렸다. 크리세스의 딸 크리세이스도 그중 하나였다. 루브르 박물관 소장

전쟁이 10년째 접어든 어느 날 아킬레우스가 트로이의 한 동맹국을 공 격해 여자 둘을 포로로 잡아왔다. 위대한 시인 호메로스의 트로이 이야 기『일리아스』는 바로 여기서부터 시작된다. 아킬레우스는 크리세이스라 는 여자를 아가멤논에게 바쳤고, 다른 여자인 브리세이스는 자신이 차지 했다. 크리세이스는 아폴론의 사제 크리세스의 딸이었다. 크리세스는 아 가멤논을 찾아와 딸을 풀어달라고 사정했지만 아가멤논은 단호히 거절했 다. 크리세스는 아폴론에게 그리스 군에게 벌을 내려 달라고 빌었다. 아폴 론은 사제의 기도를 듣고서 그리스 군 진영에 전염병을 퍼뜨렸다.

3 아가멤논, 아킬레우스의 포로를 취하다

아가멤논: 아폴론의 사제 크리세스가 부탁해 아폴론이 내게서 포로 처녀를 빼앗아갔듯이 나도 아킬레우스 장군의 포로 브리세이스를 취하겠다.

「**아가멤논에게 넘겨지는 브리세이스**」 18세기 이탈리아 화가 티에폴로의 작품이다. 브리세이스는 트로이와 동맹을 맺은 나라 중 하나인 리르네소스의 왕비였다. 아킬레우스는 리르네소스 왕 미네스를 죽이고 브리세이스를 차지했다. 루브르 박물관 소장

그리스 군은 전염병을 막을 대책을 마련하려고 회의를 열었다. 아킬레우스는 아가멤논이 크리세스를 내놓지 않아 이런 재앙이 생겼다고 주장했다. 아가멤논은 크리세스를 내놓는 대신에 브리세이스를 달라고 아킬레우스에게 요구했다. 아킬레우스가 자리를 박차고 일어났다. "당신 동생의 아내를 되찾으려고 여기까지 와서 싸우는 장수에게 전리품을 거둬들이다니요. 이런 모욕을 당하면서까지 장군을 위해 싸울 생각이 없소. 나는 병사를 데리고 그리스로 돌아가겠소."

아가멤논도 지지 않고 되받았다. "장군 말고도 훌륭한 장수들이 많으니 마음대로 하시오."

4 아킬레우스 어머니 테티스, 제우스에게 간청하다

테티스: 아가멤논이 제 아들 아킬레우스가 차지한 여자 포로를 가로채 아들을 모욕했습니다. 아들의 명예가 회복될 때까지 그리스 군이 싸움에서 지게 해주세요.

제우스: 그러잖아도 헤라는 내가 트로이 편을 든다고 투덜댄다오. 어쨌든 알겠소.

「제우스와 테티스」 19세기 프랑스 화가 장 오귀스트 도미니크 앵그르의 작품이다. 그라네 미술관 소장 아킬레우스는 혼자 외딴 바닷가로 나가 바다의 여신인 어머니 테티스에게 호소했다. "뭉개진 저의 명예를 지켜주세요. 제우스께 말씀드려 아가멤논이 있는 그리스 군이 지게 해주세요."

이때 헤라가 발끈해서 나타나 테티스와 무슨 비밀 얘기를 나눴는지 제우스에게 따졌다. 제우스는 사사건건 간섭하는 헤라를 물리쳤다. 되도록 중립을 지키려 했던 제우스도 한때 사랑했던 테티스의 호소를 외면할 수 없었던 것이다.

「**스틱스 강에 아기 아킬레우스를 담그는 테티스**」 17세기 플랑드르 화가 페테르 루벤스의 작품이다. 아킬레우스의 유일하고 치명적인 약점은 바로 발뒤꿈치였다. 어머니 테티스가 아기를 불사의 몸으로 만들려고 저승의 스틱스 강에 담갔을 때, 테티스가 잡고 있던 발뒤꿈치는 담기지 않았기 때문이다. 이 이야기에서 치명적인 약점을 의미하는 '아킬레스건'이라는 말이 유래했다. 아킬레우스가 불사의 존재였다는 이야기는 호메로스의 작품에는 나오지 않는다. 불사의 존재에게는 굳이 신의 갑옷이 필요하지 않을 것이다. 보이만스 반 뵈닝겐 미술관 소장

5 신들의 대리전 | 헤라, 아테나, 아프로디테, 아레스, 포세이돈

헤라, 아테나: 우리는 트로이의 왕자 파리스에게 황금 사과를 못 받았으니 당연히 그리스 편을 들어야지요.

○ ○ 「헤라」「아테나」 독일 님펜부르크 궁전 공원에 있는 헤라와 아테나 대리석상이다. ⓒMarcelBuehner

헤라와 아테나는 트로이라면 눈에 쌍심지를 켰다. 자신들의 아름다움이 파리스 때문에 무시당했으니 당연한 일이다. 트로이 왕자 파리스의 선택을 받은 아프로디테는 트로이에 호감을 품고 있었다. 아프로디테는 평소 자신을 숭배하던 아레스를 한편으로 끌어들였다. 바다의 신인 포세이돈은 해양국가인 그리스 편을 들었다. 아폴론은 중립이어서 왔다 갔다 했다.

아프로디테: 파리스가 나를 가장 아름다운 여신이라고 인정했으니 당연히 트로이 편이지요.

아레스: 아프로디테의 애인이니 당연히 아프로디테가 응원하는 트로이를 도와야지요.

✪ 「**아프로디테**」 독일 님펜부르크 궁전 공원에 있는 아프로디테의 대리석상이다.

✪ 「**아레스**」 로마의 빌라 루도비시의 대지 속에서 출토되어 '루도비시의 아레스'라고 불리는 작품이다. 로마 국립 박물관 소장

포세이돈: 바다의 신이 해양국가인 그리스 편을 드는 게 당연한 것 아니겠소. 게다가 아폴론과 함께 제우스에게 대들었다고 트로이 왕 라오메돈(프리아모스의 아버지) 밑에서 성벽 쌓는 노동을 한 적이 있지요. 갚아줄 때가 왔군요.

「**포세이돈**」 제노바의 프린시페 정원에 있는 포세이돈 분수의 조각상이다.

6 헥토르, 겁먹은 파리스를 꾸짖다

헥토르: 이 겁쟁이야, 헬레네에게 미쳐 전쟁을 일으켜놓고도 목숨이 아까워 몸을 숨기느냐?

파리스: 갑자기 메넬라오스가 나타나 잠시 정신을 잃었습니다. 제가 싸움의 원인을 만들었으니 메넬라오스와 단둘이 결투하게 해주십시오.

「**파리스의 나약함을 꾸짖고 참전하기를 권하는 헥토르**」 18세기 독일 화가 요한 빌헬름 티슈바인의 작품이다. 파리스는 참전 후 궁수로 활약하며 많은 공을 세운다. ⓒJames Steakley

병원에서 진통제로 쓰이는 모르핀(morphine)은 모르페우스의 이름에서 유래했다. 모르페우스는 꿈의 신이다.

제우스는 꿈의 신 모르페우스와 무지개의 여신 이리스를 불러 심부름을 시켰다. 모르페우스는 막사에서 자고 있는 아가멤논의 꿈속에 나타나 말했다. "제우스께서 곧 트로이 성을 공격하라고 명하셨다. 그러면 성을 무너뜨릴 수 있을 것이다."

잠에서 깨어난 아가멤논은 병사를 동원해 트로이 성으로 진격했다.

이리스는 헥토르를 찾아가 꿈에서 들은 대로 일러주었다. "지금 그리스 군을 공격해 쳐부숴라."

이윽고 그리스 군과 트로이 군이 넓은 벌판에 마주 섰다.

트로이 군에서는 파리스가, 그리스 군에서는 메넬라오스가 나섰다. 처음에는 메넬라오스의 기세에 눌린 파리스가 군사 뒤쪽으로 숨었다.

용기 없는 파리스의 모습을 본 헥토르가 파리스를 꾸짖었다. "겁쟁이같으니라고! 헬레네에 빠져 전쟁을 일으킨 게 누군데, 이제와서 꽁무니를 숨기는 거냐?"

이 말을 들은 파리스는 부끄러움을 느꼈다. "그럼 메넬라오스와 단둘이 결투하게 해주시오."

파리스는 메넬라오스와 단둘이 싸우게 해달라고 요청했고, 헥토르는 요청을 받아들였다.

헥토르는 그리스 군 진영에 가서 파리스의 요청대로 제안했다. "파리스와 메넬라오스 두 사람을 결투에 붙이는 게 어떻소? 이 싸움에서 이기는 자가 헬레네를 차지하기로 하고 전쟁을 끝냅시다."

그리스 군은 헥토르의 제안을 받아들였다. 이렇게 파리스와 메넬라오스 둘만의 결투가 시작됐다.

7 파리스와 메넬라오스의 결투

「메넬라오스와 파리스의 결투」 18세기 독일 화가 요한 하인리히 티슈바인의 작품이다. 빌헬름 회혜 궁전 소장

메넬라오스와 파리스는 벌판 한가운데서 마주 섰다. 이때 아폴론은 문루에 앉아 있는 헬레네를 손가락으로 가리켰다. 아폴론 옆에 있던 아프로디테는 헬레네의 눈에 맺힌 눈물을 보았다. 헬레네는 파리스가 메넬라오스를 향해 창을 던지는 모습을 본 것이다.

파리스의 창을 막아낸 메넬라오스는 파리스에게 창을 던졌다. 창이 방패를 뚫고 지나가 파리스의 몸에 가벼운 상처를 입혔다. 이 틈을 노려 메넬라오스는 파리스의 투구에 칼을 내리쳤는데, 그만 칼이 부러졌다. 메넬라오스는 맨손으로 파리스의 투구 장식을 움켜쥐었다. 파리스는 투구를 잡히자 어찌할 바를 몰랐다. 메넬라오스는 파리스를 그리스 군 쪽으로 끌고 갔다. 이때 아프로디테가 간섭했다. 메넬라오스의 손아귀에 끌려가는 파리스의 투구 끈을 끊은 것이다. 메넬라오스는 투구를 잡은 채 넘어졌다.

아프로디테는 파리스를 안개로 감싼 채 궁전의 방으로 데리고 갔다. 헬레네가 방에 웅크리고 있는 파리스를 보고 말했다. "비겁하게 싸움을 피해 도망치셨나요?"

파리스는 헬레네에게 변명을 늘어놓았다. "내가 왜 여기 있지? 아마도 아테나 여신이 나를 이곳으로 이끌었나 보오."

파리스는 자신이 궁전에 있는 이유를 아테나 여신 탓으로 돌렸다.

파리스가 감쪽같이 사라지자 병사들은 파리스가 달아났다고 생각했다. 아가멤논은 메넬라오스가 승리했으니 트로이 측에 헬레네를 돌려달라고 요구했다. "메넬라오스와 파리스의 결투에서 이긴 쪽이 헬레네를 차지하기로 한 제안을 이미 받아들였으니 이제 헬레네는 우리가 데려가겠소. 파리스는 사라졌소. 그는 결투를 하다가 도망쳤으니 메넬라오스의 승리라는 것을 다들 인정하겠지요?"

파리스가 사라지자 전쟁은 그리스 군이 이긴 듯 보였다.

8 전쟁의 신이 그리스 장수 디오메데스에게 당하다

아레스: 나는 트로이 군의 헥토르를 돕다가 당신 때문에 디오메데스에게 당했소.

아테나: 트로이가 무사한 걸 두고 볼 수 없어요.

「**아테나와 아레스의 전투**」 18세기 프랑스 화가 자크 루이 다비드의 작품이다. 루브르 박물관 소장

　트로이에 이를 갈고 있던 아테나는 여기서 상황이 마무리되는 것을 원치 않았다. 아테나는 트로이의 명궁 판다로스에게 메넬라오스를 활로 쏘아 쓰러뜨리라고 넌지시 말했다. 판다로스의 화살은 메넬라오스의 가슴을 향해 날아갔지만 아테나가 방향을 살짝 틀어지게 해 옆구리에 가벼운

상처를 입는 데 그쳤다. 그리스 군은 서약을 깨뜨린 트로이 군을 향해 돌진했다. 또다시 전투가 벌어졌다.

오디세우스가 전차를 몰고 돌진해 트로이의 왕자 데모콘에게 창을 던졌다. 창이 몸을 꿰뚫자 데모콘은 그 자리에서 숨을 거뒀다.

아킬레우스 다음가는 장수 디오메데스가 트로이 병사들을 마구 무찔렀다. 이 모습을 본 판다로스가 활을 쏴 디오메데스의 어깨를 맞췄다. 디오메데스는 아테나의 치료를 받은 후 다시 트로이의 병사들을 무찔렀다.

보다 못해 트로이 진영에서 헥토르 다음 가는 장수 아이네이아스가 나섰다. 아이네이아스가 판다로스를 전차에 태워 디오메데스 가까이 다가갔다. 판다로스가 창을 힘껏 던졌지만 방패를 뚫는 데 그쳤다. 디오메데스가 던진 창은 판다로스의 이마에 꽂혔다.

아이네이아스가 전차에서 뛰어내려 판다로스의 시체를 끌고 가지 못하게 지켰다. 디오메데스가 이때를 놓치지 않고 큰 바위를 날려 아이네이아스의 가슴을 쳤다. 이때 아프로디테가 나타나 아들인 아이네이아스를 들어올렸다. 디오메데스가 아프로디테를 창으로 찔러 손목에 상처를 입히자 아프로디테는 아들을 놓쳤다. 아폴론이 아이네이아스를 두 손으로 받아 구름으로 가려주었다.

디오메데스의 활약으로 트로이 군이 무너지자 아레스가 큰 창을 들고 헥토르와 함께 진격했다. 아레스 신이 트로이를 도와준다는 사실을 알아챈 그리스 군은 바닷가 방벽 뒤로 물러났다.

이번에는 아테나가 디오메데스를 전차에 태우고 진격했다. 헥토르와 나란히 서 있던 아레스가 디오메데스에게 창을 힘껏 던졌다. 아테나가 창을 빗나가게 했다. 이번에는 디오메데스가 아레스에게 창을 던졌다. 창은 아테나의 도움으로 아레스의 배를 찔렀다. 아레스가 비명을 지르자 하늘과 땅이 울렸다. 아레스는 상처를 움켜쥐고 올림포스로 올라가버렸다.

9 헥토르와 아이아스의 대결

헥토르: 파리스와 메넬라오스의 대결이 끝나지 않아 싸움을 끝낸다는 서약이 깨졌소. 그 이후 많은 병사들이 죽거나 다쳤소. 이번에는 누구라도 좋으니 나와 결투합시다. 그 결과에 따라 승패를 인정하여 싸움을 끝냅시다.

「**헥토르와 아이아스의 대결**」 17세기 플랑드르 화가 얀 반 오를레이의 작품이다. 메트로폴리탄 미술관 소장

디오메데스의 맹렬한 공격에 트로이 군은 성 앞까지 밀렸다. 헥토르가 그리스 군 앞에 나서서 일대일 대결로 싸움을 끝내자고 외쳤다. 그리스 군에서 몸집이 거대한 아이아스 장군이 나섰다. 헥토르가 먼저 창을 던졌지만 아이아스의 방패에 꽂혔다. 아이아스가 던진 창은 헥토르의 방패를 뚫고 헥토르의 목을 스쳤다. 두 사람은 해가 질 때까지도 승부를 가르지 못했다. 어두워지면 싸울 수 없다는 전장의 원칙에 따라 둘은 칼을 거두었다. 보다 못한 제우스는 아킬레우스의 명예가 회복되도록 직접 나서기로 했다. 이튿날 두 군대가 다시 맞서자 제우스가 이데 산에서 아가멤논에게 벼락을 날렸다. 제우스의 도움으로 트로이 군이 압승을 거두었다. 그리스 군은 방벽 너머로 후퇴했다.

10 네스토르, 아킬레우스에게 참전을 촉구하다

네스토르: 그리스 군을 구할 사람은 그대뿐이오.

아킬레우스: 아가멤논에게 받은 모욕을 잊을 수 없소. 싸움터로 돌아갈 생각은 추호도 없소.

「네스토르에게 지혜의 선물을 건네는 아킬레우스」 19세기 프랑스 화가 조제프 데지레 쿠르의 작품이다. 네스토르는 현명한 판단과 친절한 성격으로 명망이 높았다고 전해진다. 루앙 미술관 소장

트로이 군과의 싸움에서 턱없이 밀리자 아가멤논은 장수들을 불러 회의를 열었다. 그 자리에서 나이가 가장 많은 네스토르가 아킬레우스 장군에게 포로 처녀 브리세이스를 돌려주고 아킬레우스를 복귀시켜야 한다고 말했다. 아가멤논은 오디세우스, 아이아스, 포이닉스 세 장수에게 아킬레우스에게 가서 사과의 뜻을 전하라고 시켰다. 세 장수는 아킬레우스를 찾아가서 간곡히 사정했다. 그러나 아킬레우스는 화를 냈다. "싸움터로 돌아갈 생각은 추호도 없소."

11 헥토르, 제우스의 도움으로 그리스 군을 물리치다

아폴론과 포세이돈: 제우스가 한눈을 파는 사이에 그리스 군을 도와서 트로이 군을 몰아내야 해. 제우스에게 대들다가 트로이 성 쌓기 노역을 한 것은 생각만 해도 억울해.

「**트로이를 벌하는 아폴론과 포세이돈**」16세기 벨기에 화가 파올로 피아밍고의 작품이다. 부다페스트 미술 박물관 소장

그리스 군은 함대 주위로 방호벽을 쌓았다. 이제 트로이를 포위하기는 커녕 도리어 방호벽 안에 포위되고 말았다. 제우스의 도움을 받는 트로이 군은 파죽지세로 쳐들어가 방호벽에 구멍을 냈다. 함대에 불을 지르기 직전이었다. 그리스 군이 위급한 상황에 처하자 포세이돈이 예언자 칼카스로 변장하여 병사들을 격려했다.

아이아스는 적진에서 용감하게 싸우다가 헥토르와 맞섰다. 헥토르가 거구의 아이아스에게 창을 던졌다. 창은 아이아스를 맞추었지만 칼과 방패를 매단 두 개의 끈이 가슴과 교차하는 지점에 맞아 아이아스는 무사할 수 있었다.

위기를 넘긴 아이아스는 전함을 받치고 있던 돌 하나를 집어 들어 홱 던졌다. 헥토르는 아이아스가 던진 돌에 목을 맞고 땅바닥에 쓰러져 기절했다. 부하들이 즉시 달려와 헥토르를 데려갔다.

포세이돈이 그리스 군을 도와 트로이 군을 내모는데도 제우스는 전혀 모르고 있었다. 아내 헤라가 아프로디테의 케스토스라는 허리띠를 빌려 차고 제우스에게 나타난 것이다. 케스토스를 차고 있으면 누구라도 마음을 빼앗을 수 있었다. 아름답기 그지없는 헤라를 보자 제우스는 홀딱 마음을 뺏겼다.

하지만 헤라에 빠져 지내는 날이 오래 가지는 않았다. 정신을 차리고 세상을 내려다보니 헥토르가 땅바닥에 쓰러져 있었다.

제우스는 헤라를 물리치고 이리스와 아폴론을 불렀다. 제우스는 이리스를 포세이돈에게 보내 즉각 전쟁에서 손을 떼라고 전했다. 아폴론에게는 헥토르의 상처를 치유하고 사기를 북돋우라고 시켰다. 눈 깜짝할 사이에 두 신은 제우스가 시킨 대로 했다. 헥토르는 몸을 회복되어 싸움터로 다시 나갈 수 있었다.

12 아킬레우스의 절친 파트로클로스가 나서다

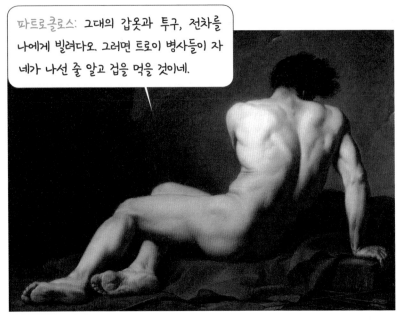

파트로클로스: 그대의 갑옷과 투구, 전차를 나에게 빌려다오. 그러면 트로이 병사들이 자네가 나선 줄 알고 겁을 먹을 것이네.

「**파트로클로스**」 18세기 프랑스 화가 자크 다비드의 작품이다. 파트로클로스는 아킬레우스와 절친한 친구다. 두 사람은 어렸을 때부터 함께 자라며 켄타우로스 케이론의 지도를 받았다.
토마 장리 미술관 소장

　전투 중에 파리스가 쏜 화살에 마카온이 맞아 부상을 입었다. 마카온은 의술의 신 아스클레피오스의 아들이었다. 마카온도 아버지에게서 의술을 배운 의사였다. 네스토르는 마카온을 전차에 싣고 싸움터를 떠났다. 전차가 아킬레우스의 함대를 지날 때, 아킬레우스는 부상당한 장수가 누군지 몰랐다. 죽마고우인 파트로클로스가 네스토르의 진영으로 가서 마카온이 부상당한 것을 알아냈다. 왜 왔는지 알리고 급히 돌아가려는데, 네스토르가 불러 세웠다. 백전노장 네스토르는 파트로클로스에게 그리스 군의 참상을 늘어놓았다. 그러고는 아킬레우스가 이번 전쟁에서 가장 명예로운 역할을 해야 한다고 말했다. "아킬레우스를 다시 출전시킬 수 있도록 설득하지 못하면 파트로클로스 자네가 아킬레우스의 갑옷을 입고 나타나는 게 좋겠네. 아킬레우스의 갑옷만 보아도 트로이 군은 꽁무니를 뺄지도 모르니까."

파트로클로스는 아킬레우스의 진영으로 돌아와서 아킬레우스에게 그리스 진영의 참상을 낱낱이 고했다. 디오메데스, 오디세우스, 아가멤논, 마카온 등 장수들이 모두 부상당했고 방호벽이 뚫려 적들이 함대에 불을 지르려고 몰려오고 있으며, 배가 모조리 불타면 그리스로 영영 돌아갈 수 없다는 점도 알렸다.

그래도 아킬레우스의 분노는 풀리지 않았다. 파트로클로스는 자신이 아킬레우스의 군대인 미르미돈을 이끌고 싸움터로 나갈 테니 허락해 달라고 했다.

이때 밖에서는 벌써 배 한 척에서 불길이 치솟고 있었다. 그제야 아킬레우스는 파트로클로스에게 자기 갑옷을 내주었다. 하지만 출전하기 전에 파트로클로스에게 단단히 주의를 주었다. "적군을 쫓아내는 걸로 만족하고 나 없이 트로이로 쳐들어가선 안 되네. 신들 가운데 누군가가 트로이군을 도우면 큰일이니까."

아킬레우스의 갑옷을 입고 전차에 오른 파트로클로스는 용맹한 병사들의 선봉을 맡았다. 파트로클로스가 격전지로 곧장 뛰어드는 모습을 본 그리스 군 병사들은 일제히 환호성을 질렀다.

트로이 군은 아킬레우스의 갑옷을 보자 다들 기겁을 하고 도망치기 바빴다. 제일 먼저 배에 불을 질렀던 자들이 달아나자 그리스 군이 배를 되찾고 불을 껐다. 나머지 트로이 군도 뿔뿔이 흩어졌다. 아이아스, 메넬라오스 그리고 네스토르의 두 아들은 용감하게 싸웠다.

헥토르는 말 머리를 돌려 포위망을 뚫고 달아났다. 도망치던 트로이 군은 쫓아온 파트로클로스에게 죽임을 당했다. 어느 누구도 파트로클로스의 상대가 되지 못했다.

13 파트로클로스, 사르페돈을 죽이다

타나토스와 히프노스: **파트로클로스에게 죽임을 당한 제우스의 아들 사르페돈을 고향 리키아로 옮기는 중이에요.**

「**사르페돈의 시신을 리키아로 옮기는 잠의 신과 죽음의 신**」 18세기 스위스 출신 영국 화가 헨리 퓨젤리의 작품이다. 사르페돈은 리키아 군을 이끌고 트로이 편에서 싸웠으나 파트로클로스와 싸우다 사망한다. 레히베르크 미술관 소장

마침내 제우스의 아들 사르페돈이 파트로클로스와 싸우러 나섰다. 싸움터를 내려다보고 있던 제우스는 아들을 낚아채서 죽음을 면하게 해 주려고 했지만 헤라의 말 한마디에 물러날 수밖에 없었다. "제우스 당신이 아들을 구하면 다른 신들도 모두 자기 자식이 위험할 때 싸움에 끼어들 거예요. 그러면 세상의 질서가 바로 설 수가 없지요."

사르페돈이 창을 던졌지만 빗맞았다. 파트로클로스가 던진 창은 사르페돈의 가슴을 꿰뚫었다. 사르페돈은 말에서 떨어져 숨이 끊어지기 전에 전우들에게 자기 시신을 적의 손에 넘기지 말라고 부탁했다. 서로 시신을 차지하려고 싸움이 벌어졌고 결국 그리스 군이 시신을 차지해 갑옷까지 벗겨 버렸다. 아들이 치욕을 당하자 제우스는 아폴론에게 적의 수중에 있는 시신을 낚아채게 했다. 쌍둥이 형제인 죽음의 신 타나토스와 잠의 신 히프노스가 시신을 사르페돈의 고향인 리키아로 날라다 주었다.

14 헥토르, 파트로클로스를 죽이다

헥토르: 파트로클로스의 시체를 빼앗아 오는 병사에게는 큰 상을 내리겠다.

「파트로클로스의 시신을 놓고 싸우는 그리스 군과 트로이 군」 19세기 벨기에 화가 비에르츠의 작품이다. 그리스 군과 트로이 군이 파트로클로스의 시신을 차지하려고 힘겨루기를 하는 장면이 생동감 넘치게 그려져 있다. 비에르츠 미술관 소장

트로이 군을 내쫓고 그리스 군을 위기에서 구한 파트로클로스는 헥토르를 발견하고 끝까지 쫓았다. 헥토르는 병사들을 이끌고 성으로 들어가 문을 굳게 닫았다. 파트로클로스는 아킬레우스의 충고를 잊고 성을 공격하기 시작했다. 파트로클로스는 병사들과 함께 사다리로 성벽을 올랐다. 그때 아폴론이 나타나 파트로클로스를 밀어 버렸다. 헥토르가 성벽 아래로 떨어진 파트로클로스를 죽이기 위해 다가가자 파트로클로스가 바윗돌을 헥토르에게 던졌다. 두 영웅은 서로를 노려보며 최후의 승부를 벌였다.

시인 호메로스는 헥토르에게 공을 안겨주기가 싫었던지 아폴론이 파트로클로스의 창과 투구를 떨어뜨렸다고 적었다. 이어 어느 트로이 병사한테 등을 찔려 부상을 입은 파트로클로스를 헥토르가 창으로 찔렀다고 한다. 파트로클로스는 가쁜 숨을 몰아쉬다 곧 숨을 거두었다. 헥토르는 파트로클로스의 갑옷과 투구를 벗겨 전차에 실었다. 메넬라오스와 아이아스가 시신을 거두기 위해 나서자 헥토르는 재빨리 병사들과 함께 뒤로 물러섰다. 아이아스가 시신을 옮기고 있을 때 아킬레우스의 갑옷으로 바꿔 입은 헥토르가 다시 나타났다.

메넬라오스: 아이아스, 내가 시신을 빼낼 테니 트로이 놈들을 맡아주게.

「파트로클로스의 주검을 받치고 있는 메넬라오스」 이탈리아 피렌체 시뇨리아 광장의 로자 데이 란치 회랑에 있는 조각이다. 메넬라오스가 파트로클로스의 주검을 보호하고 있는 모습이다.

파트로클로스의 시신은 아이아스와 메넬라오스가 지키고 있었다. 헥토르와 부하들은 시신을 뺏으려고 다시 몰려왔다. 시신을 둘러싸고 격렬한 싸움이 벌어졌다.

아이아스가 트로이 군을 상대하는 사이에 메넬라오스가 시신을 번쩍 들어 그리스 진영으로 내달았다. 헥토르는 병사들과 함께 메넬라오스를 쫓아갔다.

아이아스는 전령을 아킬레우스에게 보냈다. 전령은 다급하게 소식을 전했다. "파트로클로스 장군이 헥토르와 싸우다 전사하셨습니다. 갑옷과 투구는 헥토르가 빼앗아 쓰고 있습니다. 지금은 시신을 놓고 격렬한 싸움이 벌어지고 있어요."

1 아킬레우스, 친구의 복수를 결심하다

아킬레우스: 이제 저도 헥토르를 죽여 친구의 원수를 갚겠습니다.

「**아킬레우스**」ⓒPatrice78500

테티스: 너는 갑옷과 투구가 없지 않느냐? 하루만 기다리면 헤파이스토스에게 부탁해 새 갑옷을 만들어오겠다.

「**테티스**」루브르 박물관 소장

아킬레우스는 머리카락을 쥐어뜯으며 울부짖었다. 이 소리를 들은 테티스가 바닷가로 나와 아들에게 까닭을 물었다. 아킬레우스는 자신 때문에 친구가 죽었다는 자책감에 사로잡혀 울부짖었다. "이제 저도 싸우겠습니다. 친구의 원수를 갚겠습니다."

하지만 어머니는 아들을 말렸다. "지금 갑옷이 없지 않느냐?"

더 이상 말릴 수 없었던지 테티스가 아킬레우스에게 말했다. "하루만 더 기다리면 새로운 갑옷을 가져다주겠다."

아킬레우스: 파트로클로스, 헥토르에게서 갑옷과 투구를 찾아오기 전에는 자네의 장례를 치르지 않겠네.

「**파트로클로스의 죽음을 애도하는 아킬레우스**」 18세기 스코틀랜드 화가 개빈 해밀턴의 작품이다. 친구의 주검을 확인한 아킬레우스가 슬픔과 분노에 휩싸여 있다. 국립 스코틀랜드 미술관 소장

그리스 군은 가까스로 배가 있는 곳까지 시신을 운반했다. 하지만 시신을 쫓아온 헥토르와 아이네이아스가 병사들과 함께 턱밑까지 들이닥쳤다.

아킬레우스는 헤라가 보낸 이리스가 귀띔한 대로 방벽 위에 올라가서 소리쳤다. "나는 아킬레우스다. 트로이 군을 무찔러라."

아킬레우스의 함성에 겁을 먹은 트로이 병사들은 혼란에 빠져 흩어졌다. 이 틈에 그리스 병사들은 시신을 들것에 실어 그리스 진영으로 가지고 들어왔다.

아킬레우스는 시신 앞에서 흐느끼며 복수를 맹세했다.

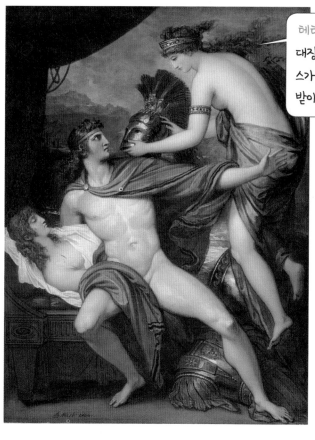

헤티스: 아킬레우스야, 대장장이 신 헤파이스토스가 만든 갑옷과 투구를 받아라.

「**아킬레우스에게 갑옷을 건네는 테티스**」 18세기 미국 화가 벤저민 웨스트의 작품이다. 로스앤젤레스 카운티 미술관 소장

　테티스는 헤파이스토스의 궁전으로 달려갔다. 헤파이스토스는 테티스의 부탁을 듣자 하던 일을 제쳐 놓고 갑옷을 만들기 시작했다. 금세 아킬레우스가 쓸 갑옷 한 벌과 정교한 장식이 달린 방패를 만들었고, 이어서 황금으로 볏을 세운 투구를 만들었다.

　단 하룻밤 새 만들어진 갑옷을 받아 들고 테티스는 지상으로 내려가서 아킬레우스에게 건넸다. 테티스는 아들이 싸움터에 나가면 죽게 되리라는 것을 알면서도 보낼 수밖에 없었다. 테티스는 마지막 작별을 하고 바다 속으로 사라졌다.

2 브리세이스, 아킬레우스에게 돌아오다

아킬레우스: 브리세이스, 어서 오라. 이제는 누구에게도 보내지 않겠다. 병사들은 아가멤논이 돌려보낸 브리세이스를 배로 데리고 가거라. 보물 상자도 배로 옮겨라.

「**아킬레우스에게 돌려보내진 브리세이스**」 17세기 플랑드르 화가 페테르 루벤스의 작품이다.
프라도 미술관 소장

아킬레우스는 아프로디테에게서 새 갑옷과 투구를 받았다. 전쟁에 나갈 채비를 한 아킬레우스는 소리쳤다. "아가멤논, 오디세우스, 디오메테스, 아이아스! 모두 모이시오."

아킬레우스가 고함을 질러 회의를 소집하자 장군들이 모여들었다. 디오메테스와 오디세우스는 부상을 당해 절룩거리며 나타났다. 아가멤논도 팔을 붕대로 감고 있었다.

아킬레우스는 입을 열었다. "아가멤논 장군에게 품었던 지난 감정은 버리고 트로이 군을 무찌르는 데 앞장서겠소."

아가멤논이 화답했다. "아킬레우스 장군을 화나게 한 것은 내가 아니고 신들이었소. 신들이 나로 하여금 어리석은 판단을 하게 했소. 지난 일을 잊고 다시 싸우겠다니 고맙소. 약속대로 장군에게 포로 여인 브리세이스를 돌려주고 준비한 선물도 주겠소."

아킬레우스가 말했다. "선물이 중요한 게 아니라 트로이 놈들에게 복수하는 게 더 시급하오."

두 영웅은 지난날의 감정을 풀고 화해했다.

오디세우스가 끼어들어 선물을 옮기자고 제안했다. 아가멤논은 부하들에게 아킬레우스의 포로였던 브리세이스를 데려오고 보물 상자를 가져오도록 지시했다.

브리세이스는 옛 주인을 잠깐 바라보고는 아름다운 얼굴을 돌렸다. 만남도 잠시였다. 아킬레우스는 브리세이스를 배로 데려가고 보물 상자도 옮기라고 명령했다.

아킬레우스는 파트로클로스의 죽음에 아직도 분노하고 있었다. 한시라도 빨리 트로이 진영에 들어가 트로이 군을 멸절하고 싶은 생각뿐이었다.

3 아킬레우스, 아이네이아스를 물리치다

아킬레우스: 트로이 군을 물리치고 파트로클로스의 원수를 갚자!

「**아킬레우스**」 아킬레우스가 테티스에게 받은 무구(武具) 중에는 '아이기스'가 있다. 염소 가죽으로 만든 방패인데, 제우스와 아테네도 가지고 있었다. 벼락을 맞아도 부서지지 않았다고 한다. 아킬리온 궁전 소장 ⓒVince Smith

아킬레우스가 다시 전쟁터로 나갔다. 용맹한 트로이 전사들도 줄행랑을 치거나 아킬레우스의 창에 쓰러졌다. 헥토르는 아폴론의 경고대로 군사들 속에 몸을 숨겼다. 아폴론은 프리아모스의 아들 리카온으로 변신하여 아이네이아스 앞에 나타났다. 그러고는 아이네이아스를 부추겨 아킬레우스와 맞서게 했다.

아이네이아스는 온 힘을 다해 아킬레우스의 방패를 향해 창을 던졌지만 헤파이스토스가 만든 방패를 뚫을 수는 없었다. 방패는 다섯 겹의 금속판으로 이루어져 있었기 때문이다. 곧바로 아킬레우스가 창을 던져 아이네이아스의 방패를 꿰뚫었으나 목 근처를 스쳤을 뿐이었다.

아이네이아스가 큰 돌을 집어 들어 던지려 하자 아킬레스는 바로 칼을 빼 들고 아이네이아스에게 달려들었다. 이 광경을 지켜보던 포세이돈은 비록 트로이 군의 장군이지만 아이네이아스가 가여웠다. 서둘러 싸움터를 먹구름으로 뒤덮고선 아이네이아스를 번쩍 들어 올려 트로이 군 뒤쪽으로 빼돌렸다.

구름이 걷히자 아킬레우스는 사방을 둘러보았다. 하지만 아이네이아스는 온데간데없었다. 신들이 아이네이아스를 보호하고 있다는 것을 깨닫고 창을 다른 장수에게 겨누었다. 하지만 아무도 아킬레우스에게 맞서지 못했다.

신들이 아이네이아스를 보호한다는 표현을 썼지만 사실은 아이네이아스가 도망간 것을 미화한 것이다.

아이네이아스는 트로이 성이 함락되기 직전에도 성을 탈출해 새로운 나라를 세우러 길을 떠났다. 그때도 신들이 아이네이아스를 인도하는 것처럼 표현되어 있지만 정확히 얘기하면 목숨을 다해 트로이 성을 지키지 않고 도망간 것이다. 사건 중간에 신들이 개입하는 것은 사건을 상징적으로 보여주는 것에 지나지 않는다.

4 아킬레우스, 헥토르를 죽이다

헥토르: 수많은 병사들이 내 명령으로 이 전쟁에 뛰어들어 죽음을 맞았다. 그런데 어찌 내 살길만 찾겠는가? 이렇게 제안하고 싶구나. 아킬레우스가 헬레네를 포기한다면 헬레네의 모든 재물과 우리 재물을 원하는 대로 주겠다고 말이야. 하지만 이미 너무 늦었어. 아킬레우스를 내 손으로 처단하는 수밖에!

「**헥토르와 아킬레우스**」 17세기 플랑드르 화가 페테르 루벤스의 작품이다.

트로이의 왕 프리아모스는 성을 향해 달려오는 트로이 군을 받아들이려고 성문을 활짝 열어두었다. 병사들이 들어오고 나면 재빨리 성문을 닫으려 했지만 아킬레우스가 추격하고 있어 제대로 성문을 닫을 수 없었다.

아폴론이 프리아모스의 아들 아게노르로 변신해 아킬레우스와 맞섰다. 그러더니 이내 몸을 돌려 성문 반대편으로 도망쳤다. 아킬레우스는 쓸데없는 적을 쫓느라 트로이 성벽에서 점점 멀어져 갔다. 달아나던 아폴론이 돌아서며 자기 모습을 드러냈다. 그제야 아킬레우스는 추격을 멈추고 트로이 성 쪽으로 달려갔다.

트로이 병사들이 모두 성안으로 들어갔지만, 헥토르는 혼자 성 밖에 남아 있었다. 헥토르의 늙은 아버지는 어서 들어오라고 성벽에서 애타게 부르짖었다. 어머니 헤카베와 헥토르의 아내 안드로마케도 울부짖으며 외쳤다.

헥토르는 움직이지 않고 서서 가까이 다가오는 아킬레우스를 노려보았다. 순간 아킬레우스가 저승사자처럼 느껴져 자기도 모르게 전차를 몰아 달아났다. 아킬레우스는 재빨리 뒤를 쫓았다. 두 사람은 쫓고 쫓기며 성벽 둘레를 세 바퀴나 돌았다. 그런데 아테나가 헥토르의 동생들 중에서 가장 용감한 데이포보스로 둔갑해 헥토르 앞에 나타났다. 헥토르는 동생을 보자 힘이 솟았다.

헥토르는 전차를 돌려세워 아킬레우스에게 창을 던졌지만 방패에 맞아 튕겨 나왔다. 데이포보스에게 창을 하나 더 받으려고 몸을 돌렸으나 동생은 보이지 않았다. 헥토르는 아테나에게 속은 것을 알고는 탄식했다.

헥토르는 칼을 빼들고 아킬레우스에게 달려들었다. 헥토르가 가까이 다가오자 아킬레우스는 투구와 갑옷 사이의 목에 창을 던졌다. 치명상을 입고 쓰러진 헥토르는 숨을 헐떡이며 외쳤다.

"갑옷과 투구는 벗겨가도 좋다. 내 시신은 몸값을 받고 내 부모님께 돌려주어라. 트로이 백성들이 내 장례를 치를 수 있도록 말이다."

아킬레우스가 받아쳤다. "네 몸무게만큼 금덩이를 가져와 바쳐도 그렇게는 할 수 없다. 내 사랑하는 친구 파트로클로스의 원수를 아직 다 갚지 않았다!"

아킬레우스: 내가 헥토르 너 때문에 얼마나 치를 떨었는지 알기나 하느냐? 저승 가는 길도 순순히 보낼 수는 없다. 헥토르를 마차에 매달아라! 이랴! 달려라!

「**아킬레우스의 승리**」 헥토르를 쓰러뜨린 아킬레우스가 위용을 뽐내면서 트로이 성 주위를 돌고 있다. 전차 뒤에는 그리스 군이 환호하며 따라온다. 19세기 오스트리아 화가 프란츠 마슈의 작품이다. 그리스 코르푸 섬의 아킬레온 궁전 소장

    아킬레우스는 헥토르의 갑옷을 벗기고 밧줄로 발을 묶어 전차 뒤에 매달았다. 그런 상태로 전차에 올라 성벽 주위를 달렸다. 헥토르의 시신이 먼지를 일으키며 땅에 질질 끌렸다.

    왕과 왕비가 자식이 갈기갈기 찢겨 나가는 모습을 보다가 아들을 찾으러 가겠다며 성문 쪽으로 달려갔다. 신하들이 말리자 왕은 주저앉아 몸부림치며 울부짖었다. 신하들도 왕과 왕비를 둘러싸고 서서 흐느꼈다.

    어느덧 통곡 소리가 헥토르의 아내 안드로마케의 귀에까지 들어갔다. 여느 때처럼 베를 짜던 안드로마케는 불길한 예감을 느껴 성벽으로 다가갔다가 전차에 끌려가는 남편의 시체를 보고는 까무러치고 말았다.

5 파트로클로스의 장례식을 치르다

아킬레우스는 파트로클로스의 시체를 놓아둔 곳으로 갔다. 여전히 헥토르의 시체를 매단 채 파트로클로스의 시체 주변을 세 바퀴 돌았다.

이튿날 아킬레우스는 높이 쌓인 장작더미 위에 파트로클로스의 시신을 올린 다음 불태웠다. 화장이 끝난 후 전차 경주, 레슬링, 권투, 활쏘기 경기가 벌어졌다. 경기가 끝난 후 장군들은 저녁을 먹고 각자 잠을 자러 갔지만 아킬레우스는 음식에 입을 대지 않았고 잠도 자지 않았다. 죽은 파트로클로스를 생각하며 밤을 꼬박 지새웠다. 둘이 함께했던 고난과 역경의 순간들이 떠올라 도저히 마음이 가라앉지 않았다.

아킬레우스: 사랑하는 친구 파트로클로스, 이제는 고이 잠들기를… 내가 자네의 원수 헥토르를 죽였네.

「**파트로클로스의 장례식**」 18세기 프랑스 화가 자크 다비드의 작품이다. 아킬레우스가 헥토르의 시신 옆에서 친구의 장례식을 준비하고 있다. 아일랜드 국립 미술관 소장

6 프리아모스에게 헥토르의 시신을 돌려주다

프리아모스: 헥토르의 시신이나마 되찾으려고 값비싼 재물을 몸값으로 가져왔다네. 아킬레우스여! 그대에게도 부친이 있겠지? 부친께서는 그대를 소중히 여기실 게 분명해. 마찬가지로 내게도 아들이 소중하네. 부디 온정을 베풀어 주시게나!

「**아킬레우스에게 헥토르의 시신을 돌려달라고 청하는 프리아모스**」 19세기 러시아 화가 알렉산드르 안드레예비치 이바노프의 작품이다. 프리아모스는 온후하고 다정한 왕이었다. 죽은 아들의 시신을 찾기 위해 적진에 들어가는 것을 두려워하지 않았고, 헬레네로 인해 나라가 공격받고 아들들이 죽어도 헬레네에게 보복하지 않았다.

아직 날이 새기도 전이건만 아킬레우스는 막사 밖으로 나와 전차에 발빠른 말들을 매었다. 그러고는 헥토르의 시신을 전차에 묶은 채 파트로클로스의 무덤가를 두 번 돌았다. 시신은 들개들이 뜯어 먹도록 흙먼지 속에 내팽개쳤다.

아프로디테는 시체에 향기로운 기름을 발라 들개가 덤벼들지 못하게 했다. 아폴론은 시체가 마르지 않도록 구름을 끌어내려 감쌌다.

아킬레우스가 헥토르에게 참혹하게 분풀이하자, 제우스는 헥토르가 가여워 무지개의 여신 이리스를 불러 말했다. "프리아모스 왕을 우선 위로하시오. 그런 다음 왕이 몸소 아킬레우스에게 가서 아들의 시신을 받아 오라고 설득해 주오."

이리스가 제우스의 뜻을 전하자 프리아모스는 순순히 따랐다. 왕은 보물 창고를 열어 금실로 수놓은 값비싼 옷, 화려한 양탄자, 황금 10탈란톤, 아름다운 탁자 두 개, 그리고 정교하게 세공한 황금 잔 하나를 꺼냈다. 이어서 아들을 불러 마차에 싣게 했다.

채비를 마치자 왕은 마부 이다이오스와 함께 성문을 나섰다. 왕비 헤카베를 비롯한 모든 친지들은 왕을 사지로 떠나보내는 것만 같아 애통했다.

제우스는 헤르메스를 보내 길잡이 겸 호위무사를 맡도록 했다. 젊은 무사의 모습을 한 헤르메스가 두 늙은이 앞에 나타나 아킬레우스의 막사로 모시겠다고 했다. 프리아모스는 흔쾌히 제안을 수락했다. 헤르메스는 왕의 마차에 오르더니 고삐를 쥐고 달렸다. 두 노인을 실은 마차는 얼마 후 아킬레스의 막사에 다다랐다. 헤르메스는 지팡이로 마법을 부려 경비병들을 모두 잠재우고 왕을 아킬레우스의 막사 앞으로 데려다주었다. 왕은 신하를 밖에 세워두고 막사 안으로 들어갔다.

안드로마케: 헥토르, 내가 손 내밀기 전에 늘 먼저 손잡아주던 당신이었는데, 싸늘한 주검이 되어 돌아오셨군요. 나와 아이는 이제 당신 없이 어떻게 살아야 하나요?

「헥토르의 죽음을 슬퍼하는 안드로마케」 18세기 프랑스 화가 자크 다비드의 작품이다. 안드로마케가 아킬레우스에게 돌려받은 헥토르의 시신을 보고 실의에 빠져 있다. 어린 아들 아스티아낙스는 슬픔에 빠진 어머니를 위로하고 있다. 루브르 박물관 소장

막사 안에는 아킬레우스가 죽은 친구를 생각하며 슬픔에 잠겨 있었다. 늙은 왕은 아킬레우스의 발밑에 무릎을 꿇고 자기 아들들을 죽인 끔찍한 손에 입을 맞추었다. 그러고는 아들의 시신이나마 되찾고 싶다는 심경을 밝혔다.

아킬레우스도 고향에 계신 아버지와 죽은 파트로클로스를 생각하며 왕의 부탁을 들어주었다.

아킬레우스는 부하들에게 지시했다. "마차의 짐을 부리고 시신을 덮을 천 두 장과 옷 한 벌은 남겨두라."

그러고서 헥토르의 주검을 마차에 실은 다음 천으로 덮어주었다.

이어서 아킬레우스는 왕에게 식사를 대접했다. 왕은 헥토르가 죽은 후 처음 먹는 음식이라며 맛있게 먹었다. 아킬레우스는 장례를 치를 수 있도록 12일 동안 휴전하기로 약속한 다음, 늙은 왕과 마부를 보내주었다.

헥토르의 시신을 실은 마차가 트로이 성문 안으로 들어오자, 온 가족이 달려 나와 울음을 터뜨렸다. 안드로마케는 아기를 내보이며 눈을 떠보라고 외쳤다. 백성들도 눈물을 훔치며 따라 울었다. 해가 저물어도 통곡이 그칠 줄 몰랐다.

이튿날부터 사람들은 꼬박 아흐레 동안 장작을 날라 산처럼 높이 쌓았다. 열흘째 되는 날 장작 꼭대기에 시신을 올려놓고 불을 붙였다. 장작이 모두 타자 포도주를 부어 남은 불씨마저 껐다. 그러고는 재가 된 유골을 황금 항아리에 담아 땅에 묻었다. 그제야 위대한 영웅 헥토르의 영혼은 평온히 잠들었다.

고대 그리스 시인 호메로스가 쓴 『일리아스』 이야기는 여기서 끝난다.

3 트로이의 목마

| 트로이 성은 불타고

트로이 전쟁이 교착 상태에 빠져 있을 무렵 오디세우스는 기상천외한 계책을 떠올린다. 커다란 목마를 만들어 그 안에 병사들을 숨겨놓고 나서 트로이 성을 포위하고 있는 군대를 후퇴시킨 것처럼 위장했다. 트로이 군은 그리스 군이 남기고 간 커다란 목마를 성안으로 끌고 들어갔다. 트로이의 병사들은 그 목마를 신에게 바치는 제물이라 생각했다. 의심이 근거 없는 확신으로 바뀌는 순간 트로이는 무너지기 시작했다. 트로이가 멸망한 후 전쟁의 원인을 제공했던 헬레네는 어떻게 되었을까?

- 밤이 되어 모두 잠들자 테네도스에서 그리스인들이 함대를 이끌고 다가왔다. 시논은 아킬레우스의
무덤에서 횃불을 들고, 헬레네는 목마 주위를 돌며 그 안에 있는 장군들의 아내 목소리를 흉내 내어
신호를 보냈다. (아폴로도로스 『도서관』)

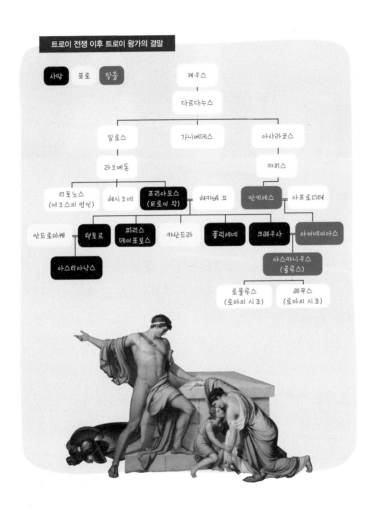

트로이 전쟁 이후 트로이 왕가의 결말

사망 포로 탈출

제우스

다르다누스

일로스   가니메데스   아사라코스

라오메돈   카피스

티토노스   헤시오네   프리아모스   헤카베 외   안키세스   아프로디테
(에오스의 연인)   (트로이 왕)

안드로마케   헥토르   파리스   카산드라   폴릭세네   크레우사   아이네이아스
데이포보스

아스티아낙스   아스카니우스
(율루스)

로물루스   레무스
(로마의 시조)   (로마의 시조)

1 파리스, 트로이군의 총사령관이 되다

파리스: 헥토르에 이어 내가 총사령관을 맡았다. 용감한 트로이의 전사들은 헥토르 장군의 원수를 갚아라.

아킬레우스: 헥토르가 없는 트로이군은 허수아비에 불과하다.

❍ 「**파리스**」 러시아 조각가 보리스 올로브스키의 작품이다. 트레티야코프 미술관 소장
❍ 「**아킬레우스**」 17세기 프랑스 조각가 필리베르 비지에의 작품이다. 베르사유 궁전 공원에 있는 아킬레우스의 동상이다.

황금 항아리에 담은 헥토르의 유골을 땅에 묻을 때 많은 사람들이 지켜보았다. 그 사람들 속에는 사복을 입은 아킬레우스도 있었다. 아킬레우스는 헥토르의 가족 중 한 처녀를 내내 훔쳐보았다. 헥토르의 여동생 폴릭세네 공주였다. 아킬레우스는 폴릭세네의 아름다움에 마음을 뺏겼다. 사람들은 구덩이를 메우고 돌을 세워 무덤을 완성했다.

『일리아스』는 헥토르의 죽음으로 끝난다. 다른 영웅들의 운명은 『오디세우스』를 비롯한 이후의 서사시에서 다뤄진다. 헥토르가 죽었지만 트로이가 바로 무너지진 않았다.

11일에 걸친 헥토르의 장례식이 끝난 다음 날부터 또 싸움이 벌어졌다. 헥토르의 뒤를 이어 트로이 군의 총사령관이 된 파리스는 병사들에게 외쳤다. "헥토르 장군의 원수를 갚자."

2 아킬레우스, 아마존의 여왕을 죽이다

아킬레우스: 아마존의 여왕이여, 아프로디테 여신만큼이나 아름답구려. 내가 어쩌자고 이런 여인을 죽였을까?

「**아킬레우스와 펜테실레이아**」 18세기 독일 화가 요한 빌헬름 티슈바인의 작품이다. 펜테실레이아는 전쟁의 신 아레스의 딸이다.

트로이 군은 시간이 갈수록 밀리면서 도망치기 시작했다. 이때 뒤에서 트로이 군을 도우러 온 아마존의 펜테실레이아 여왕이 이끄는 여전사와 에티오피아의 멤논이 이끄는 병사들이 그리스 군을 향해 돌격했다.

아마존의 여왕은 그리스 군에 큰 피해를 주었으나 아킬레우스의 상대가 되지는 못했다. 펜테실레이아 여왕은 마침내 아킬레우스의 창에 맞아 쓰러졌다. 아킬레우스는 죽은 여왕의 투구를 벗겨 보았다. 용맹한 여전사는 아름답고 젊은 여인이었다. 아킬레우스는 아름다운 여왕의 볼에 입을 맞추며 자신의 승리를 뼈저리게 후회했다. 테르시테스라는 경망스럽고 무례한 장수가 펜테실레이아를 죽인 것을 후회하는 아킬레우스를 보고 "시체를 사랑한다."며 조롱했다. 세 치 혓바닥을 나불거리던 테르시테스는 결국 아킬레우스에게 맞아 죽었다. 에티오피아의 멤논 왕도 용감히 싸웠으나 아킬레우스의 창을 비켜가지는 못했다.

3 아킬레우스, 트로이의 공주를 사랑하다

트로이 군은 성에 들어가 문을 굳게 닫고 나오려하지 않았다. 어느 날 아킬레우스는 오디세우스, 아이아스와 함께 트로이 성 앞을 정찰했다. 성벽을 따라 천천히 말을 몰았지만 개미 새끼 한 마리도 보이지 않았다.

그런데 멀리 헥토르의 무덤 앞에 한 여자가 앉아 있는 것이 보였다. 아킬레우스가 혼자 헥토르의 무덤 앞에 가보니 폴릭세네 공주가 슬픈 얼굴을 하고 앉아 있었다. 아킬레우스는 공주에게 다가가 말을 걸었다. "헥토르 장군의 장례식 때 그대를 보았소. 나는 그리스 장군이오."

공주는 부끄러워하며 자신의 이름을 밝혔다. "제 이름은 폴릭세네예요. 헥토르 장군의 여동생이지요."

아킬레우스는 폴릭세네에게 사랑을 고백했다. "나는 비록 트로이의 적군이지만 그대가 내 사랑을 받아준다면 더 이상 전쟁을 이어갈 생각이 없소. 나의 사랑을 받아주겠소?"

공주가 머뭇거리자 아킬레우스는 손을 덥석 잡으며 말했다. "우리 두 사람만이 전쟁을 끝낼 수 있소."

공주는 손을 빼면서 천천히 고개를 들었다. "사랑을 맹세할 수 있나요? 아폴론 신전에서 맹세해주세요."

두 사람은 다음 날 저녁 신전에서 만나기로 약속했다.

「**폴릭세네와 아킬레우스**」 18세기 이탈리아 화가 조반니 피토니의 작품이다. 게티 센터 소장

아킬레우스: 폴릭세네 공주를 처음 본 순간부터 잊을 수 없었소. 나와 결혼해 준다면 그리스 장군들을 설득해 무모한 전쟁을 끝내고 트로이에 평화를 가져다주겠소.
폴릭세네: 나를 사랑하신다면 아폴론 신전에서 영원히 사랑하겠다고 맹세해주세요.

4 파리스의 독화살이 아킬레우스 발뒤꿈치에 명중하다

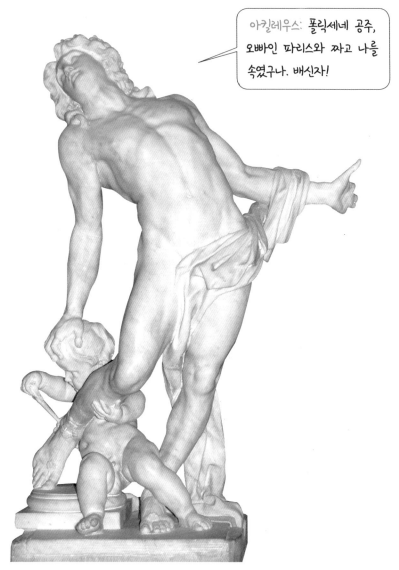

아킬레우스: 폴릭세네 공주, 오빠인 파리스와 짜고 나를 속였구나. 배신자!

「죽어가는 아킬레우스」 프랑스 조각가 크리스토프 베이리에의 작품이다. 아킬레우스가 발뒤꿈치에 화살을 맞은 모습이다. 아기 천사가 아킬레우스의 발뒤꿈치에 꽂힌 화살을 뽑아내려 애쓰고 있다. 빅토리아 앤드 앨버트 미술관 소장 성벽 멀리서 파리스가 성벽에 난 구멍으로 두 사람을 지켜보며 의아하다는 표정을 지었다. 공주가 성에 들어오자 파리스가 무덤 앞에서 누구와 있었는지 캐물었다. 공주는 아킬레우스와 나눈 이야기에 대해 모두 말했다.

파리스는 두 사람이 결혼해 평화가 찾아오면 헬레네를 전 남편 메넬라오스에게 빼앗기게 되지 않을까 걱정했다. 하지만 폴릭세네 공주는 오빠인 파리스가 자신을 축복해 줄 거라고 믿었다.

그리스 군 진영에서 아킬레우스, 오디세우스, 아이아스가 모였다. 오디세우스는 아킬레우스의 이야기를 듣고는 이렇게 말했다. "파리스의 술책인 것 같소. 아무래도 신전에 가지 않는 게 좋겠소."

사랑에 눈먼 아킬레우스는 두 사람의 만류에도 불구하고 아폴론 신전으로 향했다. 걱정이 된 두 사람은 아킬레우스의 뒤를 따라갔다.

이때 아폴론 신전에서는 파리스가 신상 앞에 서서 신탁을 받고 있었다. "어떻게 해야 아킬레우스를 죽일 수 있겠습니까?"

그러자 아폴론의 목소리가 들려왔다. "아킬레우스의 발뒤꿈치를 독화살로 쏘아라."

파리스는 아폴론에게 감사하며 활을 들고 신상 뒤에 숨었다.

신전 문이 열리고 공주가 신상 쪽으로 걸어왔다. 이어 문 앞에 아킬레우스가 나타났다. 아킬레우스는 공주를 껴안으며 결혼을 서약하자고 말했다. 그 순간 파리스가 독화살을 날렸다. 아폴론의 도움으로 독화살은 아킬레우스의 발뒤꿈치에 명중했다.

아킬레우스는 쓰러지면서 공주에게 말했다. "공주, 파리스와 짜고 나를 속였군요."

곧 독이 몸에 퍼져 아킬레우스는 숨을 거두었다. 파리스는 폴릭세네를 이끌고 신전을 빠져나왔다.

5 최고에서 밀린 아이아스, 자살을 선택하다

아이아스: 오디세우스를 죽이는 대신 양과 소나 죽이는 어리석은 짓을 하다니! 오디세우스가 나의 명예를 가로채 그리스 최고의 장군이 되었다. 이제 내가 살아서 무엇하리…

「**자살하는 아이아스**」아이아스가 자살하기 직전의 모습이 묘사된 도자기 작품이다. 불로뉘쉬르메르 성 박물관 소장 ⓒPtyx

아킬레우스를 뒤따라온 오디세우스와 아이아스가 신전에 쓰러져 있는 아킬레우스를 발견했다. 두 사람은 시신을 들고 그리스 진영을 향해 달렸다. 바로 이때 앞에서 트로이 군이 몰려왔다. 리키아의 맹장 글라우코스가 병사들을 이끌고 있었다.

아이아스가 소리쳤다. "글라우코스는 내가 맡을 테니 시신을 그리스 진영으로 옮기시오."

오디세우스는 방향을 바꿔 그리스 진영으로 향했다. 아이아스는 글라우코스를 몰아붙여 창으로 가슴을 찔렀다. 장군이 죽자 병사들은 모두 달아났다.

그리스 장군들은 아킬레우스의 시체를 화장했다. 유골은 파트로클로스의 무덤에 함께 묻었다. 테티스가 무덤에 나타나 아가멤논에게 말했다. "아들의 갑옷과 무기는 아들 다음으로 뛰어난 그리스 영웅에게 주세요."

아가멤논은 장군들을 모아 회의를 열고는 테티스가 한 말을 전했다. 아이아스와 오디세우스가 서로 자신이 아킬레우스 다음으로 훌륭한 영웅이라고 내세웠다. 아가멤논의 제안대로 투표를 한 결과 오디세우스가 더 많은 표를 받았다. 오디세우스의 지혜를 아이아스의 용기보다 더 높이 평가한 것이다.

분을 참지 못한 아이아스는 아가멤논과 오디세우스가 짰다고 생각해 두 사람을 죽이기로 결심했다. 두 사람이 위기에 처하자 아테나는 아이아스의 정신을 혼란스럽게 했다. 아이아스는 양들을 경비병으로 알고 죽이는가 하면 소들을 아가멤논과 오디세우스인 줄 알고 죽였다.

아이아스는 문득 정신이 들었다. 한심하기 짝이 없는 짓을 자신이 저질렀다는 생각이 들자 그는 갑자기 비참해졌다. 헥토르와의 맞대결에서 승부를 내지 못했을 때 헥토르에게 명예의 선물로 받은 칼이 보였다. 아이아스는 그 칼로 자신의 가슴을 찔러 자살했다.

아이아스를 좋아했던 헤파이스토스가 자살한 아이아스를 불쌍하게 여겨 아이아스의 피가 스며든 땅에서 꽃 한 송이가 피어오르게 했다. 히아신스 꽃이었다. 꽃잎마다 아이아스의 첫 두 글자 아이(Ai)의 모양을 품고 있는 꽃이다. 그리스어로 '아이'는 '슬픔'이란 뜻이다.

나중에 오디세우스는 저승에 가서 아이아스의 죽은 영혼과 대면하고 화해를 청했다. 하지만 아이아스는 이승의 원한이 남아서 화해에 응하지 않았다.

1 칼카스, 트로이 성을 무너뜨릴 계략을 말하다

예언자 칼카스: 트로이 성을 무너뜨리려면 첫째, 아킬레우스의 아들 네오프톨레모스와 필록테테스 장군을 데려와야 하고 둘째, 팔라디온 신상을 빼앗아와야 하며 셋째, 트로이 성문의 대들보를 부숴야 합니다.

「칼카스」 16세기 이탈리아 화가 지오바니 티에폴로의 「이피게니아의 희생」이다. 칼카스의 예언에 따라 이피게네이아가 여신에게 제물로 바쳐지고 있다. 바이마르 성 박물관 소장 아킬레우스와 아이아스 두 장군을 잃은 아가멤논은 트로이 군과 어떻게 싸워야 할지 걱정이 앞섰다.

예언자 칼카스를 불러 트로이 성을 함락시키려면 어떻게 해야 하는지 신에게 물어보도록 했다. 칼카스는 트로이 성을 무너뜨리려면 세 가지가 이뤄져야 한다는 신의 뜻을 전했다.

첫째, 그리스에 있는 아킬레우스의 아들 네오프톨레모스를 불러와야 한다는 것이다. 테티스 여신이 아들 아킬레우스를 트로이 전쟁에 보내지 않으려고 스키로스 섬의 리코메데스 왕의 궁전에 보냈는데, 그때 아킬레우스가 여장을 한 채 공주들과 어울려 지내다 한 공주와 사랑해서 아들을 낳은 것이다.

둘째, 그리스 군이 트로이로 올 때 렘노스 섬에서 뱀에 물려 섬에 남겨진 필록테테스도 데려와야 한다는 것이다.

필록테테스는 헤라클레스의 활을 지니고 있었다. 필록테테스는 마지막까지 헤라클레스의 친구로 지냈으며, 헤라클레스를 화장할 때 불을 붙였던 사람이다.

셋째, 트로이 성의 아테나 신전에 있는 팔라디온을 가져와야 한다는 것이다. 팔라디온은 나무로 만든 작은 여신상인데, 트로이 사람들은 조상인 일로스가 트로이를 세울 때 팔라디온이 하늘에서 떨어졌다고 믿었다. 그 후 신전을 세우고 이 조각상을 모셨다. 팔라디온이 있으면 트로이가 절대 함락되지 않는다는 전설이 내려왔다.

넷째, 트로이 성문의 대들보를 부숴야 한다는 것이다.

당시 그리스인들은 인간이 하는 일은 신의 뜻에 따라 이뤄진다고 생각했다. 인간의 노력으로 이룬 일도 신의 뜻에 따라 이뤄졌다고 해석하기도 했다.

2 오이노네, 파리스를 뒤따라 죽다

님프 오이노네: 나를 버린 파리스가 밉지만 죽게 내버려둘 수는 없어.

「**오이노네**」 테니슨 시 '오이노네'의 삽화다.

오디세우스가 네오프톨레모스와 필록테테스를 데리고 왔다. 그들은 그리스의 명예를 위해 싸울 것을 다짐했다.

오디세우스는 네오프톨레모스에게 자기가 차지한 아킬레우스의 무기를 주며 말했다. "네 아버지의 유품이니 이것으로 원수를 갚도록 하라."

필록테테스는 렘노스 섬에서 독사에 물려 홀로 섬에 남게 되었는데, 뱀에 물린 상처는 마카온의 치료 덕분에 말끔히 나았다.

아가멤논은 새로 얻은 두 장군과 함께 트로이 성으로 진격했다. 파리스가 전차 위에서 외쳤다. "아킬레우스가 없는 그리스 군은 허수아비다!"

네오프톨레모스는 전차를 몰며 적들을 무찔렀다. 그 사이에 필록테테스가 쏜 독화살이 파리스의 가슴에 꽂혔다.

트로이 병사들은 파리스를 급히 성으로 옮겼다. 헬레네가 달려와 파리스를 안고 울음을 터뜨렸다. 독이 몸에 퍼지기 시작하자 정신이 희미해지는 가운데 파리스는 전 아내 오이노네를 떠올렸다. 경기에 참가하려고 이데 산의 집을 떠날 때 님프 오이노네가 자신을 배웅하며 했던 말이 생각났다. "경기에서 다치면 빨리 집으로 돌아오세요. 약초로 치료해 드릴게요."

하지만 오이노네는 헬레네 때문에 헌신짝처럼 버려졌다.

부하들은 지시에 따라 파리스를 이데 산에 데려다주었다. 파리스는 의술에 능한 오이노네에게 약초로 치료해 달라고 애원했다. 하지만 오이노네는 매정하게 거절했다. 그동안 파리스에 대한 원망과 그리움으로 시간을 보냈던 오이노네는 막상 파리스가 자신에게 돌아오자 애증의 감정을 다스리지 못했다.

파리스는 오이노네를 두고 다시 성으로 돌아갔다. 오이노네는 자신의 행동을 후회하고 약초를 들고 급히 파리스를 따라갔지만 이미 파리스는 숨을 거뒀다.

오이노네는 자신의 신세를 한탄하며 나무에 목을 매 스스로 목숨을 끊었다.

3 헬레네, 오디세우스에게 팔라디온을 건네다

디오메데스는 오디세우스와 함께 팔라디온을 훔쳐오기로 했다. 트로이 사람으로 변장한 두 사람은 밤에 트로이 성벽을 타고 올랐다.

이때 성안에서는 프리아모스 왕이 파리스의 동생인 데이포보스에게 총사령관을 맡겼다. 그 자리에서 데이포보스는 총사령관뿐 아니라 형수인 헬레네도 아내로 맞고 싶다고 말했다.

그 말을 들은 헬레네는 자리에서 빠져나와 신전으로 갔다. 헬레네는 팔라디온 앞에 서서 넋두리를 늘어놓았다. "처음에는 메넬라오스, 다음에는 파리스와 결혼했습니다. 이제는 사랑하지도 않는 데이포보스와 결혼해야 하다니, 제 신세는 왜 이 모양일까요?"

바로 이때 오디세우스와 디오메데스가 신전 안으로 들어왔다. 헬레네는 얼른 기둥 뒤로 몸을 숨겼다. 두 사람은 신상이 여럿 있는 것을 보고 혼란스러웠다.

헬레네는 오디세우스와 디오메데스 앞에 모습을 드러냈다. 두 장군은 깜짝 놀랐지만 헬레네는 걱정하며 물었다. "들키면 목숨을 잃을 텐데, 이 위험한 곳에 무슨 일로 오셨나요?"

두 장군은 대답했다. "팔라디온을 가지러 왔소. 그래야 트로이를 함락하고 전쟁을 끝낼 수 있으니까요. 10년 동안 너무 많은 사람이 죽었어요."

헬레네는 두 장군을 진짜 팔라디온이 있는 곳으로 안내했다. 오디세우스와 디오메데스는 신상을 들고 궁전을 빠져나왔다.

이튿날 헬레네와 데이포보스의 결혼식이 열렸다.

「**팔라디온**」 폼페이의 메난드로스 집에 있는 벽화. 팔라디온은 아테나 여신의 친구 팔라스 신상을 일컫는 말이다. 고대 그리스 사람들은 팔라디온이 외부의 침입으로부터 도시를 보호해준다고 믿었다.

1 오디세우스, 트로이의 목마를 만들다

오디세우스: 어서 부지런히 목마를 만들라!

「**트로이 목마의 건조(建造)**」 18세기 이탈리아 화가 티에폴로의 작품이다. 건축가 에페이오스는 이데 산의 나무를 베어 와서 트로이에 보낼 목마를 만들었다. 목마가 완성되자 그리스 군은 철수하는 척하며 트로이 군의 움직임을 엿보았다. 내셔널 갤러리 소장

두 장군이 팔라디온을 훔쳐내 그리스 진영으로 가져왔지만 트로이는 여전히 건재했다. 이제 마지막 과제만 남았다. 아가멤논은 장군들을 불러 모은 뒤 이렇게 말했다. "어떻게 하면 대들보를 부술 수 있겠소?"

대다수의 장군들은 성문의 대들보가 높은 곳에 있어 부수기 힘들 것이라고 말했다.

지혜로운 오디세우스는 무력으로는 트로이를 결코 굴복시킬 수 없음을 깨닫고 한 가지 계략을 생각해냈다. 장군들은 모두 그 계략에 찬성하며 오디세우스의 조언에 따라 행동하기 시작했다.

병사들은 커다란 목마를 만들었다. 그러고는 성을 포위했던 군사들은 철수하는 척했다. 병사들은 진영에 불을 지르고 아가멤논을 따라 재빨리 배에 올랐다. 배는 앞 섬 뒤편에 숨겨놓았다.

진영에는 오디세우스를 비롯한 병사들 한 무리가 남았다. 오디세우스는 시논에게 은밀히 무언가를 지시했다. 그런 다음 병사들과 함께 목마 속으로 들어갔다.

트로이 성 망루에서 망을 보던 병사들은 그리스 군 진영에서 불길이 솟는 것을 보았다. 병사들의 보고를 받은 데이포보스도 왕과 함께 그 광경을 보았다. 이튿날 날이 밝자 배들이 정박해 있던 바닷가가 텅 비어 있었고 불타버린 그리스 진영에는 아직도 연기가 피어오르고 있었다.

왕과 데이포보스는 10년이 지나자 그리스 군이 제풀에 꺾여 철수했다고 생각했다. 성문이 열리고 모든 백성들이 나와서 오랜만에 자유를 만끽했다. 얼마 전까지만 해도 그리스 군 진영이었던 곳을 자유롭게 오갔다.

그런데 바닷가에 덩그러니 거대한 목마가 서 있었다. 왕을 비롯한 트로이 사람들은 이 목마가 무엇인지 궁금했다. 전리품으로 가져가자는 사람들도 있고, 왠지 무섭다는 사람들도 있었다.

영화 「트로이」에 나오는 트로이 목마

2 사제 라오콘, "목마를 들여보내지 말라!"

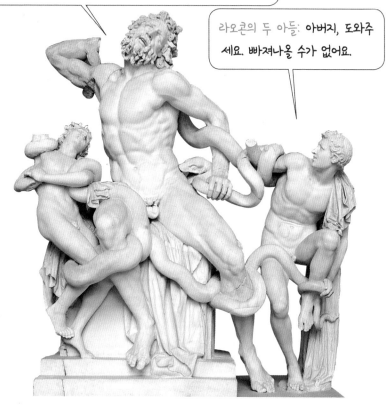

트로이의 사제 라오콘: 분하다. 목마를 성 안으로 들여보내면 안 되는데 포세이돈이 물뱀을 보내 우리를 죽이는구나.

라오콘의 두 아들: 아버지, 도와주세요. 빠져나올 수가 없어요.

「**라오콘 군상**」 BC 2세기경 로도스 섬의 조각가 아게산드로스, 아테노도로스, 폴리도로스의 작품이다. 뱀에 칭칭 감겨 고통스러워하고 있는 라오콘과 두 아들의 모습이 묘사되어 있다. 뒤틀린 몸과 부풀어 오른 핏줄에서 라오콘의 고통이 생생하게 느껴진다. 바티칸 박물관 소장

모두 목마 주변을 기웃거리고 있을 때 아폴론을 섬기는 사제 라오콘이 외쳤다. "여러분, 정신 차리세요. 여태 속아왔으면서 마음을 놓은 겁니까? 그리스 군이 남기고 간 것이라 두렵기만 합니다."

이렇게 말하고서 라오콘은 목마를 향해 창을 던졌다. 목마 옆구리에 창이 꽂히자 목마 속에서 숨죽이고 있던 병사들은 크게 놀랐다. 한 병사가 소리를 지르려하자 오디세우스가 손으로 입을 막았다.

사람들은 목마의 속이 비어 있다고 생각했다. 이때 사람들이 라오콘의 충고를 들었더라면 목마 속의 모든 것을 파괴했을 수도 있었을 것이다.

그때 하필이면 그리스 포로 시논이 부들부들 떨며 끌려 나왔다. 장군들은 포로에게 "그리스 군이 다 떠났는데 왜 혼자 남아 있느냐?"라고 물었다. 포로는 자신이 시논이라는 그리스인이라고 밝힌 뒤 자초지종을 털어 놓았다.

"오디세우스는 트로이 성에서 팔라디온을 훔쳐왔지만 성을 함락할 수 없었습니다. 그리스 장군들은 팔라디온을 훔쳐 와서 아테네 여신이 화가 났기 때문에 성을 함락하지 못했다고 생각했지요. 그리스 군이 아테나 여신에게 제물을 바치고 그리스로 돌아가기로 했는데 미움을 받던 제가 제물로 지목됐지 뭡니까. 그래서 몰래 달아나 숨어 있다가 잡힌 겁니다."

장군들은 "그렇다면 저 목마는 무엇이냐?"라고 물었다.

시논이 대답했다. "목마는 아테나를 달래기 위한 선물입니다. 트로이 사람들이 성 안으로 가져가지 못하게 하려고 크게 만들었지요. 예언자 칼카스는 목마가 트로이 수중에 넘어가면 그리스군이 반드시 패할 것이라고 말했습니다."

그 말에 분위기가 급변했다. 트로이인들은 어떻게 하면 거대한 목마를 성안으로 옮길 수 있을까 궁리하기 시작했다.

바로 그때 바다에서 커다란 뱀 두 마리가 해안으로 다가왔다. 두 뱀이 뭍으로 올라와 라오콘의 두 아들을 돌돌 감더니 얼굴에 독기를 뿜어 댔다. 라오콘도 두 아이를 구하려다 온몸이 칭칭 감겼다. 뱀에게 꼼짝없이 감긴 라오콘과 두 아들은 독기를 쐬고 질식해 죽었다. 사람들은 라오콘이 신성한 목마에 창을 던졌기 때문에 포세이돈의 노여움을 샀다고 여겼다.

3 목마를 트로이 성안으로 들여 넣다

대들보가 부서졌다. 목마를 어서 성안으로 들이자.

「**트로이 성으로 옮겨지는 트로이 목마**」 18세기 이탈리아 화가 티에폴로의 작품이다. 트로이 사람들이 목마에 줄을 매어 성안으로 끌고 가는 장면이다. 트로이 사람들은 목마를 들여오기 위해 성문을 열다 못해 성벽 일부를 무너뜨리기까지 했다. 내셔널 갤러리 소장

    사람들은 목마를 성문 앞으로 끌고 갔지만 머리 끝부분이 대들보에 걸려 들어갈 수 없었다. 사람들은 목마를 성안으로 가져가려고 대들보를 부쉈다. 예언 능력을 지닌 카산드라는 목마를 불태우라고 외쳤지만 아무도 귀담아 듣지 않았다. 트로이 사람들은 10년 만에 찾아온 평화에 기뻐하며 축제를 벌였다. 사람들은 잔뜩 술에 취한 채 집에 들어가 곯아떨어졌다.

    밤이 깊어지자 시논이 목마를 막대기로 두드렸다. 막대기 소리를 들은 무장 병사들이 목마 배 한가운데에 구멍을 뚫고는 밧줄을 타고 줄줄이 내려왔다. 병사들은 술에 취해 잠든 트로이 경비병을 제거하고 성문을 활짝 열었다. 성 앞에 집결해 있던 그리스 병사들은 성안으로 쏟아져 들어왔다. 이내 트로이 성은 불길에 휩싸였다. 불바다가 된 트로이 성이 벌겋게 밤하늘을 물들였다. 그리스 병사들은 곤히 잠들어 있던 트로이 병사들을 무자비하게 죽였다. 트로이는 그리스 군에게 완전히 함락되고 말았다.

4 프리아모스, 죽음을 맞다

프리아모스: 네놈이 아킬레우스의 아들 네오프톨레모스구나!

폴리테스: 아버지! 저도 아킬레우스의 아들에게 당했어요!

「**프리아모스의 죽음**」 폴란드 화가 타데우시의 작품이다. 네오프톨레모스의 발밑에 폴리테스가 쓰러져 있고, 아들의 죽음을 보고 맞서 싸우려던 프리아모스도 결국 쓰러졌다.

늙은 프리아모스 왕은 그리스 병사들의 함성에 잠이 깼다. 그리스 군이 쳐들어온 것을 알게 된 왕은 병사들과 함께 싸우러 나가려 했다. 늙은 아내 헤카베는 프리아모스 왕을 붙잡고 말했다. "싸움은 군사에게 맡기고 제우스 신전에 가서 기도하세요."

카산드라 공주도 어머니를 거들었다. 왕은 마지못해 아내와 딸들을 데리고 제우스의 제단으로 피신했다.

그 무렵 막내아들 폴리테스가 부상을 입은 채 아킬레우스의 아들인 네오프톨레모스에게 쫓기다 제우스 제단으로 뛰어들었다. 폴리테스는 아버지 앞에서 쓰러져 숨을 거두었다. 폴리테스는 발이 빨라 그리스 군의 동향을 파악해 보고하는 역할을 했는데, 결국 네오프톨레모스에게 살해된 것이다. 격분한 늙은 왕은 여윈 손으로 네오프톨레모스에게 창을 던졌지만 맞히지 못했다. 네오프톨레모스는 칼을 빼 들고 왕을 죽였다.

1 메넬라오스와 헬레네, 다시 만나다

메넬라오스: 내 아내 헬레네, 드디어 당신을 되찾았어!

헬레네: 그동안 당신을 잊지 못했어요.

「**헬레네와 메넬라오스**」 18세기 독일 화가 요한 빌헬름 티슈바인의 작품이다. 트로이 전쟁은 파리스에게 헬레네를 빼앗긴 메넬라오스의 명예를 지키기 위한 전쟁이었다.

한편 메넬라오스는 칼을 들고 헬레네의 방에 들어가다 헬레네의 새 남편 데이포보스와 마주쳤다. 헬레네는 메넬라오스를 보고 깜짝 놀랐다. 헬레네는 어쩔 수 없이 파리스의 동생에게 시집가긴 했지만, 마음속으로 전남편을 잊지 못하고 있었다.

메넬라오스와 데이포보스가 칼싸움을 하며 힘겨루기를 하고 있을 때 헬레네가 데이포보스의 뒤통수를 꽃병으로 내려쳤다. 그 틈에 메넬라오스가 데이포보스의 가슴을 칼로 찔렀다.

헬레네는 그렁그렁 눈물 맺힌 눈으로 메넬라오스를 바라보았다. 헬레네는 오디세우스와 디오메데스가 변장을 하고 트로이 성에 들어와 팔라디온을 훔쳐갈 때 조각상을 훔치는 일을 직접 도와주었다. 그래서 헬레네는 전 남편과 화해할 수 있었던 것이다.

둘은 맨 먼저 트로이를 떠나 고국으로 향하는 무리에 끼었다. 하지만 신들의 노여움을 샀기 때문에 도중에 태풍을 만났다. 지중해 연안을 따라 키프로스와 페니키아로 흘러갔다가 마침내 이집트에 다다랐다.

이집트 사람들은 둘을 따뜻하게 맞았다. 값비싼 선물도 주었는데, 선물 중에는 황금 방추와 바퀴 달린 바구니도 있었다. 바구니는 왕비의 옷을 짜기 위한 양털과 실패를 담는 데 필요한 물건이었다. 이집트 여왕은 헬레네에게 활력을 되찾게 하는 물약도 선물했다.

메넬라오스와 헬레네는 마침내 스파르타로 돌아가 왕과 왕비로서 나라를 훌륭하게 다스렸다. 나중에 오디세우스의 아들 텔레마코스가 아버지를 찾아 스파르타에 간 적이 있었다. 그때 둘은 공주 헤르미오네를 아킬레우스의 아들 네오프톨레모스와 결혼시켜 성대한 잔치를 벌이고 있었다.

왕비 헤베카는 오디세우스의 노예가 되었고, 딸 카산드라는 아가멤논의 노예가 되어 그리스로 가는 배에 올랐다. 헥토르의 아내 안드로마케는 아킬레우스의 아들 네오프톨레모스의 노예가 되어 그의 배에 올랐다. 아킬레우스가 생전에 사랑했던 프리아모스의 딸 폴릭세네는 아킬레우스의 유언에 따라 이 영웅의 무덤 위에 제물로 바쳐졌다. 이로써 트로이 전쟁은 막을 내렸다.

2 역사가 된 트로이 전쟁

「**트로이 유적지**」 1865년부터 지금의 터키 땅 하사를리크 지역에서 옛 트로이 유적이 발굴되기 시작했다. 1998년에는 유네스코 세계 문화유산으로 지정되었다. ⓒDAVID HOLT

바람은 거세고, 헬레스폰토스의 해류는
지중해로 굽이치며 흘러가는데
밤의 검은 그림자는
헛되이 피로 물든 저 들판을 덮누나.
늙은 프리아모스 왕이 자랑하던 대지도
왕국의 유일한 유적인 무덤도 가린다.
불멸의 꿈만은 가리지 않아
바위섬에 사는 눈먼 늙은이
호메로스를 위로하누나.
- 바이런의 시 「아비두스의 신부」에서

「**바이런**」 영국의 낭만파 시인 바이런의 초상이다. 런던 국립 초상화 미술관 소장

트로이 전쟁에서 그리스 군이 승리했다. 헤라와 아테나가 파리스와 아프로디테에게 앙갚음을 한 셈이다.

과거에는 트로이 전쟁을 신화라고 여겼지만 독일의 고고학자 슐리만은 트로이를 실존하는 곳이라 생각했다. 슐리만은 1868년 발굴을 시작해 1870년 트로이 유적과 보물을 찾아냈다. 트로이 전쟁이 신화가 아니라 역사라는 사실을 밝혀낸 것이다.

4 엘렉트라 콤플렉스

| 엘렉트라, 오레스테스

　그리스 군 총사령관인 아가멤논은 10년의 트로이 원정 끝에 개선했으나, 그날 왕비 클리타임네스트라와 정부(情夫) 아이기스토스의 손에 살해된다. 새 아버지와 어머니로부터 학대를 받던 엘렉트라는 망명 중에 있던 동생 오레스테스와 힘을 합쳐 복수극을 펼친다. 이 이야기에서 '엘렉트라 콤플렉스'라는 심리학 용어가 유래했다. '엘렉트라 콤플렉스'는 여자아이가 어머니를 꺼리고 아버지를 좋아하는 경향을 말한다. 반대로 남자아이가 아버지를 꺼리고 어머니를 좋아하는 경향은 '오이디푸스 콤플렉스'라고 한다.

• 그래, 내 손에 죽었다! 아니라고는 할 수 없지만 네 아버지를 죽인 자는 나만이 아니다. 디케께서도 하셨지. 너도 제정신이었다면 신을 도왔을 거다. 네 언니를 희생시키고도 태연했던 그리스인은 네 아버지뿐일 테니깐! (에우리피데스 『엘렉트라』)

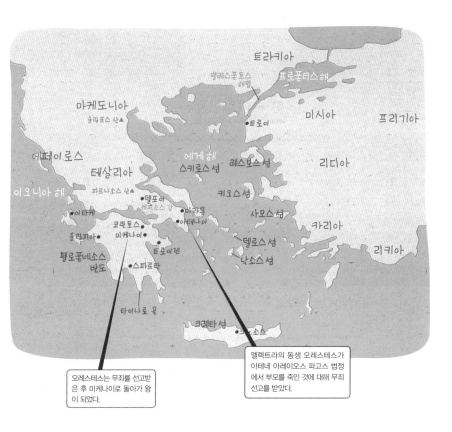

오레스테스는 무죄를 선고받은 후 미케나이로 돌아가 왕이 되었다.

엘렉트라의 동생 오레스테스가 아테네 아레이오스 파고스 법정에서 부모를 죽인 것에 대해 무죄 선고를 받았다.

1 엘렉트라, 아가멤논의 피살을 목격하다

아이기스토스: 기회는 이때요. 아가멤논을 죽이시오. 아가멤논은 당신을 속여 딸 이피게네이아를 여신에게 산 제물로 바치고 트로이로 떠나지 않았소?

「**잠든 아가멤논을 죽이기 전 망설이는 클리타임네스트라**」 19세기 프랑스 화가 게렝의 작품이다. 루브르 박물관 소장

아가멤논이 오랫동안 전쟁터에 나가 있는 동안 아내 클리타임네스트라는 아이기스토스라는 애인을 곁에 두었다.

두 사람은 아가멤논이 돌아온다는 소식을 듣고 고민에 빠졌다. 클리타임네스트라가 심경을 털어놓았다. "남편은 나와 딸 이피게네이아를 속여서 딸을 아르테미스 여신에게 산 제물로 바치고 트로이로 떠났지요. 하루라도 원망하지 않은 날이 없었어요. 그를 죽인 다음 우리 결혼해요."

아이기스토스는 왕비를 꺼안으며 맞장구쳤다. "아가멤논을 죽이면 세상은 우리 것이 된다."

아가멤논의 둘째 딸 엘렉트라가 그 모습을 멀리서 지켜보며 안타까워했다.

아가멤논은 백성의 환호성 속에 개선장군처럼 돌아왔다. 궁전에서는 왕비, 엘렉트라, 왕자 오레스테스가 아가멤논을 반갑게 맞았다.

왕비는 아가멤논과 함께 온 카산드라를 보며 누구냐고 물었다. 아가멤논이 트로이의 공주를 전리품으로 데려왔다고 하자 왕비의 눈빛이 달라졌다. 예언자 카산드라는 왕비가 아가멤논과 자신을 죽일 것이라는 사실을 알았다. 카산드라는 노예로 사느니 죽는 게 낫다고 생각하고 체념했다.

아가멤논이 욕실에 들어갈 때 카산드라도 시중을 들러 따라 들어갔다. 아이기스토스가 욕실로 쳐들어가 아가멤논을 칼로 베었고, 왕비는 단도로 카산드라를 찔렀다.

두 사람의 비명을 들은 엘렉트라가 욕실 쪽으로 달려갔다. 욕실에서 어머니와 아이기스토스가 피 묻은 칼을 들고 나오고 있었다. 엘렉트라는 얼른 몸을 숨겼다.

아이기스토스는 왕비에게 말했다. "후환을 없애기 위해 오레스테스도 죽여야 하오."

왕비는 맞장구를 쳤다. "미운 사람의 아이보다 우리가 낳을 아이가 더 중요해요."

2 오레스테스, 어머니의 젖가슴을 찌르다

엘렉트라: 내 동생 오레스테 스야, 내가 너를 어머니와 아 이기스토스가 있는 내실로 데 려다주마. 그때 아버지 아가 멤논의 한을 풀어드려라.

「아가멤논의 무덤 옆 에 있는 엘렉트라」

엘렉트라는 조용히 동생 오레스테스에게 가서 사실을 말하고 포키스에 있는 고모에게 가라고 일러주었다.

아가멤논의 여동생인 고모는 포키스의 스트로피오스 왕과 결혼해 그곳에서 살고 있었다.

왕비는 중신들을 모아 놓고 중대 발표를 했다. "트로이의 노예 카산드라가 욕실에서 왕을 살해하고 자결했소. 왕의 자리를 비워둘 수 없으니 내가 아이기스토스와 결혼해서 그를 왕으로 삼겠소."

오레스테스는 스트로피오스의 궁전에서 왕자인 필라데스와 함께 자랐다. 두 사람은 서로의 짐을 나누고 기쁨을 함께하며 우정을 키웠다.

오레스테스는 어른이 되자 필라데스와 함께 델포이 신전을 찾아갔다. 오레스테스는 신전에서 어머니와 아이기스토스를 죽이라는 신탁을 들었다. 엘렉트라에게 어머니와 아이기스토스가 저지른 사건에 대해 듣고 분노하던 중 신탁을 듣고 복수의 결심을 굳혔다.

오레스테스와 필라데스는 먼저 아가멤논의 무덤을 찾아갔다. 그들은 무덤에 먼저 와 있던 엘렉트라와 만났다.

오레스테스는 어머니와 아이기스토스에게 복수하려고 계략을 세웠다. 그 계략은 과감했다. 오레스테스는 엘렉트라에게 왕과 왕비가 있는 내실로 자신을 데려가 달라고 했다.

엘렉트라는 혼자 내실로 들어가서 왕과 왕비에게 말했다. "포키스에 있는 고모가 두 사람을 보냈습니다. 고모에게 간 오레스테스가 마차 경기를 하다 목숨을 잃었는데, 유골을 가져왔다고 하네요."

왕과 왕비는 슬픈 척하였지만 내심 골칫거리가 사라져서 기뻤다. 스트로피오스 왕의 사자로 변장한 오레스테스가 내실로 들어갔다. 그는 능청스럽게 유골 항아리를 들고 와서는 말했다. "오레스테스를 화장한 재를 담아왔습니다."

클리타임네스트라: 나는 너에게 이 젖을 먹여 키운 네 엄마다.

오레스테스: 나를 죽이려 했잖아요! 진정 내 어머니가 맞습니까?

「**클리타임네스트라와 아이기스토스를 죽이는 오레스테스**」 17세기 이탈리아 화가 베르나르디노 메이의 작품이다.

오레스테스는 아이기스토스 앞으로 가더니 항아리를 내던지고 칼을 꺼내 가슴을 찔렀다. 오레스테스는 정체를 밝히면서 어머니를 쏘아보았다.

오레스테스가 칼을 겨누며 다가섰다.

움칫 놀란 클리타임네스트라는 윗옷을 제쳐 가슴을 꺼내 보이며 자신이 젖을 먹인 어머니임을 강조했다. 하지만 오레스테스는 주저 없이 칼로 젖가슴을 찔렀다.

「복수의 여신들인 에리니에스의 추격을 받는 오레스테스」19세기 프랑스의 아카데미 회화를 대표하는 윌리엄 아돌프 부그로의 그림이다.

복수의 여신들인 에리니에스 세 자매가 어머니를 죽인 오레스테스에게 날아와 소리쳤다. "자기 어머니를 죽인 것은 끔찍한 패륜이다. 용서할 수 없다."

성 밖으로 내달렸더니 따라오지는 않았지만 목소리는 계속 들렸다. 미쳐버린 오레스테스를 필라데스가 따라다니며 늘 곁에서 돌봐주었다. 정신이 나간 오레스테스는 이리저리 떠돌며 기구하게 살았다.

1 오레스테스, 누나 이피게네이아를 만나다

오레스스테스: 누나, 제가 아르테미스 여신상을 가져가야 불륜한 어머니를 죽인 죄를 씻을 수 있어요.

이피게네이아: 그렇다면 여신상을 가지고 함께 이곳을 빠져나가자.

「타우리스 섬의 오레스테스와 필라데스」 네덜란드 화가 니콜라스 페르콜레의 작품이다. 암스테르담 국립 미술관 소장

오레스테스와 필라데스는 델포이 신전으로 가서 신의 뜻을 다시 물었다. 두 사람은 다음과 같은 신탁을 들었다. "스키티아 지방의 타우리스에 가서 아르테미스의 신상을 가져오면 오레스테스는 죄를 용서받을 것이다."

아르테미스 신상은 스키티아 지방 사람들에게 귀중한 보물이었다. 주민들은 그 조각상이 하늘에서 떨어졌다고 믿었다.

오레스테스와 필라데스는 타우리스로 향하던 중 숲에서 야만족을 만났다. 타우리스의 야만족들은 낯선 이가 흘러들어 오면 붙잡아서 아르테미스 신전에 제물로 바쳤다. 두 사람은 야만족에게 잡혀 신전으로 끌려가 제물이 될 처지에 놓였다.

제물로 끌려간 두 사람은 신전에서 이피게네이아를 만났다. 아르테미스의 여사제가 다름 아닌 그녀였던 것이다. 아가멤논이 트로이로 떠나기 전 아르테미스의 사슴을 사냥한 죄를 씻기 위해 딸 이피게네이아를 아르테미스 신전에 산 제물로 바친 적이 있다. 공주를 불쌍히 여긴 아르테미스가 이피게네이아를 이곳 타우리스로 데려와 여사제로 삼았다.

오레스테스는 이피게네이아를 한눈에 알아보지 못했다.

오레스테스는 중얼거렸다. "큰 누나 이피게네이아도 신전에 산 제물로 바쳐졌는데, 나도 그렇게 되는구나."

이피게네이아는 오레스테스가 동생인 것을 눈치채고 자신의 정체를 밝혔다. 오레스테스는 자신의 처지를 누나에게 이야기하고 신상이 필요하다고 말했다. 이피게네이아는 신상을 바닷물로 정화하는 시늉을 하다가 가지고 달아나자고 제안했다. 이리하여 셋은 아르테미스 신상을 훔쳐 달아나 미케나이로 돌아왔다.

2 아테나, 오레스테스에게 무죄를 선고하다

재판장 아테나: 오레스테스는 무죄다. 아내가 남편을 죽인 죄가 아들이 어머니를 죽인 죄보다 크기 때문이다.

「**아테나**」 기원전 4세기 그리스 조각상을 1세기 경에 로마에서 복제한 작품이다. 루브르 박물관 소장 아르테미스 신상을 미케네로 가져왔지만 오레스테스에게 여전히 에리니에스가 나타나 "어머니를 죽인 자를 용서할 수 없다."라고 외쳤다. 오레스테스는 견디다 못해 아테나이에 있는 아테나 신전으로 피신했다.

여신은 일단 오레스테스를 지켜주면서, 아레이오스 파고스의 법정에서 그의 운명을 재판하도록 지시했다. 아레이오스 파고스는 최초의 법정으로 '아레스의 언덕'이란 뜻이다.

에리니에스는 검사로서 오레스테스를 법정에 고소했다. 아테네의 수호 여신인 아테나가 재판장이 되고 아폴론이 변호사가 되었다. 오레스테스는 델포이의 신탁에 따른 것이라고 항변했다. 아폴론은 "애인과 짜고 아버지를 죽인 어머니를 자식이 죽인 것은 죄가 되지 않습니다."라고 변호했다.

배심원 투표 결과 찬성표와 반대표의 수가 똑같이 나왔다. 아테나의 최종 판결이 오레스테스의 죄를 결정했다. "무죄!"

아테나의 판결 뒤 복수의 여신들은 힘을 잃었다. 아테나의 판결은 당시의 남성 우월주의를 보여준다. 하지만 이 재판은 복수가 복수를 낳은 고리를 끊었다는 데 의미가 있다. 오레스테스는 공식적으로 죄를 씻고 미케나이로 돌아가 왕이 되었고 필라데스는 사촌 누나인 앨렉트라와 결혼했다.

「아레이오스 파고스」19세기 독일 건축가 레오 폰 클렌체의 작품이다. 아레이오스 파고스는 최초의 법정으로 '아레스의 언덕'이라는 뜻이다. 전쟁의 신 아레스가 이 언덕에서 자신의 딸을 범한 포세이돈의 아들을 죽인 사건을 재판했다고 해서 붙여진 이름이다. 오늘날 그리스 대법원의 명칭도 아레이오스 파고스다.

5 영웅이 가야 할 길

| 오디세우스의 모험, 키르케, 세이렌

이제부터는 『오디세이아』라는 낭만적인 서사시가 전개된다. 『오디세이아』는 오디세우스의 파란만장한 탐험 이야기다.

오디세우스는 트로이 전쟁을 승리로 이끌고 귀국길에 오른다. 10년 동안 해상에서 표류하며 외눈족 키클롭스나 끔찍한 괴물을 만난 적도 있고, 칼립소가 사는 섬에 갇히기도 한다. 아름다운 님프 칼립소는 오디세우스에게 영원한 삶을 약속하며 곁에 머물러주기를 원하지만, 오디세우스는 유한한 삶을 살더라도 아내에게 돌아가고자 한다.

- 라이스트리고네스가 던진 돌에 사람들이 맞아 죽고, 배들이 부서질 때의 그 요란한 소리란! 그들은 우리 동지들을 마치 물고기 다루듯 작살로 찔러댔습니다. 참혹한 식사를 준비하기 위해서였지요.
  (호메로스 『오디세이아』)

- 아르고스를 죽인 신께서 늘 나에게 말씀하셨어요. 조만간 그분이 검은 칠을 한 빠른 배를 타고 트로이에서 귀국하는 길에 제게 들를 것이라고요. 어쨌든, 이젠 칼집에 칼을 도로 꽂으세요. 내 침대에 같이 누워요.
  (호메로스 『오디세이아』)

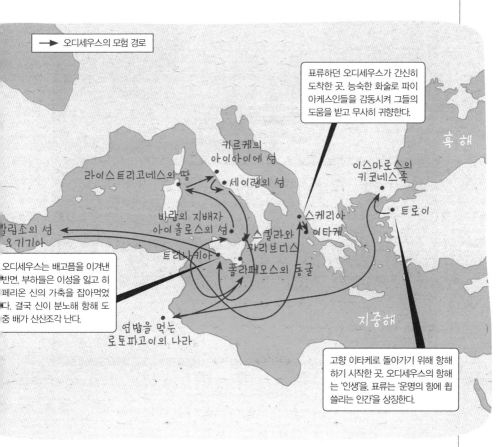

→ 오디세우스의 모험 경로

표류하던 오디세우스가 간신히 도착한 곳. 능숙한 화술로 파이아케스인들을 감동시켜 그들의 도움을 받고 무사히 귀향한다.

카르케의 아이아이에 섬

세이렌의 섬

라이스트리고네스의 땅

바람의 지배자 아이올로스의 섬

스킬라와 카리브디스

트리나키아

폴라페모스의 동굴

칼립소의 섬 오기기아

이스마로스의 키코네스족

스케리아 이타케

트로이

흑해

지중해

오디세우스는 배고픔을 이겨낸 반면, 부하들은 이성을 잃고 히페리온 신의 가축을 잡아먹었다. 결국 신이 분노해 항해 도중 배가 산산조각 난다.

연밥을 먹는 로토파고이의 나라

고향 이타케로 돌아가기 위해 항해하기 시작한 곳. 오디세우스의 항해는 '인생'을, 표류는 '운명의 힘에 휩쓸리는 인간'을 상징한다.

1 헤카베, 사위에게 복수하다

폴리메스토르: 으악! 내 눈! 앞이 안 보여!

헤카베: 황금은 바로 이 손가락에 있다. 너는 사위가 아니라 내 아들의 원수다.

「폴리메스토르의 눈을 빼는 헤카베」 18세기 이탈리아 화가 주세페 마리아 크레스피의 작품이다. 벨기에 왕립 미술관

트로이 전쟁에서 헤카베는 남편 프리아모스와 아들을 잃었다. 트로이가 함락된 후 헤카베는 오디세우스의 노예로 끌려갔다.

오디세우스는 트라키아를 지나면서 물과 식량을 구하기 위해 열두 척이나 되는 배를 잠시 멈춰 세웠다. 함께 움직이는 배의 수가 많고 사람도 그만큼 많다 보니 이동하는 속도가 더뎠다. 트라키아에 정박한 오디세우스의 배는 출항하기까지 시간이 걸렸다. 그사이 헤카베는 오디세우스에게 자기가 살아온 이야기를 할 기회가 있었다.

"트라키아에 제 딸과 아들이 있습니다. 딸 일리오네는 이곳 트라키아의 폴리메스토르 왕에게 시집갔지요. 트로이가 전쟁 중이어서 만약을 위해 막내아들 폴리도로스에게 많은 황금을 주어 딸과 사위에게 보냈습니다."

오디세우스는 헤카베의 이야기를 듣고는 온정을 베풀었다. "딸과 아들에게 가세요. 그들이 어머니를 편하게 모시겠지요."

헤카베는 왕의 궁전으로 향하려고 하녀와 함께 배에서 내렸다. 그때 바닷가에 파도에 떠밀려온 남자가 헤카베의 눈에 들어왔다. 남자는 죽어가는 듯 몸이 축 처져 모래밭에 시체처럼 누워 있었다. 헤카베는 그가 막내아들 폴리도로스라는 것을 한눈에 알아봤다. 왕자는 죽어가면서 말했다. "왕이 트로이가 함락됐다는 소식을 듣고는 제 황금을 빼앗으려고 저를 바닷가로 데려와 칼로 찌른 후 바다에 던졌어요."

폴리도로스는 말을 마치고 숨을 거뒀다.

헤카베는 복수를 결심했다. 궁전에 가서 왕을 만난 헤카베는 사위인 폴리메스토르 왕에게 말했다. "내 막내아들에게 줄 황금을 더 가져왔네. 바닷가에 배를 대놓았다네."

왕은 황금을 운반해주겠다며 함께 바닷가로 갔다. 헤카베는 바닷가에서 황금을 찾는 왕의 두 눈을 찔렀다. 왕의 호위병과 신하들이 달려와 창과 돌을 던지자 헤카베는 개처럼 울부짖었다. 이윽고 헤카베는 짖어대는 개 모양의 바위가 되었다. 후에 이 바위는 뱃길을 안내하는 역할을 했다.

2 환각제를 먹는 나라에서 벗어나다

헤카베를 내려주고 물과 식량을 구한 오디세우스는 항해를 계속해 키코네스족이 살고 있는 이스마로스에 정박했다. 키코네스 족의 나라는 트로이 전쟁 때 트로이를 도와 그리스와 싸운 나라였다.

오디세우스의 병사들은 마을로 쳐들어가서 닥치는 대로 약탈했다. 막 출항하려 할 때 키코네스 족 병사들과 주민들이 공격했다. 뜻하지 않은 싸움에서 오디세우스는 여섯 명의 부하를 잃었다.

다시 출항했지만 이번에는 폭풍우가 몰아쳤다. 아흐레 동안이나 표류하다가 간신히 아프리카 북쪽에 있는 로토파고이의 나라에 도착했다. 이곳은 연꽃 열매인 연밥을 먹는 사람들의 나라였다. 연(蓮)은 영어로 로터스(lotus)이고, 로토파고이는 '로터스 열매를 먹는 자들'을 의미한다.

오디세우스는 부하 셋을 보내 이곳 사람들에 대해 알아오라고 시켰다. 로토파고이를 찾아간 부하들은 로터스 열매를 대접받았다. 로터스 열매는 마약처럼 환각 작용을 일으켰다. 이 열매를 먹은 부하들은 고향이고 뭐고 다 잊어버리게 됐다. 마음도 태평해졌다. 그들은 열매에 취해 스스로 잠이 들었다.

오디세우스는 부하들을 기다리다 못해 직접 찾아가 그들을 강제로 끌고 나와야 했다. 로터스에 취한 부하들이 발버둥을 치는 바람에 배 안에 묶어 놓기까지 했다.

「**로토파고이의 땅**」 미국 화가 로버트 덩컨슨의 작품이다. 로토파고이란 '로터스(lotus) 열매를 먹는 자들'이라는 뜻이다. 로터스는 연(蓮)을 의미한다.

3 거신 폴리페모스의 외눈을 찌르다

폴리페모스: 네 놈들은 어디서 온 놈들이냐? 감히 여기가 어디라고 들어왔느냐?

「**폴리페모스**」 16세기 이탈리아 건축가이자 화가인 줄리오 로마노의 작품이다. 키클롭스는 헤시오도스에 의하면 대지의 여신 가이아의 아들이다. 호메로스의 『오디세이아』에서는 사람을 먹고 양을 기르는 외눈족으로 등장한다. 만투아 궁전 소장

오디세우스: 트로이를 함락하고 고향으로 돌아가는 그리스 군이오. 먹을 것을 찾다가 여기까지 오게 됐소. 신을 두려워한다면 부디 호의를 베풀어주기 바라오.

폴리페모스: 우리 키클롭스 족은 힘이 세서 신 따위는 두려워하지 않는다. 게다가 나는 포세이돈의 아들 폴리페모스다.

「폴리페모스의 동굴에 들어간 오디세우스」 19세기 덴마크 화가 크리스토퍼 빌헬름 에케르스 베르크의 작품이다. 프린스턴 대학교 미술관 소장

오디세우스의 배들은 이탈리아 반도 중앙부로 흘러들어 거신족 키클롭스의 나라에 도착했다. 이들은 이마 한가운데 둥근 눈이 딱 하나만 박혀 있어 키클롭스란 이름을 얻었다. 키클롭스는 양을 치며 살았다. 동굴에 살

면서 양젖과 양고기를 먹거나 야생에서 먹을 것을 구했다.

오디세우스는 식량을 구하러 섬으로 들어가기로 했다. 함대를 바다에 대기시키고 배 한 척에 부하들 몇 명을 태운 채 섬으로 들어왔다. 오디세우스는 섬 주민에게 선물로 주려고 술 한 병도 챙겨왔다.

일행은 큰 동굴을 발견하자 안으로 들어갔다. 넓은 동굴 한쪽에 살찐 가축들이 모여 있었고, 또 한쪽에는 치즈나 젖을 담는 그릇들이 놓여 있었다. 우리에는 새끼 양과 새끼 염소들이 있었다.

이때 동굴 입구에서 양들의 울음소리가 들렸다. 이윽고 동굴 주인인 키클롭스가 동굴로 들어섰다. 동굴 입구를 꽉 채울 정도로 몸집이 거대했고 눈은 하나밖에 없었다. 오디세우스와 병사들은 동굴 안쪽 어두운 곳에 몰려가 숨었다.

폴리페모스가 장작을 한가득 짊어지고 와서는 입구에 내려놓았다. 젖을 짤 양과 염소 떼를 동굴 안에 들인 다음 큰 바위를 굴려 입구를 막았다. 그러고는 앉아서 암양의 젖을 먹으려 했다. 그제야 커다란 둥근 눈을 돌려 낯선 자들을 발견했다.

폴리페모스는 으르렁대면서 어디서 온 누군지 물었다. 오디세우스는 최대한 공손하게 대답했지만 폴리페모스는 팔을 뻗어 부하 둘을 붙잡아 맛나게 먹기 시작했다. 식사를 마치고는 바닥에 누워 잠이 들었다.

오디세우스는 놈을 칼로 찔러 죽이고 싶었지만 입구를 막은 바위를 옮길 수 없어 그럴 수도 없었다.

이튿날 아침 폴리페모스는 병사 두 명을 더 잡아서 살점 하나 남기지 않고 먹어 치웠다. 이어서 바위를 굴려 입구를 열더니 양 떼를 데리고 나갔다. 입구는 다시 바위로 막아 놓았다.

오디세우스는 남은 부하들과 도망칠 묘안을 생각했다. 마침 동굴 안에는 큰 나무 막대기가 하나 있었다. 오디세우스는 막대기 끝을 뾰족하게 다듬어 밀짚 더미 밑에 숨겼다.

폴리페모스: 으악, 내 눈! 친구들아 와서 도와줘.

「**폴리페모스의 눈을 찌르는 오디세우스**」 16세기 이탈리아 화가이자 건축가인 펠레그리노 티발디의 작품이다. 폴리페모스는 갈라테이아나 오디세우스와 관련된 일화에 등장한다. 팔라초 포지 소장

저녁이 되자 키클롭스가 동굴로 돌아왔다. 양 떼를 들여놓고 전날처럼 젖을 짰다. 그런 다음 부하 둘을 또 먹어 치웠다. 키클롭스가 식사를 끝내자 오디세우스가 술 한 잔을 건넸다. "폴리페모스, 사람 고기를 먹고 나서 이 술을 마시면 기분이 그만이라오."

폴리페모스가 술을 맛있게 받아 마시고는 더 달라고 했다. 한 잔을 또 받아 마셨다. 기분이 좋아진 폴리페모스는 오디세우스를 특별히 마지막에 잡아먹겠다고 약속했다.

폴리페모스가 이름을 물었다. 오디세우스는 자신의 이름을 속였다. "내 이름은 우티스다."

'우티스'는 그리스말로 '아무것도 아닌 사람'을 의미한다.

저녁 식사를 한 후 폴리페모스는 이내 잠이 들었다. 그러자 오디세우스와 네 명의 부하들은 나무막대 끝을 벌겋게 달구어 거인의 외눈에 깊숙이 찔러 넣었다. 폴리페모스는 비명을 질렀다. 오디세우스와 부하들은 잽싸게 동굴 한구석에 숨었다.

폴리페모스는 주변 동굴의 다른 키클롭스들을 모두 불러 모았다. 허겁지겁 모여든 키클롭스들은 투덜댔다. "곤히 자고 있는데 무슨 일로 고함을 치는 거냐?"

폴리페모스는 울부짖으며 대답했다. "아이고, 이보게들. 우티스가 나를 찔렀어."

폴리페모스의 친구들이 되물었다. "우티스가 그랬다고? 그럼 아무도 널 찌르지 않았다는 말이잖아. 그렇다면 제우스께서 하신 일이니 참는 수밖에…."

친구들은 귀찮은 듯 폴리페모스를 내버려두고 갔다.

다음 날 아침 폴리페모스는 양 떼를 풀밭으로 내보내기 위해 바위를 옆으로 굴렸다. 이번에는 아무것도 보이지 않아 동굴 입구에 서서 나가는 양들을 일일이 만져 보았다. 오디세우스 일행이 도망가지 못하게 하려면 그 수밖에 없었다. 오디세우스는 병사들에게 양 세 마리를 버들가지 껍질로 묶게 했다. 가운데 한 마리에 한 사람씩 매달고, 양측의 두 마리로 가린 것이다.

양들이 지나갈 때 거인은 양의 등과 옆구리는 만져 보았지만 배 밑은 만질 생각조차 하지 않았다. 오디세우스 일행은 무사히 동굴을 빠져나왔다.

4 오디세우스의 허세에 포세이돈 분노하다

오디세우스: 키클롭스야, 너는 신을 두려워 하지 않고 손님을 잡아먹었다. 그래서 신이 천벌을 내리셨다. 누가 너를 장님으로 만들었냐고 묻거든 트로이 성을 함락시킨 이타케의 왕 오디세우스라고 말하거라.

폴리페모스: 내 눈을 이렇게 해놓고 성할 것 같으냐? 이 바위나 받아라!

「**오디세우스와 폴리페모스**」 19세기 스위스 화가 아르놀트 뵈클린의 작품이다. 뵈클린은 고대 신화에서 영감을 받아 주로 죽음을 주제로 한 상징적인 그림을 그렸다. 개인 소장

동굴 밖으로 빠져나오자 오디세우스 일행은 양에서 떨어져 나왔다. 일행은 많은 양들을 배에 싣고 유유히 해변을 떠났다. 배가 섬에서 웬만큼 떨어지자 오디세우스는 폴리페모스에게 큰 소리로 외쳤다. "이 오디세우스가 너를 장님으로 만들었다는 것을 기억해라."

오디세우스가 외치는 소리를 들은 폴리페모스는 화가 치밀어 바위를 높이 치켜들고는 소리가 들리는 쪽으로 냅다 던졌다. 큰 바위가 뱃머리 앞쪽 바다에 떨어져 물기둥을 일으켰다. 물기둥이 배를 덮쳐 병사들이 나뒹굴었다.

배가 좀 더 멀어지자 오디세우스는 다시 한 번 폴리페모스의 화를 돋우는 말을 했다. 폴리페모스는 더 큰 바위를 들어 소리 나는 쪽으로 힘껏 던졌다. 이번에는 바위가 배의 바로 뒤쪽에 떨어졌다. 파도가 솟구치는 바람에 자칫 배가 뒤집힐 뻔했다.

다시 오디세우스가 거인에게 고함을 지르려 하자 부하들이 한사코 말렸다. 오디세우스는 바위가 빗나갔다고 거인에게 알리고 싶었던 것이다. 오디세우스가 자신의 명예를 드러내기 위해 거인을 놀린 것은 큰 실수였다.

배가 멀어져가자 거인은 저주를 퍼부었다. "아버지 포세이돈 님, 오디세우스가 나를 장님으로 만들었습니다. 놈이 귀국하지 못하게 해주세요."

아들의 외침을 듣고 포세이돈이 바다에서 불쑥 솟아 나와 오디세우스에게 삼지창을 들이대며 호통을 쳤다. "바다의 신인 내가 해양 민족인 그리스 사람들을 돌봐왔다. 라오콘이 목마를 부수자고 했을 때는 뱀을 보내 죽였다. 그 덕분에 그리스가 트로이 군을 무찔렀는데도 은혜를 모르고 내 아들의 눈을 멀게 하다니!"

오디세우스는 아차 싶어 변명했다. "그건 폴레페모스가 우리 병사들을 잡아먹었기 때문입니다. 우리가 살려면 어쩔 수 없었습니다."

포세이돈은 노여움을 누그러뜨리지 않았다. 이후 오디세우스는 두고두고 포세이돈의 저주에 시달렸다.

5 아이올로스, 바람을 가둔 자루를 주다

아이올로스: 오디세우스여, 고국으로 돌아갈 때 필요한 서풍만 남기고 위험한 바람은 이 속에 다 가두었소. 고국에 도착할 때까지 절대로 열지 마시오.

「오디세우스에게 바람을 건네는 아이올로스」 프랑스 화가 아이작 모일론의 작품이다. 바람의 신 아이올로스가 항해에 방해가 될 역풍을 자루에 담아 가두어 오디세우스에게 전해 주고 있다. 테세 미술관 소장 오디세우스 일행은 힘껏 노를 저어 바다 한가운데서 기다리고 있는 함대와 합류했다. 함대는 오디세우스가 도착하자 다시 항해를 시작했다. 식량과 물이 떨어질 때까지 여정은 계속됐다.

다음으로 함대가 도착한 곳은 아이올로스 왕의 섬이었다. 왕은 제우스로부터 바람의 지배권을 위임받았다. 그래서 왕은 바람을 마음껏 내보낼 수 있고 멎게 할 수도 있었다.

왕은 오디세우스를 한 달 동안 융숭하게 대접했다. 왕은 오디세우스에게 선물을 주겠다며 바닷가 절벽 위로 데리고 갔다. 한 손으로는 은빛 가죽 자루를 들고 다른 손으로는 바람을 불러 자루 속으로 집어넣었다. 해롭고 위험한 바람을 모두 가둔 것이다. 왕은 가죽 자루를 오디세우스에게 건네며 말했다. "고국으로 돌아갈 때 필요한 서풍만 남기고 나머지 바람은 이 자루에 담았소. 항해를 마칠 때까지 이 자루를 열지 마시오."

오디세우스는 왕의 선물을 감사히 받고 출항했다. 꼬박 아흐레 동안 함대는 왕의 자루에 힘입어 순풍을 맞으며 질주했다. 오디세우스는 이제 곧 고향 땅을 밟는다는 생각에 항해 내내 잠도 자지 않았다.

열흘 째 되는 날 이타케가 보이기 시작했다. 오디세우스는 항해에 지쳐 잠이 들고 말았다. 부하들은 오디세우스의 자루에 보물이라도 든 줄 알고 자기들 몫을 챙기고 싶은 마음에 그만 끈을 풀고 말았다. 그러자 무서운 바람이 쏟아져 나와 함대의 뱃머리가 돌아갔다. 결국 바람과 파도에 밀려 떠나왔던 섬으로 되돌아갔다.

이타케에서는 오디세우스의 아내 페넬로페가 아들 텔레마코스와 함께 먼 바다를 바라보고 있었다. 멀리서 배가 다가오는 것을 보고 남편이 돌아오는 줄 알고 좋아했다가 배가 도로 멀어져가자 페넬로페는 까무러쳤다.

오디세우스가 아이올로스를 찾아가 다시 도움을 요청했다. 이번에는 아이올로스가 단호히 도움을 거절했다. "신의 미움을 받는 자를 더 이상 도와줄 수 없소."

6 거인족 라이스트리고네스의 공격을 받다

「**오디세우스 일행을 공격하는 라이스트리고네스**」 '라이스트리곤'은 라이스트리고네스의 단수형이다. 라이스트리고네스는 신화에 등장하는 식인 거인이다.

오디세우스가 아이올리아 섬을 떠난 지 7일째 되는 날 풍경이 아름다운 섬 하나가 나타났다. 배들이 죄다 그곳으로 들어갔다. 오직 오디세우스의 배만이 바깥에 머물렀다. 섬 안으로 들어간 병사 세 명은 물을 긷는 라이스트리고네스 종족의 공주를 만났다. 궁전까지 안내를 받은 세 병사는 왕에게 물과 식량을 구하러 왔다고 말했다. 거인 왕은 한 병사를 움켜쥐더니 한 입에 잡아먹었다. 나머지 두 병사는 재빨리 도망 나와 함대에 합류했다. 함대가 섬을 빠져나가려하자 거인족이 배를 향해 바위를 던져댔다. 오디세우스의 배 한 척만 간신히 빠져나오고 나머지 배들은 부서지거나 뒤집혔고 병사들은 거인족에게 잡아먹혔다.

1 오디세우스, 키르케의 마법을 풀다

키르케: 병사들이여, 어서 안으로 들어오세요. 음식과 술을 마음껏 드세요.

「**키르케**」 19세기 영국 화가 라이트 바커의 작품이다. 테세 미술관 소장

　어처구니없이 병사들과 배를 잃게 된 오이디푸스는 슬픔을 뒤로하고 항해를 계속했다. 이윽고 아이아이아 섬에 도착했다. 태양신의 딸 키르케가 살고 있는 섬이었다.

　섬에 내린 오디세우스는 작은 언덕에 올라 주위를 둘러보았다. 사람들이 살 만한 곳은 섬의 한가운데 말고는 없었다. 그곳에는 나무들로 둘러싸인 궁전이 있었다. 오디세우스는 상황을 파악하기 위해 에우릴로코스와 여러 명의 병사를 궁전으로 보냈다.

　궁전에 들어간 병사들은 어느새 맹수에 둘러싸이고 말았다. 하지만 키르케의 마법으로 길들여져 있어 병사들을 보자 꼬리를 흔들었다. 짐승들

「오디세우스에게 술잔을 주는 키르케」 19세기 영국 화가 존 워터하우스의 작품이다. 잔뜩 경계하고 있는 오디세우스가 키르케 등 뒤 거울에 비친다. 올댐 미술관 소장

은 원래는 사람이었는데, 키르케의 강력한 마법 때문에 짐승의 모습으로 바뀐 것이다.

궁전 안에서는 은은한 음악에 맞춰 한 여인이 감미롭게 노래를 부르고 있었다. 여신이 마중 나와서 안으로 들어오라고 했다. 다들 안으로 들어갔지만, 만약을 위해 에우릴로코스는 밖에 남았다.

여신은 병사들에게 술과 맛있는 음식을 대접했다. 모두 푸짐하게 먹고 마시고 나자, 여신은 지팡이로 머리를 때렸다. 병사들은 순식간에 돼지로

변했다. 머리며 몸통이며 목소리는 영락없이 돼지였지만 정신만은 변하지 않았다. 여신은 병사들을 돼지우리에 가두었다. 숨어서 지켜보던 에우릴로코스는 부리나케 배로 돌아가 이 사실을 알렸다. 그러자 오디세우스는 직접 가서 부하들을 구하겠다고 나섰다. 에우릴로코스가 겁을 먹고 발을 빼자 오디세우스는 과감히 혼자 궁전으로 들어갔다.

오디세우스는 키르케의 궁전으로 가는 도중에 헤르메스와 마주쳤다. 오디세우스의 모험담을 잘 알고 있던 헤르메스는 키르케의 마법에 대해 알려주면서 위험하니 가지 말라고 했다. 그래도 오디세우스가 뜻을 굽히지 않자 헤르메스는 마법을 물리칠 약초를 건넸다. 오디세우스는 그 자리에서 약초를 먹었다.

키르케는 정중하게 오디세우스를 대접했다. 오디세우스가 잔뜩 먹고 마시고 나자, 키르케는 이렇게 외치며 지팡이를 갖다 대려했다. "저기 돼지우리로 가서 네 친구들과 함께 뒹굴어라."

오디세우스는 재빨리 키르케에게 칼을 들이대며 소리쳤다. "나와 내 부하들을 해치지 않겠다고 맹세하면 칼을 거두겠소."

키르케는 무릎을 꿇고 용서를 빌었다. "오디세우스님에게는 내 마법이 듣지 않는군요. 신들의 이름을 걸고 해치지 않겠다고 맹세하지요. 그리고 병사들을 도로 사람으로 돌려놓고 배에 있는 병사들에게는 성대한 잔치를 열어주겠어요."

키르케의 융숭한 대접을 받은 오디세우스 일행은 고향은 까맣게 잊은 것 같았다. 키르케는 오랜 전쟁과 항해로 지친 오디세우스 일행을 편히 쉬게 해주었다. 부끄럽게도 일행은 안일한 생활에 젖어 있는 듯 보였다.

키르케는 오디세우스에게 매달리기까지 했다. "당신 품에 안기니 너무 좋아요. 시간이 멈춰서 영원히 이렇게 있고 싶어요."

한편 이타케에서는 오디세우스의 늙은 어머니가 애타게 아들의 이름을 부르다가 숨을 거두었다.

2 테이레시아스 망령의 도움을 받다

레이레시아스: **오디세우스,** 포세이돈의 아들인 폴리페모스를 장님으로 만들어 포세이돈을 화나게 했군. 앞으로 항해 중에 헬리오스의 소와 양들이 있는 섬에 머물게 될 텐데 절대로 소와 양을 해치면 안 된다.

교미하는 뱀을 때리고 여자가 된 테이레시아스 18세기 스위스 출신 영국 화가 헨리 푸젤리의 「오디세우스에게 미래를 예언하는 테이레시아스」다. 알베르티나 미술관 소장

오디세우스가 키르케의 궁전에 머무른 지 1년이나 지나자 부하들이 나서서 고국으로 돌아가자고 간청했다. 결국 오디세우스는 키르케에게 말했다. "이제는 가족이 기다리는 이타케로 돌아가야겠습니다."

더 이상 붙잡을 수 없다고 생각한 키르케는 오디세우스의 귀국을 도와주기로 했다. "고국으로 떠나기 전에 먼저 지하 세계로 가서 테이레시아스의 망령을 만나보세요."

테이레시아스는 유명한 예언자로 재미있는 이야기를 남겼다. 짝짓기하는 암컷 뱀을 지팡이로 내리쳐 죽이자 테이레시아스는 여자로 변했다.

7년 동안 여자로 살다가 8년째 되는 해에 짝짓기하는 수컷 뱀을 지팡이로 때려 죽였다. 순간 테이레시아스는 남자로 되돌아왔다.

어느 날 올림포스에서 제우스와 헤라가 남자와 여자 중에서 누가 더 깊게 사랑하는지를 놓고 입씨름을 했다. 제우스는 여자라고 주장하고 헤라는 남자라고 주장했다. 판결이 나지 않자 여자로도 살아보고 남자로도 살아본 테이레시아스를 부르기로 했다.

테이레시아스가 불려와 대답했다. "남자가 하나를 느낀다면, 여자는 열을 느낍니다." 발끈한 헤라는 테이레시아스의 눈을 멀게 했다. 제우스가 그를 가엾게 여겨 예언하는 능력을 주었다.

오디세우스는 키르케에게 왜 테이레시아스의 망령을 만나야 하는지 물었다. 키르케가 설명했다. "바닷길에 도사린 위험들을 극복하고 고국에 돌아갈 수 있도록 테이레시아스가 도와줄 거예요. 지하 세계로 가는 것은 제가 도와드릴게요."

오디세우스가 돛을 펼치자 키르케가 바람을 보내 지하 세계 입구의 동굴로 데려다주었다. 오디세우스는 키르케가 가르쳐준 대로 양 한 마리를 끌고 동굴로 들어가 칼로 죽였다. 그러자 사람들의 망령이 양의 피 냄새를 맡고 몰려들었다.

이윽고 테이레시아스의 망령이 나타나자 오디세우스가 어떻게 하면 무사히 귀국할 수 있는지 물었다. 망령이 대답했다. "헬리오스의 소와 양들이 있는 섬에서 절대로 소와 양을 해치면 안 된다."

그러고선 망령이 홀연히 사라졌다.

오디세우스가 배로 돌아와 돛을 펼치자 바람이 키르케의 섬으로 도로 데려다주었다. 키르케가 마지막으로 당부했다. "세 가지 괴물을 조심하세요. 아름다운 노래로 뱃사람을 꾀는 세이렌, 허리에 여섯 개의 뱀 머리가 달린 스킬라, 큰 입으로 바닷물을 머금었다가 토해내는 카리브디스가 바로 조심해야 할 괴물이에요."

3 세이렌의 유혹을 물리치다

오디세우스: 나를 돛대에 꽁꽁 묶어다오. 너희는 세이렌의 노래가 들리지 않도록 밀랍으로 귀를 단단히 막아라. 그런 다음 노를 힘껏 저어라.

「**오디세우스와 세이렌들**」 19세기 영국 화가 존 워터하우스의 작품이다. 세이렌은 '경보를 알리는 기계'라는 뜻의 영어 단어 사이렌(siren)의 어원이다. 빅토리아 국립 미술관 소장

오디세우스는 긴 항해 끝에 세이렌들이 사는 바위섬에 다다랐다. 바다의 님프 세이렌은 노래를 불러 뱃사람들을 유혹 한다. 세이렌의 노래를 들은 뱃사람들은 정신을 빼앗겨 스스로 바다에 몸을 던져 죽고 만다.

키르케가 일러준 대로 부하들은 귀를 밀랍으로 막았다. 오디세우스는 부하들에게 자신은 돛대에 매달라고 지시했다. 그리고 세이렌의 섬을 빠져나오기 전까지는 절대 풀어서는 안 된다고 엄명을 내렸다.

세이렌이 사는 섬에 접근하자, 과연 아름다운 노랫소리가 들려왔다. 매력적인 노래에 홀린 오디세우스는 돛대에서 내려오려고 발버둥을 쳤다.

고함을 치며 풀어달라고 통사정을 했지만 부하들은 명령대로 오디세우스를 풀어주지 않았다. 배가 그곳을 벗어나자 노랫소리도 멀어져갔다. 마침내 노랫소리가 더 이상 들리지 않자, 오디세우스는 부하들에게 귀에서 밀랍을 빼내라고 지시했다. 그제야 부하들은 오디세우스를 풀어주었다.

「세이렌」 19세기 영국 화가 존 워터하우스의 작품이다. 세이렌은 보통 여성의 머리와 물새의 몸을 가진 모습으로 알려져 있다. 세이렌이 인어 모습으로 묘사된 것은 중세 시대 후반부터다. 개인 소장

4 스킬라와 카리브디스의 공격을 받다

오디세우스: **스킬라와 카리브디스가 나타났다!** 오른쪽의 뱀 머리와 왼쪽의 소용돌이를 조심하라. 키를 꽉 잡고 노를 더 빨리 저어라.

「**스킬라와 카리브디스에 직면한 오디세우스**」 18세기 요한 하인리히 휘슬리의 작품이다. 취리히 쿤스트하우스 소장

배가 좁은 해역으로 들어섰다. 오디세우스는 키르케가 일러준 대로 병사들에게 주의를 주었다. "한쪽에는 스킬라, 다른 한쪽에는 카리브디스라는 괴물이 있다. 양쪽 절벽을 모두 조심하라."

갑자기 오른쪽 절벽의 동굴에서 큰 뱀 머리 여섯 개가 튀어나왔다. 스킬라는 글라우코스 이야기에서 나온 적이 있다. 한때는 아름다운 아가씨였지만 키르케 때문에 뱀처럼 생긴 괴물이 되고 말았다. 스킬라는 바닷가 벼랑 위의 높은 동굴 속에 살면서 긴 목을 쭉 내밀곤 했다.

스킬라는 허리에 사나운 개의 머리를 여섯 개 달고 사는데, 눈 깜짝할 사이에 여섯 명의 병사를 여섯 개의 입으로 꿀꺽 삼켰다. 부하들이 비명을 지르며 괴물의 밥이 되는 것을 오디세우스는 바라볼 수밖에 없었다.

이번에는 왼쪽 구멍에서 카리브디스가 머리를 내밀고 엄청난 양의 물을 빨아들였다가 다시 내뿜었다. 구멍 주변에는 엄청난 소용돌이가 일었다. 배가 소용돌이에 말렸지만 가까스로 벗어났다.

스킬라 루브르 박물관 소장

5 부하들이 헬리오스의 소를 훔치다

오디세우스의 부하들: 여기서 굶어 죽으나, 헬리오스의 소를 잡아먹고 벌을 받아 죽으나 매한가지다. 당장 소를 끌고 가서 잡아먹자.

「**헬리오스의 소를 훔치는 오디세우스의 부하들**」 이탈리아의 화가 펠레그리노 티발디의 작품이다. 헬리오스는 히페리온의 아들로 히페리온으로부터 태양신 자리를 물려받았다. 팔라초 포지 소장

　오디세우스 일행은 스킬라와 카리브디스를 통과하느라 너무 지쳐 있었다. 더 이상 노를 저을 수 없을 정도였다. 배가 바람에 밀려서 트리나키아 섬으로 흘러들었다. 섬에는 태양신 히페리온의 소를 히페리온의 두 딸 람페티아와 파에투사가 기르고 있었다.

　오디세우스는 아무리 여행에 필요하다고 해도 이 소들을 절대 해치지 말라는 예언을 기억하고 있었다.

오디세우스는 예언자 테이레시아스 망령의 예언을 떠올리며 트리나키아 섬에 들르지 않고 지나가려고 했다.

하지만 부하들은 곧 해가 지니 섬에 정박해 딱 하룻밤만 지내자고 사정했다. 오디세우스는 마지못해 허락하면서 신성한 가축들은 털끝 하나도 건드리지 말라고 당부했다.

다음 날 아침 오디세우스는 바로 출항할 수 없었다. 바람이 서풍에서 동풍으로 바뀌어 불 때까지 기다려야만 했다.

열흘이 넘도록 바람의 방향이 바뀌지 않았다. 출항할 때 키르케가 건네준 식량도 전부 바닥나고 말았다. 오디세우스 일행은 새와 물고기를 잡아서 근근이 연명했다.

다들 굶주림에 시달리던 어느 날, 오디세우스가 산 위에 올라가 제우스에게 기도했다. 기도를 마치고 나무에 몸을 기대자마자 잠이 들었다. 그새를 틈타 부하들은 소 몇 마리를 잡아먹었다.

돌아온 오디세우스는 부하들이 저지른 짓을 보고는 두려움에 휩싸였다. 더군다나 불길한 징조가 잇따랐다. 가죽이 바닥을 기어 다녔고 고깃덩이를 꿴 쇠꼬챙이에서는 우는 소리가 났다.

어느덧 순풍이 불어와 오디세우스 일행은 허겁지겁 섬에서 출항했다. 하지만 얼마 가지도 않았는데 천둥번개가 내리치더니 폭풍우가 쏟아졌다. 돛대가 번개에 맞아 부서지면서 키잡이가 쓰러지는 돛대에 맞아 죽고 말았다.

폭풍우에 밀려 배가 괴물 스킬라와 카리브디스가 있는 해협까지 흘러갔다. 부서진 배는 카리브디스가 일으키는 소용돌이에 휘말려 산산조각이 났다.

오디세우스는 용케 부서진 판자 조각에 매달렸는데, 바람에 실려 칼립소의 섬에 다다랐다. 나머지 부하들은 모두 물귀신이 되었다.

12 칼립소의 섬에 갇히다

칼립소: 오디세우스 당신은 기품 있는 분이군요. 여기서 머무르세요.

「**칼립소**」 19세기 미국 화가 조지 히치콕의 작품이다. 오디세우스는 고향으로 돌아가기 위해 10년을 떠돈다. 그 가운데 7년 동안을 칼립소와 보냈다. 인디애나폴리스 미술관 소장

바다의 님프 칼립소는 판자에 실려 해변으로 밀려온 오디세우스를 발견하고 동굴 속에 있는 궁전으로 옮겼다. 칼립소가 누워 있는 오디세우스의 기품 있는 모습에 반해 자기도 모르게 이마에 입을 맞추었다.

그 순간 오디세우스가 눈을 떴다. "나를 구해주셨군요. 당신은 누군가요? 여기는 어딘가요?"

칼립소가 대답했다. "바다의 님프 칼립소예요. 여기는 내가 다스리는 오기기아 섬이에요. 세상의 서쪽 끝에 있어 사람들은 잘 모르지요."

오디세우스: 이 섬에서 나는 내 아내를 그리워하고 있었소. 이타케로 돌아갈 수 있도록 도와주시오.

칼립소: 내겐 배가 없어요. 이곳은 세상 끝이어서 지나가는 배도 없지요. 당신은 집을 떠난 지 10년이나 되었어요. 페넬로페가 벌써 다른 남자의 품에 안겼을지도 모르잖아요? 그러니 아내를 잊고 나와 함께 살아요.

「**오디세우스와 칼립소**」 19세기 스위스 화가 아르놀트 뵈클린의 작품이다. 칼립소란 그리스어로 '감추는 여자'라는 뜻이다. 전설의 섬 오기기아에 산다고 신화에 전한다. 바젤 미술관 소장

칼립소는 오디세우스를 융숭하게 대접했다. 열흘 뒤 건강을 회복한 오디세우스는 사랑하는 아내가 기다리는 고국에 돌아갈 수 있도록 도와달라고 간청했다. 하지만 오디세우스에게 연정을 품은 칼립소는 영원히 함께 살기를 바랐다.

칼립소는 오디세우스를 지극히 보살폈다. 오디세우스는 즐거운 나날을 보냈지만 처자식이 있는 고국을 잊을 수는 없었다.

13 칼립소, 오디세우스를 떠나보내다

칼립소: 이 섬에는 필요한 건 뭐든지 있어요. 그런데 당신이 떠나면 '사랑' 한 가지만 부족하게 되겠군요.

「**칼립소**」 19세기 프랑스 화가 에콜 드 보자르 레만의 작품이다. 미니애폴리스 미술관 소장

칼립소는 오디세우스에게 솔깃한 제안을 했다. "아내를 잊고 나와 함께 살면 당신을 나처럼 영원히 늙지도, 죽지도 않게 해주겠어요. 에오스나 셀레네처럼 바보 같은 짓은 하지 않을 거예요."

하지만 오디세우스는 처자식이 있는 고국으로 돌아갈 결심을 굽히지 않았다. "나는 인간으로서 아내와 함께 살다가 때가 되면 죽고 싶소."

아테나 여신은 오디세우스가 가족에게 돌아가지 못하고 있는 것을 안타깝게 여기고 있었다. 보다 못해 제우스에게 제안했다. "신들에게 많은 제물을 바친 오디세우스가 트로이 전쟁이 끝난 지 10년이 되었는데도 큰

아버지 포세이돈의 방해로 가족에게 돌아가지 못하고 있습니다. 이제는 신들이 도와줘야 해요."

헤라도 옆에서 거들었다. "가정을 수호하는 여신으로서 오디세우스가 가족의 품에 안겨야 한다고 생각해요."

사랑의 여신 아프로디테도 한마디 했다. "지금 오디세우스는 7년이나 칼립소에게 붙들려 있습니다. 이제는 사랑하는 남편과 아내를 만나게 해 줘야 합니다."

신들이 나서서 오디세우스를 도와줘야 한다고 주장하자 제우스도 고개를 끄덕였다. 제우스는 헤르메스에게 지시했다. "칼립소에게 가서 오디세우스를 놓아주라고 해라."

헤르메스가 제우스의 명령을 전달하러 왔을 때 칼립소는 자기 동굴에 있었다. 칼립소는 마지못해 제우스의 명령에 따랐다.

칼립소는 멍하니 바다를 바라보고 있는 오디세우스에게 다가가서 말했다. "당신의 마음을 돌릴 수 없다면 떠나보낼 수밖에 없겠지요."

「칼립소의 동굴을 위한 습작」 19세기 아일랜드 화가 프랜시스 댄비의 작품이다. 예일 아트 갤러리 소장

「칼립소」 18세기 영국 화가 윌리엄 해밀턴의 작품이다.

6 기나긴 모험을 마치고 또 다시

| 페넬로페, 텔레마코스

　오디세우스는 겨우 뗏목을 만들어 칼립소의 섬을 떠나지만 포세이돈이 일으키는 폭풍을 만나 파이아케스족의 섬에 상륙한다. 그곳 공주의 도움으로 왕의 궁전에서 안락하게 지낸다. 가까스로 왕의 허락을 받아 오디세우스는 고국으로 돌아간다. 트로이 전쟁과 험난한 귀향 길로 인해 무려 20년이 걸린 귀국이었다. 아내 페넬로페는 다른 남자에게 시집 가기 직전이었고 주인 없는 왕국은 혼란스러웠다. 오디세우스는 거지로 변장하여 페넬로페의 구혼자들을 처치한다. 오디세우스는 모든 위험을 극복하고 궁전에서 안락하게 살게 됐지만 그런 생활에는 지겨움을 느낀다. 그리하여 새로운 모험을 찾아 나선다. 모험으로 점철된 인생은 모험을 벗어나서는 의미가 없는가 보다.

- 손님, 일어나 우리 고을로 가세요. 제가 지혜롭고 총명한 저희 아버지께 당신을 안내하겠습니다. 당신은 모든 파이아케스족 중에서도 뛰어난 사람들만을 만나게 될 거예요. (호메로스 『오디세이아』)

- 구혼자들이 간담이 철렁해져 온 연회장을 휘저으며 도망치는 그 꼴은, 마치 떼 지어 몰려다니는 암소와 같았다. 긴긴 봄날에 이쪽저쪽 날아다니다 덮쳐 오는 등에를 쫓으려 빙글빙글 꼬리를 휘두르는 소들 같기도 했다. (호메로스 『오디세이아』)

오디세우스 가계도

헤르메스 (전령의 신) — 키오네

아우톨리코스 — 암피테아

라에르테스 — 안티클레이아

페넬로페 — 오디세우스 — 키르케

텔레마코스 — 텔레고노스

1 이노의 도움으로 스케리아 섬에 오르다

바다 님프 이노: 뗏목을 버리고 섬으로 헤엄쳐 가세요. 무거운 옷은 벗어버리고 나의 베일을 가슴에 두르세요. 파도에 휩쓸려도 베일이 몸을 물에 띄워 뭍으로 헤엄쳐 갈 수 있게 해줄 거예요.

바다 님프 이노 19세기 이탈리아 조각가 안토니오 카노바의 「네레이드」다. 워싱턴 내셔널 갤러리 소장 ⓒDaderot

칼립소는 오디세우스에게 뗏목 만드는 것도 도와주고 식량도 넉넉히 주었다. 오디세우스가 출항할 때는 칼립소가 순풍까지 보내주었다. 오디세우스는 순조롭게 항해하여 이타케 섬과 가까운 스케리아 섬에 다가가고 있었다.

이때 오디세우스를 발견한 포세이돈이 삼지창을 던져 사나운 파도를 일으켰다. 오디세우스는 악착같이 뗏목에 매달려 버티고 있었다. 오디세우스는 파도와 싸우느라 자포자기한 상태였다.

오디세우스가 포세이돈의 아들인 폴리페모스의 눈을 찌르고 도망쳤을 때 폴리페모스를 놀리지만 않았어도 이런 고통을 겪지 않았을 것이다. 그리스로마신화에서는 신이든 영웅이든 자존심이 손상됐을 때 그냥 넘어가지 않는다. '자존심'은 그리스로마신화에서 빠질 수 없는 주제이다.

보다 못해 바다 님프 이노가 나섰다. 이노는 오디세우스에게 베일 하나를 건네면서 말했다. "뗏목을 버리고 섬으로 헤엄쳐 가세요. 무거운 옷은 벗어버리고 이 베일을 가슴에 두르세요. 파도에 휩쓸려도 이 베일만 몸에 잘 두르면 몸이 물에 가라앉지 않고 뜬답니다. 사나운 파도에도 뭍으로 헤엄쳐 갈 수 있을 거예요. 섬에 도착하면 내 베일은 바다로 던져주세요."

오디세우스는 이노의 베일을 가슴에 두르고 헤엄쳤다. 아테나가 물결을 잔잔하게 하고, 순풍을 보내 뭍으로 가도록 도와주었다.

하지만 무시무시한 파도가 바위에 부딪혀 하얗게 부서지는 걸 보고는 뭍에 접근할 엄두가 나지 않았다. 마침 잔잔하게 물이 흐르는 곳을 발견했다. 오디세우스는 죽을힘을 다해 헤엄쳐 뭍에 올랐다.

오디세우스는 뭍에 오르자마자 쓰러졌다. 한참 후에 정신이 들었지만 어디로 가야 할지 몰라 어리둥절했다. 우선 뜨거운 햇빛과 비를 피할 수 있는 숲으로 들어가서 자리를 잡고 깊은 잠에 빠졌다.

오디세우스가 흘러든 곳은 파이아케스족의 나라인 스케리아였다. 이 사람들은 신들과 혈통이 이어진 종족이었다. 신들도 제물을 받으면 함께 어울려서 같이 먹었다. 생활이 풍족했으며, 전쟁 걱정 없이 행복하게 살았다. 이들이 주로 하는 일은 항해였다. 파이아케스족의 배는 새처럼 빨랐다.

2 풍족한 스케리아 섬의 공주를 만나다

나우시카: 저는 이 섬의 왕 알키노스의 딸이에요. 부모님이 당신을 도와주실 거예요.

오디세우스: 뗏목이 파도에 부서져 여기로 겨우 헤엄쳐왔습니다.

「**오디세우스와 나우시카의 만남**」 17세기 플랑드르 화가 야콥 요르단스의 작품이다. 나우시카는 신화에서 용기와 품위를 모두 갖춘 여성으로 표현된다.

오디세우스가 나뭇잎 이불을 덮고 자고 있었을 때의 일이다. 그때 이 섬의 왕인 알키노스의 딸 나우시카는 꿈을 꾸었다. 꿈에 아테나 여신이 나타나 말했다. "많은 젊은이들이 네게 청혼하는구나. 네 결혼 잔치가 멀지 않았다. 가족들이 잔칫날 입을 옷을 미리 세탁하는 게 좋겠다."

잠에서 깨자 공주는 서둘러 부모에게 시냇가에 옷을 빨러 가겠다고 말했다. 하지만 시냇물이 흐르는 곳이 멀리 있어 거기까지 많은 빨랫감을 날라야 했다.

이튿날 아침 아버지는 마부들에게 마차를 준비하라고 시켰다. 빨랫감을 마차에 다 싣자 어머니는 음식과 술을 챙겨주었다.

공주는 마차에 앉아 채찍을 휘둘렀고 시녀들은 걸어서 따라갔다. 공주 일행은 시냇가에서 금세 빨래를 끝내고 옷을 냇가에 널어두었다. 옷이 마르는 동안 공주와 시녀들은 식사를 하고 공놀이도 했다.

햇살이 좋아 어느덧 옷이 다 말랐다. 옷을 걷고 성으로 돌아갈 채비를 하던 중 공주가 공을 시냇물에 떨어뜨리고 말았다. 아테나 여신이 일부러 바람을 불어 빠뜨린 것이다. 이때 시녀들이 소리를 지르는 바람에 오디세우스가 잠에서 깼다.

오디세우스는 수풀 너머 젊은 여인들이 모여 있는 광경을 목격했다. 그는 이파리가 수북한 나뭇가지를 하나 꺾어 앞을 가리고는 여인들에게 다가갔다.

시녀들은 오디세우스의 알몸을 보고는 무안하여 사방으로 흩어졌지만, 나우시카는 침착하게 서서 오디세우스를 바라보았다. 오디세우스는 약간 떨어져서 자신의 딱한 사정을 이야기했다.

한 시녀가 왕자의 옷 한 벌을 걷어서 오디세우스 앞에 놓았다. 오디세우스는 목욕을 하고 옷을 입었다. 공주는 오디세우스의 늠름하고 기품 있는 모습에 눈을 떼지 못했다.

「**나우시카**」 19세기 영국 화가 프레더릭 레이턴의 작품이다. 나우시카는 호메로스의 『오디세이아』 제6권에 등장하는 인물이다. 개인 소장

나우시카: 낯선 남자와 성안을 걸으면 좋지 않은 소문이 날 수 있으니 저희가 성에 들어갈 때까지 저기 버드나무 숲에서 기다리시는 게 좋겠어요.

나우시카의 뒤를 따라 걷는 오디세우스 19~20세기 러시아 화가 발렌틴 세로프의 「오디세우스와 나우시카」다. 신화의 몇몇 판본에서 나우시카는 나중에 오디세우스의 아들 텔레마코스와 결혼한다. 트레티야코프 미술관 소장

공주는 자신이 이 섬의 왕인 알키노스의 딸 나우시카라고 밝히고 남은 음식을 오디세우스에게 주었다. 공주는 자신의 부모님도 사정을 들으면 도와주실 거라고 말했다.

공주는 오디세우스에게 함께 성으로 가자고 권했다. 오디세우스는 공주 일행을 따라 길을 나섰다. 멀리 성이 보이는 버드나무 숲에 이르자 공주는 오디세우스에게 멀리 떨어져 오라고 부탁했다. 공주가 낯선 청년과 함께 오는 걸 보고서 사람들이 이러쿵저러쿵할까 염려했던 것이다.

오디세우스는 공주 일행이 성에 들어갈 때까지 기다린 후에 성으로 들어갔다. 얼마쯤 가다 보니 물을 길으러 나온 아가씨가 나타났다. 사실은 아가씨로 변장한 아테나였다. 오디세우스는 알키노스 왕의 궁전으로 가는 길을 물었다. 아가씨는 사람들의 눈에 띄지 않도록 오디세우스를 안개로 감싸서 길을 안내했다.

「코루푸 섬」 그리스어로 '케르키라' 섬이다. 나우시카와 파이아케스족 이야기의 배경이다. 현재 그리스 북서부 해상에 있고 그리스령에 속한다.
바다 신의 신전은 벼랑 꼭대기의 잔디밭 위에 있다. 벼랑 아래에는 항구와 해협과 바다가 그림처럼 펼쳐져 있다. 항구 입구의 바위 언덕 꼭대기에는 작은 수녀원이 있다. 이 바위 언덕은 오디세우스의 배가 바위로 변한 것이라는 전설이 전해진다.
코루푸 섬에는 강이 하나뿐이다. 성과 왕궁의 유적지로 보이는 곳과는 꽤 멀리 떨어져 있다. 그래서 나우시카 공주가 빨래를 하러 마차를 타고 그곳까지 가야 했다. ©Marc Ryckaert

3 스케리아 섬을 떠나 이타카로 돌아오다

아레테: 오디세우스라고 하셨죠? 뗏목이 부서지는 바람에 힘들게 여기까지 헤엄쳐왔군요. 내 딸 나우시카와 함께 여기서 지내는 게 어때요? 이곳엔 없는 게 없고, 평화롭답니다.

오디세우스: 폐하, 그리고 왕비님, 고국에는 저를 기다리는 아내와 아들이 있습니다.

❖ 「**오디세우스**」 BC 200년경 제작된 조각이다. 영국 박물관 소장

❖ 「**스케리아의 왕비 아레테**」 아레테는 그리스어로 '어떤 종류의 우수성' 혹은 '도덕적 미덕'을 의미한다. 터키 셀수스 도서관 소장 ⓒNikater

오디세우스는 걷는 내내 감탄을 쏟아냈다. 항구와 그곳에 정박한 선박들, 광장이며 성벽이 무척이나 훌륭했다.

오디세우스는 왕궁의 뜰에 들어서기 전에 주변을 둘러보았다. 왕궁은 놀랄 만큼 아름다웠다. 청동 벽이 입구부터 안쪽까지 이어져 있었다. 궁전의 문은 황금으로, 문설주는 은으로 되어 있었다. 문 양옆에는 금과 은으로 만든 맹견 조각상들이 줄지어 있었는데, 실제로 궁전을 지키고 있는 듯 보였다.

벽을 따라 길게 놓여 있는 의자들은 파이아케스 여인들이 짠 아름다운 직물로 덮여 있었다. 오십여 명의 하녀들이 곡식을 빻거나 베틀로 옷감을 짜고 있었다. 파이아케스 여인들은 집안일 솜씨가 뛰어났고, 남자들은 배 다루는 솜씨가 탁월했다.

궁전 밖에는 넓디넓은 정원이 있었는데, 추울 때나 가물 때에도 과일나무들이 싱싱하게 자랐다. 정원에는 꽃들이 가지런히 피어 있었는데, 가운데에는 두 군데의 샘에서 항상 물이 솟아났다.

오디세우스는 감탄하며 주변을 둘러보았지만 여신이 안개로 감싸고 있어 누구에게도 눈에 띄지 않았다.

오디세우스는 궁전 안으로 들어섰다. 마침내 아테나가 안개를 걷었다. 갑자기 안개 속에서 사람이 나타나자 왕과 왕비, 신하들은 깜짝 놀라 신인지 사람인지 물었다. 오디세우스는 왕비에게 다가가 무릎을 꿇고 고국에 돌아갈 수 있게 도와달라고 간청했다.

왕비는 나라의 예절에 따라 어려움에 처한 손님을 난롯가 자리에 앉히고 음식과 술을 대접했다. 식사가 끝나자 왕은 이튿날 회의를 열 테니 다시 모이라고 했다. 신하와 귀족이 모두 떠나고 알키노스 왕과 아레테 왕비만 남았다.

오디세우스: 배가 난파되어 오기기아 섬의 칼립소와 7년 동안 지냈습니다. 보다 못한 아테나가 제우스에게 간청했고, 제우스는 칼립소에게 저를 보내주라고 얘기했어요. 그렇게 저는 오기기아 섬을 떠났는데, 배가 난파되어 여기까지 헤엄쳐왔습니다. 나우시카 공주님의 도움을 받아 이 자리까지 오게 되었습니다.

「**알키노스의 궁전에서 여행담을 들려주는 오디세우스**」 19세기 이탈리아 화가 프란체스코 하예즈의 작품이다. 오디세우스가 자신의 여행담을 알키노스의 궁전에서 들려주는 장면이다. 카폰디몬테 국립 미술관 소장

왕비는 오디세우스에게 어디서 왔는지 물었다. 오디세우스가 입고 있는 옷을 보고 시녀들이 만든 것임을 알아차리고선 누구에게 그 옷을 받았는지도 물었다. 오디세우스는 칼립소의 섬에 머물다가 떠난 이야기, 뗏목이 난파한 이야기, 그리고 가까스로 이 섬으로 헤엄쳐온 이야기, 공주에게 도움받은 이야기를 풀어놓았다.

왕과 왕비는 오디세우스의 기품 있는 모습에 끌려 딸과 결혼해 머물도록 설득했다. 하지만 오디세우스는 고국의 아내에게 돌아가야 한다고 되뇌었다. 결국 왕은 나라의 법도에 따라 자기 손님이 고국으로 돌아가도록 배를 마련해주겠다고 약속했다.

이튿날 다시 모인 귀족들은 왕의 뜻에 따라 배를 준비하고 건장한 뱃사람들을 모았다. 이어서 오디세우스와 뱃사람들을 위한 잔치가 벌어졌다.

모두 즐겁게 식사를 한 후 왕은 이런 제안을 했다. "젊은 뱃사람들이라면 손님에게 남성다운 운동 실력을 보여주어야 하지 않겠소?"

모두 경기장으로 가서 달리기와 레슬링 경기를 펼쳤다. 경기에 참여한 사람들이 오디세우스에게 솜씨가 있으면 한번 참가해 보라고 말했다. 오디세우스는 처음에는 거절했다. 하지만 한 젊은이가 "손님은 아무 경기도 할 줄 모르는군요."라며 비아냥대자 무거운 쇠고리를 들었다. 파이아케스족이 던진 쇠고리보다 훨씬 무거웠다. 무거운 쇠고리를 던졌는데도 이전의 최고 기록보다 더 멀리 날아갔다. 레슬링 경기에서도 상대방을 가볍게 제압했다. 모두 깜짝 놀라 나그네를 우러러보았다.

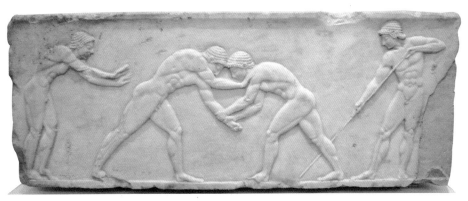

「레슬링하는 고대 그리스인」 정신뿐 아니라 육체적으로 완벽한 인간을 지향한 고대 그리스인들은 운동 경기를 주기적으로 개최했다. 가장 유명한 것은 제우스를 숭배하는 의미로 4년마다 치룬 올림피아 제전이다. 아테네 국립 고고학 박물관 소장

「파이아케스족의 나라를 떠나는 오디세우스와 항구 풍경」 17세기 프랑스 화가 클로드 로랭의 작품이다. 파이아케스족은 호메로스의 『오디세이아』, 아폴로니오스의 『아르고나우티카』에 모두 등장한다. 루브르 박물관 소장

"알키노스 왕 :

어느 도시, 어느 지역을 지나왔는지 말해주게.

고국이 얼마나 좋은 곳인지도 말해주게.

빠른 배로 금세 그곳에 보내주겠네.

이 배는 마치 사람인 양 마음을 지니고 있어

키가 없어도, 물길 안내인이 없어도

스스로 물살을 가르며 나아간다네.

해안과 항만도 한 곳 빠짐없이 다 알고 있다네.

-호메로스, 『오디세이아』 제8권"

경기를 마치자 왕은 오디세우스를 떠나보내는 송별회를 열었다. 그 자리에서 눈먼 음유시인 데모도코스가 노래했다. "오디세우스가 커다란 목마를 만들어 마침내 트로이를 불바다로 만들었네. 소중한 사람이었건만 무사 여신들은 그에게 복도 주고 화도 주었네."

시인은 제목을 '목마'라고 지었다. 시인은 그날의 공포와 환희를 감동적으로 노래했다. 모두 즐거워했는데, 오디세우스만 감정이 북받쳐 눈물을 흘렸다. 이 모습을 본 왕이 노래가 끝난 후 물었다. "트로이 이야기를 듣고 왜 그토록 눈물을 흘리는가? 트로이 전쟁에서 아버지나 형제나 소중한 친구라도 잃었나?"

오디세우스가 숨겨온 자신의 본명을 밝히자 모두들 놀라워했다. 이어서 나그네가 트로이를 떠난 후 겪은 모험담을 들려주었다. 파이아케스족들은 제 일처럼 가슴 아파하기도 하고 영웅을 우러러보기도 했다. 왕과 귀족들은 훌륭한 나그네에게 값비싼 선물을 안겨주었다.

이튿날 오디세우스는 파이아케스족의 배를 타고 출항했다. 다음 날 아침 배는 오디세우스의 고국 이타케의 포구에 무사히 접어들었다. 그때 오디세우스는 잠을 자고 있었다. 뱃사람들은 오디세우스를 깨우지 않고 뭍으로 데려다주고 선물이 든 상자도 날랐다. 그러고는 다시 배를 타고 떠났다.

포세이돈은 파이아케스족이 오디세우스를 구해주자 잔뜩 화가 났다. 그래서 배가 스케리아의 항구에 들어서는 순간 파도를 일으켜 배와 선원을 바위로 변하게 했다.

1 페넬로페, 구혼자를 물리치다

페넬로페: 밤에 보면 마음에 안 들어 풀고 짜는 것을 반복했을 뿐이에요. 시아버지 수의를 지을 베이니 정성을 다해 짜야지요.

안티노오스: 왕비님, 낮에는 베를 짜시고 밤에는 도로 풀고 계시다는데 사실인가요? 수의를 다 지으면 결혼 상대를 결정하겠다고 하셨는데, 결국 우리를 속이신 거군요.

「페넬로페와 구혼자들」 15세기 이탈리아 화가 핀투리키오의 그림이다.

이윽고 오디세우스는 잠에서 깨어났다. 하지만 이십 년이나 떠나 있었기 때문인지 자기 고향 땅을 잘 알아보지 못했다. 이때 아테나가 나타나 오디세우스가 이타케에 있다고 알려주고 왕궁의 사정까지도 말해주었다.

나라꼴은 엉망이었다. 이타케는 물론이고 이웃 섬나라에 사는 귀족들까지 페넬로페를 차지하려고 혈안이 되어 있었다. 남편 오디세우스가 죽은 줄 알고 아름다운 왕비를 차지하기 위해 모여들었던 것이다.

귀족 안티노오스는 무뢰한 구혼자 중 우두머리 격 인물이었다. 구혼자들은 연회장에 머물며 왕비에게 빨리 결혼 결정을 하라고 재촉하였다. 구혼자들이 백 명을 넘어서 대접할 음식을 대느라 재산이 축날 지경이었다. 더군다나 무례한 구혼자들은 자신들의 힘만 믿고서 왕궁과 백성들에게 위세를 부리기도 했다.

왕비는 오디세우스가 곧 돌아올 거라며 돌아가라고 부탁했지만 구혼자들은 막무가내로 재촉했다. "왕의 자리가 너무 오래 비어 있어 나라꼴이 말이 아닙니다. 빨리 결혼하셔서 새 남편을 왕으로 세워야 합니다."

「페넬로페와 구혼자들」 19세기 영국 화가 존 워터하우스의 작품이다. 페넬로페는 자수가 다 되었을 때 결혼하겠다는 핑계로 구혼자들을 물리쳤다. 낮에 짠 천을 밤에 풀어 시간을 벌었다. 애버딘 미술관 소장

2 페넬로페, 짠 베를 풀다

페넬로페: 늙은 시아버지 수의를 짓는다는 핑계를 대며 시간을 끌어야지. 그 사이에 오디세우스가 돌아오면 좋으련만···.

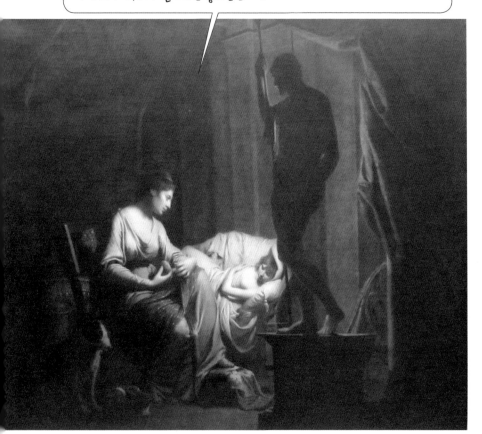

「**옷의 실을 푸는 페넬로페**」 영국 화가 조지프 라이트의 작품이다. '페넬로페'라는 말에는 '원앙'이라는 뜻이 있다. 페넬로페는 20년 동안 남편 오디세우스를 기다렸다. 귀족들이 끈질기게 구혼했지만 끝까지 정절을 지킨 여인이다. 폴 게티 미술관 소장

성가시게 구혼이 이어져 구혼자들 가운데 한 명을 남편으로 받아들여야 할 것만 같았다. 하지만 페넬로페는 시간을 끌기 위해 구혼자들에게 핑계를 댔다. "늙으신 시아버지가 언제 돌아가실지 모릅니다. 그런데 아직 수의를 마련하지 못했어요. 제가 수의를 지은 다음에 재혼 상대를 결정하겠어요."

구혼자들은 집으로 돌아가지 않고 베짜기를 마칠 때까지 궁전에서 기다리기로 했다. 하지만 몇 달이 지나도 수의를 지을 베를 완성되지 않았다. 페넬로페가 낮에 짠 베를 밤에 도로 풀었기 때문이다.

이 이야기에서 '페넬로페의 베 짜기'라는 말이 생겼다. 이 말은 쉴 새 없이 해도 끝나지 않는 일을 의미한다.

이때 오디세우스는 칼립소에게 붙들려 있었다. 아들 텔레마코스가 드센 구혼자들을 상대하기에는 아직 어렸다.

안티노오스는 연회장에서 시중을 들던 시녀를 매수해 왕비가 여태 베를 다 짜지 못한 이유가 무엇인지 물었다. 시녀는 사실을 일러주었다. "제가 방을 살짝 들여다봤어요. 그런데 왕비님이 낮에 짠 베를 풀고 계셨어요."

안티노오스가 구혼자들을 선동해 왕비가 베를 짜고 있는 방으로 몰려가 따졌다. 왕비는 그런 구혼자들에게 대답했다. "정성을 다해 수의를 짓기 위해 잘못 짠 베를 푼 것뿐이에요. 시아버님께 가장 좋은 베로 수의를 지어드리고 싶어요. 그게 며느리로서 도리니까요."

1 텔레마코스와 멘토르, 아버지의 행방을 찾아 나서다

텔레마코스: 트로이에서 가장 늦게 귀국한 필로스의 네스토르님과 스파르타의 메넬라오스님을 찾아가 아버지 소식을 듣고 싶습니다.

멘토르로 변신한 아테나: 배와 뱃사람들을 구해줄 테니 함께 가자.

텔레마코스와 멘토르 17세기 네덜란드 화가 테오도르 반 튈덴의 「텔레마코스와 미네르바」다.

텔레마코스는 이타케의 어른 남자들을 광장에 모이게 한 후 입을 열었다. "불행히도 아버지는 트로이를 떠난 지 10년이 되었는데 돌아오시지 않고 있소. 그런데 구혼자들은 오디세우스 왕이 돌아가셨다고 우기면서 어머니인 페넬로페 왕비와 결혼해 왕이 되려 하오. 내 비록 어리지만 아버지가 돌아올 때까지는 내가 이 나라의 주인이오. 무례한 구혼자들을 여러분이 몰아내주시오."

시민들은 구혼자들의 눈치만 볼 뿐이었다. 이때 멘토르가 나섰다. "나는 오디세우스의 친구 멘토르요. 오디세우스의 아들이 외치는 호소가 들리지 않는 거요? 저 구혼자들이 그렇게 무섭소?"

구혼자들이 두려웠던 시민들은 오디세우스의 생사를 알 수 없으니 할 말이 없다고 얼버무렸다.

텔레마코스는 아버지를 찾아 나서겠다고 말했다. "필로스의 네스트로님과 스파르타의 메넬라오스님을 찾아가 아버지 소식을 알아보겠으니 배와 뱃사람을 구해주십시오."

시민들은 텔레마코스를 도와주고 싶었지만 눈치만 보고 있었다. 구혼자들은 내심 텔레마코스가 항해를 하다 죽기를 바라며 연회장으로 돌아갔다.

혼자 남은 텔레마코스에게 아테나가 멘토르의 모습으로 나타나 말했다. "내가 배와 선원을 구해볼 테니 항구로 오너라. 함께 가자꾸나."

텔레마코스는 유모 에우리클레이아를 찾아가서 여행 계획을 말하고 어머니에게는 걱정을 끼칠까 염려해 말하지 말라고 부탁했다.

텔레마코스와 멘토르는 배를 타고 남쪽으로 내려갔다. 이때쯤 오디세우스의 뗏목은 넓은 바다로 나와 스케리아 섬에 접근하고 있었다. 오디세우스는 포세이돈이 일으킨 파도에 휩쓸리지만 바다 님프의 도움으로 섬에 도착하고, 섬에서 나우시카의 도움으로 이타케로 돌아오게 된다.

텔레마코스가 탄 배는 필로스에 도착했다. 네스토르의 궁전으로 찾아간 텔레마코스는 아버지의 행방에 대해 물었다. 네스토르는 "오디세우스와 트로이에서 헤어진 후 소식을 모른다."면서 "나보다 늦게 스파르타로 돌아간 메넬라오스가 혹시 소식을 알고 있을지도 모른다."라고 일러주었다.

멘토르로 변신한 아테나가 자기 모습을 드러내며 뱃사람들에게 계획을 말해주겠다고 말하고는 독수리로 변신해 사라졌다. 텔레마코스와 네스토르는 신의 보호를 받고 있다는 것을 알고 크게 기뻐했다.

2 메넬라오스도 8년이나 바다를 떠다니다

프로테우스: 메넬라오스, 신들께 제물을 바치면 고국으로 돌아갈 수 있게 해 줄 거야. 자네 말고 오디세우스도 여신 칼립소에게 붙들려 있다네.

「**프로테우스**」 17세기 독일 작가 에라스무스의 책에 삽입되어 있는 프로테우스 삽화다. 아우구스트 공작 도서관 소장

텔레마코스와 멘토르로 변신한 아테나는 마차를 몰아 메넬라오스의 궁전으로 갔다. 메넬라오스는 텔레마코스에게 그간의 이야기를 들려주었다.

트로이 전쟁에서 헬레네를 되찾은 메넬라오스는 너무 기쁜 나머지 신에게 제물 바치는 것도 잊고 트로이로 떠났다. 신의 노여움을 산 메넬라오스는 8년이나 지나도록 바다에 떠다녔다.

60척의 배 가운데 55척을 잃고 남은 5척만 이집트 앞바다의 파로스 섬에 닿았다. 20여 일이 지나도 바람이 불지 않아 배를 띄울 수가 없었다.

메넬라오스는 낙담하며 혼자 바닷가를 거닐었다. 이때 바다의 요정 에이토테아가 나타나 말했다. "제 아버지 프로테우스가 방법을 알고 계세요. 다음 날 아침 힘센 부하 셋과 함께 여기서 만나요."

에이토테아는 말을 마치고 바닷속으로 사라졌다.

이튿날 메넬라오스와 부하 셋 앞에 에이토테아가 바다표범 가죽 네 개를 들고 나타나 말했다. "한낮에 바다표범들이 몰려와 모래에서 잠을 자면 아버지가 수를 센 뒤 한복판에 누우실 거예요. 이 바다표범 가죽을 몸에 덮고 있다가 한꺼번에 아버지를 붙잡고 알고 싶은 것을 물어보세요."

요정이 말한 대로 바다의 노인이 나타나 바다표범 수를 센 후 바다표범 사이에 누웠다. 넷이 한꺼번에 노인을 움켜쥐었다. 노인은 사자나 뱀으로 변신해 빠져나가려 했지만 네 사람이 꼭 붙잡았다. 노인은 원래 모습으로 돌아온 후 원하는 게 뭐냐고 물었다. 메넬라오스가 말했다. "이곳을 떠나 고향으로 가려면 어떻게 해야 하나요? 방법을 알려주세요."

노인은 대답했다. "자네가 신들에게 제물을 바치지 않아 노여움을 샀으니 지금이라도 신들에게 제물을 많이 바치시오."

그러고는 노인은 한마디 더 덧붙였다. "오디세우스가 칼립소에 붙잡혀 오기기아 섬 해변에 앉아 눈물을 흘리고 있소."

메넬라오스는 노인에게 들었던 이야기를 텔레마코스에게 전했다. 텔레마코스는 그 이야기를 듣고 아버지를 찾아 나섰다.

3 텔레마코스도 칼립소의 섬에 머무르다

칼립소: 텔레마코스, 여기서 함께 영원히 살아요.

텔레마코스: 나를 기다리는 아내 에우카리스가 있어요.

「**텔레마코스와 멘토르를 맞이하는 칼립소**」 영국 화가 윌리엄 해밀턴의 작품이다. 호메로스의 『오디세이아』 4권까지의 내용은 텔레마코스가 오디세우스를 찾는 여행에 대한 이야기다. 텔레마코스도 칼립소에게 붙잡히지만 역시 칼립소를 떠난다.

프랑스 출신 성직자 페늘롱은 『텔레마코스의 모험』이라는 소설을 썼다. 오디세우스의 아들 텔레마코스가 아버지를 찾아 떠나는 모험 이야기다. 텔레마코스가 아버지의 발자취를 따라 찾아다니다 칼립소의 섬에 도착했다.

오디세우스에게 그랬던 것처럼 칼립소가 텔레마코스를 붙잡아두려 했다. 이번에도 불사의 존재로 만들어주겠다며 유혹했다. 하지만 텔레마코스는 아버지처럼 아내 에우카리스를 택했다.

아테나가 멘토르의 모습으로 바꾸어 텔레마코스 곁에 있었다. 멘토르는 오디세우스의 친구인데, 오디세우스는 트로이 전쟁에 나설 때 멘토르에게 자기 아들을 맡겼다. 멘토(mentor)라는 영어 단어는 바로 이 멘토르(Mentor)라는 이름에서 유래했다.

멘토르가 텔레마코스가 하는 일에 관여하는 바람에 칼립소의 유혹은 수포로 돌아갔다. 두 사람은 칼립소에게서 벗어나려고 바닷가 벼랑에서 뛰어내려 근처에 정박해 두었던 배로 헤엄쳐갔다.

한편 오디세우스의 고향 땅 이타케에서는 페넬로페의 구혼자들이 텔레마코스가 돌아오면 아무도 모르게 죽여버리겠다고 벼르고 있었다. 구혼자들의 말을 시종 메돈이 엿듣고는 왕비에게 알려주었다. 왕비는 왕자가 위험한 바다 여행을 떠난 것을 알게 되자 남편에 이어 아들도 잃는 게 아닌지 걱정했다.

「텔레마코스와 에우카리스의 작별」 18~19세기 프랑스 화가 자크 다비드의 작품이다. 호메로스는 『오디세이아』에서 텔레마코스가 내향적인 소년에서 용감한 청년으로 성장하는 과정을 묘사했다. 에우카리스는 페늘롱의 『텔레마코스의 모험』에 등장하는 텔레마코스의 연인이다.

4 오디세우스, 아들 텔레마코스를 만나다

오디세우스: 내 아들 텔레마코스야, 아테나 여신이 원래 나의 모습으로 바꾸어주셨다. 이제 함께 너의 어머니를 괴롭힌 구혼자들을 응징하자.

「**오디세우스와 텔레마코스**」 19세기 화가 앙리 루시앙 두세의 작품이다. 재회의 감격을 표현하고 있는 오디세우스와 텔레마코스 뒤에 아테나 여신이 자리하고 있다. 에콜 데 보자르 소장

　한편, 케르키라 섬에서 이타케로 돌아온 오디세우스는 자기 앞에 나타난 아테나로부터 왕궁의 사정을 전해 듣고는 복수를 결심했다. 우선 선물상자는 동굴에 감췄다. 아테나는 오디세우스의 정체가 들키지 않도록 늙은 거지로 변신시켰다. 오디세우스는 거지 모습으로 돼지를 키우는 에우마이오스를 찾아갔다. 자신의 하인이었던 돼지치기는 오디세우스를 불쌍한 거지라며 따뜻하게 맞아주었다.

　오디세우스는 돼지치기에게 감사했다. "늙은 거지를 이렇게 맞아주시니 몸 둘 바를 모르겠습니다. 돼지를 많이 기르고 있군요."

　돼지치기가 맞장구쳤다. "이전에는 훨씬 더 많았지요. 제 주인님은 이 나라 왕 오디세우스님이십니다. 트로이 전쟁에 참여하셨다가 아직 돌아

오시지 않고 있지요. 왕비의 구혼자들이 들이닥쳐 음식을 축내는 바람에 돼지 수가 확 줄었어요. 왕자님은 아버지 소식을 들으러 여행을 떠났습니다. 그러니 왕자님이 오실 때까지 여기서 지내십시오."

이즈음 아테나 여신은 메넬라오스의 궁전에서 자고 있는 텔레마코스의 꿈에 나타났다. "이제 이타케로 돌아가라. 왕비의 구혼자들이 너를 죽이려고 뱃길 길목의 작은 섬에 부하들이 탄 배를 숨겨놓았으니 피해가도록 해라. 배가 이타케 항구에 이르기 전에 혼자 포르키스 포구에 내려 돼지치기의 집에 가거라. 돼지치기를 어머니에게 보내 너의 도착 사실을 몰래 알리도록 해라."

집에 돌아온 텔레마코스는 돼지치기를 찾아가 그간의 사정을 자세히 들었다. 돼지치기는 늙은 거지를 소개시키고 왕비에게 왕자 소식을 전하러 갔다.

에우마이오스가 떠나자 아테나가 오디세우스 앞에 나타나 이제 아들에게 정체를 드러내야 할 때라고 알려주었다. 이어서 아테나가 오디세우스의 몸에 손을 대서 원래 모습으로 되돌려주었다.

텔레마코스는 깜짝 놀랐다. 처음에는 인간이 아닌 신이라고 여겼다. 하지만 오디세우스는 아버지라고 밝히면서 여신이 모습을 바꿔준 것이라고 설명했다. 그러자 텔레마코스는 아버지의 목을 껴안고 흐느꼈다. 둘 다 가슴속 깊은 곳에서 응어리가 터져나왔다. 아버지와 아들은 구혼자들을 응징할 계획을 의논했다. 아테나는 계획을 실행할 수 있도록 오디세우스를 다시 늙은 거지로 변신시켰다.

돼지치기는 왕비에게 들러 왕자가 돌아왔다고 전했다. 왕자가 또다시 시민을 선동할 거라고 생각한 구혼자들은 텔레마코스를 없애야 한다고 떠들어댔다. 돼지치기가 구혼자들이 하는 말을 엿듣고는 급히 오두막으로 돌아갔다. 왕궁의 소식을 전해 듣자 아버지와 아들은 "누가 없어지는지 두고 보자."며 별렀다.

1 거지로 변한 오디세우스, 페넬로페를 만나다

거지로 변한 오디세우스: 아르고스야, 20년이 지났는데도 나를 알아보는구나!

「아르고스와 오디세우스의 재회」 에칭 기법으로 만들어진 작품이다. 오디세우스가 아르고스를 쓰다듬고 있다. www.rareoldprints.com

다음날 텔레마코스는 왕궁으로 가서 이전처럼 다른 구혼자들과 섞였다. 오디세우스는 늙은 거지로 그곳에 들렀다. 옛날 거지는 나그네이자 이야기꾼으로서 귀족 집안에 드나들 수도 있었고 종종 손님 대접도 받았다.

오디세우스는 자기 정체가 드러나더라도 관심을 보이지 말라고 아들에게 단단히 일러두었다. 모욕을 당하거나 두들겨 맞더라도 끼어들지 말라고 당부했다.

구혼자들은 텔레마코스를 대하자 겉으로는 반가운 척했다. 늙은 거지도 입장이 허용되어 음식을 대접받았다.

페넬로페와 오디세우스의 재회 18세기 독일 화가 요한 발렌틴 티슈바인의 「오디세우스와 페넬로페」다. 개인 소장

그런데 오디세우스가 궁전의 안뜰에 들어갔을 때 놀라운 일이 벌어졌다. 죽은 듯이 늘어져 있던 늙은 개 한 마리가 낯선 이가 들어오는 모습을 보더니, 귀를 쫑긋 세우고 꼬리를 세워 반가움을 표시했다. 예전에 오디세우스가 사냥할 때 자주 데리고 다녔던 아르고스라는 개였다. 개가 주인을 알아본 것이다. 기력이 없어 주인에게 겨우 다가가 발을 핥더니 이내 쓰러졌다. 그러곤 영원히 일어나지 못했다. 아르고스는 죽기 전에 원을 푼 것이다.

오디세우스는 남몰래 눈물을 훔쳤다. 개도 죽을 때까지 사람을 알아보는데 자신을 알아 보는 사람이 없었다. 심지어 귀족들마저 자신의 가족에게 해코지를 하고 있다고 생각하니 화가 치밀었다.

오디세우스가 구혼자들에게 음식을 구걸하자 한 구혼자가 더러운 낯짝을 치우라며 면박을 주었다. 오디세우스는 바른 소리를 했다. "남의 집 음식을 축내며 왕비를 협박하는 나리가 더 뻔뻔하오."

그 구혼자는 의자를 들어 오디세우스에게 내리쳤다. 텔레마코스는 아버지가 부당한 대우를 당하자 화가 불같이 일었지만 아버지의 당부를 떠올리고선 겨우 참았다.

페넬로페가 떠돌이 거지를 조용히 불렀다. 혹시 오디세우스에 관한 소식이라도 들을 수 있을까 해서였다.

불려온 늙은 거지는 페넬로페를 보자 눈을 떼지 못했다. 페넬로페가 왜 자기를 뚫어지게 보느냐고 묻자 거지는 왕비님이 아름다워서 그랬다고 둘러댔다. 왕비가 오디세우스에 관해 물었다. 거지는 페넬로페를 위로하기 위해 오디세우스가 크레타에 있던 자신의 집에 머무른 적이 있다고 거짓말을 했다.

왕비는 자신을 위로하는 거지에게 다음날 시합에서 이기는 구혼자를 남편으로 맞아들이게 되어 있다고 절망적으로 말했다.

「**오디세우스와 페넬로페**」 16세기 이탈리아 화가 프리마티초의 작품이다. 『일리아스』와 『오디세이아』는 호메로스의 양대 걸작이다. 『오디세이아』는 내용의 풍부함에서 『일리아스』를 앞지른다. 빌덴슈타인 미술관 소장

2 오디세우스, 아내의 구혼자들을 살해하다

오디세우스: 고리 구멍을 통과시켜 활을 과녁에 맞히는 것은 나에겐 식은 죽 먹기지요.

12고리 구멍을 통과하는 활쏘기 경기 19~20세기 독일 화가 로비스 코린트의 「구혼자들과 경쟁하는 오디세우스」다. 베를리니셔 갤러리 소장 왕비는 밤늦도록 잠을 못 이루고 있다가 깜박 잠이 들었다. 꿈속에 아테나 여신이 나타나 왕비에게 일러주었다. "내일 구혼자들에게 오디세우스의 활을 가져다주면서 오디세우스처럼 열두 개의 고리 구멍을 지나 과녁에 맞히도록 활을 쏘는 사람과 결혼하겠다고 말해라."

왕비는 잠에서 깨어 꿈속에서 들은 아테나의 지시를 기억했다. 해가 뜨자 왕비는 시종들에게 지시했다. "고리들을 일직선이 되도록 연결해 놓아라. 그리고 무기고에서 오디세우스의 활과 화살을 가지고 오너라."

텔레마코스는 만약을 대비해 다른 무기들은 모두 치우도록 했다.

시합을 위한 준비가 끝나자 페넬로페가 시합 방법을 설명했다. "화살이 열두 개의 고리 구멍을 통과해 과녁에 명중해야 한다."

활을 넘겨받은 자는 활시위도 활에 걸지 못했다. 다른 경쟁자들이 시도해 보았지만 별 소득이 없었다. 안티노오스가 자신 있게 나섰지만 활은 꿈쩍도 하지 않았다.

그러자 오디세우스가 나서며 자기에게도 기회를 줄 수 있냐고 물었다. "지금은 거지꼴을 하고 있지만, 저도 한때는 무사였습니다. 제가 활을 쏘아도 될까요?"

구혼자들은 야유를 퍼붓더니 건방진 늙은이를 당장 끌어내라고 소리쳤다.

텔레마코스는 어머니를 방으로 올려보낸 뒤 말했다. "집주인으로서 내 집에 온 손님에게는 모두 기회를 드리겠습니다."

구혼자들은 속는 셈치고 거지에게 활을 쏘게 했다. 돼지치기는 슬그머니 밖으로 나가 아무도 못 나오게 문을 잠갔다.

드디어 오디세우스가 활을 들었다. 역시 주인답게 쉽게 활시위를 당겼다. 화살은 모든 고리를 전부 통과해 과녁에 명중했다.

오디세우스: 이놈들아, 내가 바로 오디세우스다. 너희는 이 궁전에 침입해 주인인 양 행세했다. 내 아내와 아들을 십여 년 넘게 핍박했다. 이제 그 대가를 치르게 해주마.

「**구혼자들을 살해하는 오디세우스와 텔레마코스**」 18세기 프랑스 화가 루이 뱅상 팔리에르의 작품이다. 『텔레마코스의 모험』은 루소의 『에밀』이 나오기 전에 가장 널리 읽힌 교육 소설이다. 이 소설에서 텔레마코스는 모험을 통해 현명한 왕의 덕목을 익혀 나간다.

구혼자들에게 틈을 주지 않고 오디세우스가 외쳤다. "이제 다음 표적은 너희다!"

이때 아테나 여신이 오디세우스를 원래 모습으로 되돌려주고 사라졌다.

먼저 안티노오스에게 화살을 쐈다. 화살은 안티노오스의 목을 꿰뚫었다. 텔레마코스와 충성스러운 신하들이 무장한 채 오디세우스 옆으로 뛰어들었다. 구혼자들은 그제야 무기를 찾았지만 하나도 없었다. 문이 잠겨 있어서 도망칠 수도 없었다. 오디세우스는 창과 칼로 구혼자들을 닥치는 대로 죽였다.

구혼자들을 모두 처치한 후 오디세우스는 페넬로페의 방으로 갔다. 오디세우스를 보고 깜짝 놀랐으나 진짜 오디세우스인지 확신하지 못한 아내가 말했다. "유모, 내 침실의 침대를 손님이 쉬실 방으로 옮겨 드리게."

오디세우스가 의아해하며 말했다. "그 침대는 살아 있는 오렌지 나무를 베어 내고 남은 밑동으로 내가 만든 것이오. 땅속에 뿌리를 박고 있는 침대를 어떻게 옮긴단 말이오?"

침대의 비밀을 알고 있는 사람은 페넬로페와 오디세우스뿐이었다. 남편임을 확인한 페넬로페는 오디세우스를 와락 껴안았다.

테니슨은 「오디세우스」라는 시에서 새로운 모험을 향해 길을 떠나는 나이 많은 영웅의 모습을 그리고 있다.

......

오라, 벗들이여.

새로운 세계를 찾기에 아직 늦지 않았나니

저어라, 노를.

모두 앉아 출렁이는 물살을 가르자

내가 할 일은 해가 지는 곳 너머로 항해하는 것

별들이 모두 가라앉는 그곳으로

혹시나 소용돌이에 휘말릴지도 모르지.

행여나 행복한 섬에 닿을지도 모르지.

어쩌면 저 위대한 아킬레우스를 만날지도 모르지.

-테니슨의 시 「오디세우스」

3장 아이네이아스

1 새로운 땅을 찾아
| 아이네이아스의 모험, 안키세스, 여왕 디도

　지금까지는 그리스 영웅 오디세우스가 트로이를 떠난 후 겪었던 온갖 모험을 따라가 보았다. 이제부터는 불타는 트로이 성을 탈출해 새로운 보금자리를 찾아 떠난 사람들의 이야기가 전개된다. 트로이 유민을 이끈 지도자가 바로 아이네이아스였다. 유민들은 트라키아를 비롯해 델로스 섬, 크레타 섬 등지를 떠돌아다녔다. 로마의 시인 베르길리우스는 이를 소재로 '아이네이아스의 노래'라는 의미를 지닌『아이네이스』를 지었다. 이에 따르면 아이네이아스는 이탈리아의 라티움으로 가는 도중 카르타고에 상륙해 여왕 디도와 사랑을 나누기도 하며 7년 동안 떠돌아다닌다.

- 이 해안은 델로스의 아폴론께서 말씀하신 곳이 아니고, 크레타도 그대가 정착해야 할 곳이 아니다. 그리스인들이 헤스페리아라고 부르는 곳이다. (베르길리우스 『아이네이스』)

- 정의로우신 신들에게 진정 힘이 있다면, 이렇게 빌겠어요. "부디 암초가 저 사람을 가로막게 하소서, 그리하여 저이가 복수의 잔 속에 잠긴 채 이 디도를 끊임없이 부르짖게 하소서!" (베르길리우스 『아이네이스』)

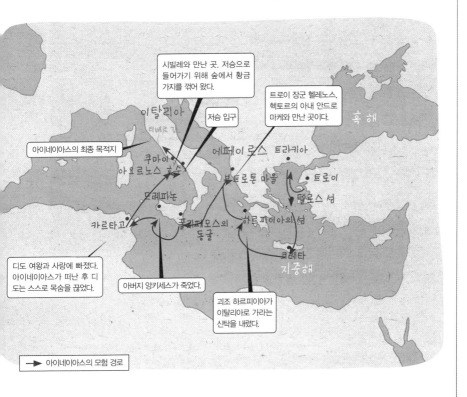

시빌레와 만난 곳. 저승으로 들어가기 위해 숲에서 황금 가지를 꺾어 왔다.

저승 입구

트로이 장군 헬레노스, 헥토르의 아내 안드로마케와 만난 곳이다.

아이네이아스의 최종 목적지

이탈리아

티베르 강

쿠마아

아오르노스 호수

에페이로스

트라키아

혹해

부트로톤 마을

트로이

드레파논

델로스 섬

카르타고

폴리페모스의 동굴

하르피아의 섬

디도 여왕과 사랑에 빠졌다. 아이네이아스가 떠난 후 디도는 스스로 목숨을 끊었다.

아버지 앙키세스가 죽었다.

크레타

지중해

괴조 하르피아가 이탈리아로 가라는 신탁을 내렸다.

→ 아이네이아스의 모험 경로

1 아이네이아스, 안키세스를 업고 트로이를 탈출하다

아이네이아스: **아버지 꼭 잡으세요. 서둘러 트로이 성을 빠져나가야 합니다.**

아이네이아스의 아내 크레우사: 여보, 우리 어서 트로이를 빠져나가요. 제가 뒤따를게요.

「**트로이를 탈출하는 아이네이아스**」 16세기 이탈리아 화가 페데리코 바로치의 작품이다. 아이네이아스는 트로이 왕족 안키세스와 아프로디테 여신의 아들이다. 로마 시인 베르길리우스는 아이네이아스의 여정을 다룬 서사시 『아이네이스』를 썼다. 보르게세 미술관 소장

트로이 성이 불바다가 되던 그날 밤이었다. 제우스가 아이네이아스 앞에 홀연히 나타났다. "너는 어서 트로이를 떠나 새로운 땅에 가서 새로운 나라를 세워라."

이어서 어머니인 아프로디테가 나타났다. "사랑하는 내 아들아, 어서 이데 산으로 피해라."

아이네이아스는 싸움을 피하고 집으로 돌아가 아버지와 아내와 어린

아들을 데리고 탈출했다. 아버지 안키세스는 너무 늙어 제대로 걸을 수가 없었으므로 어깨에 둘러업고 뛰었다. 아들이 앞장서고 아내가 뒤따라왔다. 아이네이아스 가족은 불타는 트로이 성을 죽을힘을 다해 빠져나왔다. 한참 달리다 뒤를 돌아보니 아내가 보이지 않았다. 인파에 휩쓸려 우왕좌왕하는 사이에 그만 아내를 놓친 것이다.

아이네이아스가 아내를 찾아 나서려 하자 아내의 망령이 나타나 자기는 죽었으니 서둘러 탈출하라고 재촉했다. 아이네이아스는 눈물을 머금고 가던 길을 계속 갔다.

아이네이아스는 피난민들과 함께 이데 산으로 갔다. 몰려든 사람들은 아이네이아스를 지도자로 삼았다.

「**불타는 트로이**」 독일 화가 요한 트라우트만의 작품이다. 트로이 전쟁은 목마에 숨어 트로이 성안으로 들어가자는 오디세우스의 계획이 성공하면서 그리스 군의 승리로 끝났다. 적진의 내부에 잠입해 공격할 기회를 노리는 집단을 '트로이의 목마'라고 부른다. 개인 소장

2 아프로디테와 사랑을 나눈 안키세스

아프로디테: 나와 사랑을 나누었다는 사실을 아무에게도 말하면 안 돼요.

안키세스: 오오, 아프로디테 여신이여, 누구에게도 발설하지 않겠습니다.

「안키세스와 비너스」 19세기 프랑스 화가 장 밥티스트 폴린의 작품이다. 니스 아시아 미술관 소장

아이네이아스가 절름발이 아버지 안키세스를 들쳐 업고 달렸다. 안키세스가 한쪽 다리를 저는 절름발이가 된 것은 제우스의 벌을 받았기 때문이다. 트로이의 왕족 안키세스는 이데 산 기슭에 있는 '다르다니아'라는 도시의 왕이었다. 젊었을 때는 이데 산에서 양을 쳤다.

그때 올림포스 산에서는 아프로디테가 허리에 아름다운 마법의 띠를 두르고 신들 사이를 지나가고 있었다. 아레스, 디오니소스, 헤르메스 같은 신들은 바람기가 있는데다 사랑을 느끼게 하는 마법의 띠의 영향까지 받아 정신을 못 차렸다.

아프로디테가 올림포스를 휘저으며 남신들을 유혹하는 것을 보자 제우스가 고민에 빠졌다. "이러다 남자 신들이 모두 바람이 나서 제 역할을 못하겠군. 그래, 아프로디테가 인간 남자와 사랑에 빠지도록 유도해야겠어."

제우스는 마법의 번개를 쳐서 아프로디테가 인간과 사랑에 빠지게 했다. 그러자 아프로디테는 산에서 양을 치는 트로이의 왕자 안키세스를 보고 사랑에 빠졌다. 아프로디테는 인간 여자로 위장하여 안키세스에게 다가갔다.

안키세스와 사랑을 나눈 아프로디테는 여신의 모습을 드러내며 말했다. "안키세스, 나는 아프로디테예요. 나와 함께 있었다는 사실을 절대 발설하면 안 돼요."

얼마 후 아프로디테는 안키세스의 아들 아이네이아스를 낳았다. 아프로디테는 아이네이아스를 이데 산의 님프에게 맡겼다. 아이네이아스가 다섯 살이 되자 아프로디테는 아이를 안키세스에게 데려다주었다.

어느 날 안키세스는 친구들과 술을 마시다 술김에 자랑스럽게 비밀을 털어놓았다. "내 아들 아이네이아스의 어머니는 아프로디테 여신이야. 내가 여신과 사랑을 나누었거든."

안키세스가 신의 비밀을 함부로 떠벌리자 제우스가 크게 화를 내며 작은 벼락을 안키세스에게 날렸다. 안키세스는 한쪽 다리에 벼락을 맞아 절름발이가 되었다. 트로이 전쟁에 참여한 아킬레우스가 동맹국인 다르다니아로 쳐들어왔을 때 청년이 된 아이네이아스는 가족과 주민을 이끌고 안전한 트로이 성으로 들어가서 싸웠다.

아이네이아스는 프리아모스의 딸 크레우사와 결혼해 아들 아스카니오스를 낳았다. 트로이 성이 함락되자 아이네이아스는 아버지 안키세스를 둘러업고 트로이를 탈출했다. 3대에 걸친 가족이 절망의 땅에서 탈출해 새로운 희망을 찾아 나서는 이 모습에서 안키세스는 과거를, 아이네이아스는 현재를, 아스카니오스는 미래를 상징한다.

3 크레타 섬에서 이탈리아로 가라는 계시를 받다

아폴론 신전의 신탁: 아이네이아스는 옛 어머니의 땅으로 가서 다른 종족을 다스려라.

「아이네이아스가 있는 델로스 섬의 풍경」 17세기 프랑스 화가 클로드 로랭의 작품이다. 아폴론의 신탁을 받기 위해 델로스 섬에 머무는 아이네이아스 일행의 모습이다. 로랭의 이 그림은 '스타우어헤드'라는 아름다운 영국식 정원의 모티프가 되었다. 내셔널 갤러리 소장

　　트로이의 조상이 트라키아에서도 살았으므로 아이네이아스 일행은 트라키아로 가기로 하고 여러 달에 걸쳐 배를 만들었다. 마침내 트로이 유민들은 모두 배에 몸을 싣고 이데 산을 떠나 트라키아로 향했다.

　　트라키아 해안가에 상륙한 아이네이아스는 신들에게 제물을 바칠 제단

을 꾸미려고 나뭇가지를 몇 개 꺾었다. 그런데 놀랍게도 꺾인 나뭇가지에서 피가 뚝뚝 흘렀다.

다시 나뭇가지를 꺾자 땅속에서 남자의 슬픈 목소리가 들려왔다. "아이네이아스여, 살려주세요. 나는 당신의 친척인 폴리도로스입니다. 오래 전에 여기서 수많은 화살을 맞고 죽었지요. 나무가 내 피를 빨아먹고 수북이 자랐어요. 트로이 전쟁 막바지에 아버지 프리아모스 왕이 많은 보물을 안겨주면서 누나의 남편이 있는 트라키아 땅으로 피난 보냈어요. 하지만 보물에 눈이 먼 매부에게 참혹한 죽임을 당하고 말았습니다."

아이네이아스 일행은 트라키아가 저주받은 땅이라 생각해 서둘러 떠났다. 아이네이아스와 안키세스는 델로스 섬에 있는 아폴론 신전에 가서 신탁을 들어보기로 했다. 델로스 섬은 아폴론과 아르테미스가 태어난 곳이어서 아폴론 신전이 있었다.

신탁의 내용은 늘 그렇듯 애매했다. "너희 옛 어머니의 땅을 찾아 가거라. 거기서 아이네이아스의 종족이 살아가며 다른 종족들을 다스릴 것이다."

안키세스는 자기 조상이 크레타에서 왔다는 전설을 떠올리고 크레타로 향했다.

크레타 섬에 도착한 일행은 새로운 도성을 건설하기 시작했다. 희망도 잠시, 전염병이 돌아 사람들이 죽어 나갔고 씨앗을 뿌린 밭에는 곡식이 열리지 않았다.

아이네이아스는 고민하다가 밤이 깊어서야 잠이 들었다. 꿈속에서 밝은 빛을 뚫고 신비한 목소리가 들려왔다. "크레타 섬을 떠나 헤스페리아 중부 서쪽 땅으로 가서 새 나라를 세워라."

당시에는 이탈리아를 '헤스페리아'라고 불렀는데, 헤스페리아는 트로이 종족의 진정한 조상인 다르다노스가 처음으로 이주했던 곳이다. 일행은 최종 목적지를 헤스페리아로 정하고 머나먼 항해를 떠났다.

4 아이네이아스 일행, 하르피이아와 싸우다

> 괴물 새 하르피이아: 괘씸한 트로이 놈들아, 우리 소 떼를 잡아 죽이더니 이젠 우리까지 죽이려 하느냐? 너희는 배가 고파 식탁까지 먹어치우기 전까지는 새로운 땅에 닿을 수 없을 것이다.

「하르피이아와 싸우는 아이네이아스 일행」 프랑스 화가 프랑수아 페리에의 작품이다. 하르피이아는 그리스어로 '강제로 빼앗는 자'라는 뜻이다.

아이네이아스 일행이 사나운 파도와 싸워 가며 도착한 곳은 '하르피이아'라는 괴물 새들이 살고 있는 섬이었다. 하르피이아는 얼굴은 여자고 몸통은 새인 괴물이었다. 발톱이 유난히 길고 굶주린 얼굴은 오싹하리만큼 창백했다.

예전에 피네우스 왕이 못된 짓을 하자 제우스 신이 벌을 내려 장님으로 만들었다. 그래도 성이 차지 않았던 제우스는 하르피이아를 보내 피네우스를 괴롭혔다. 피네우스가 음식을 먹으려 하면 이 새들이 하늘에서 쏜살

같이 내려와 낚아채 갔다. 접시에는 배설물을 갈겨 악취를 풍겼다. 하지만 아르고 원정대의 대원들에게 쫓겨 피네우스에게서 떨어져 나갔다. 그 새들이 이 섬에 온 것이다.

섬에 내렸을 때 아이네이아스 일행은 넓은 벌판을 어슬렁거리는 소 떼를 보았다. 일행이 소를 잡아서 고기를 막 입에 넣으려 하는데 하늘에서 하르피이아들이 내려오더니 잽싸게 고기를 낚아챘다. 하늘로 치솟으며 배설물까지 갈겼다. 아이네이아스 일행이 칼을 휘둘렀지만 하르피이아가 워낙 빨라서 도저히 손쓸 수 없었다. 칼로 깃털을 내려쳤지만 쇠로도 뚫을 수 없는 갑옷이어서 도리어 칼끝이 휘어버렸다.

하르피이아 한 마리가 근처 벼랑에 내려앉더니 트로이 사람들에게 앞으로 큰 불행이 닥칠 거라고 예언했다.

아르고 원정대에는 북풍의 아들인 날개 달린 제테스와 칼라이스가 있어서 하르피이아들을 물리칠 수 있었지만 아이네이아스 일행에게는 물리칠 방법이 없었다. 트로이 사람들은 어쩔 수 없이 굶주린 채 섬을 떠났다.

「자살자의 숲에 있는 하르피이아」
19세기 프랑스 화가 귀스타프 도레의 작품이다. 이탈리아 시인 단테의 명작 『신곡』에 나오는 '자살자의 숲'을 묘사했다. 이 숲은 지옥에 있고 스스로를 해친 자살자들이 나무가 되어 고통받고 있다. 그 위에는 하르피이아가 앉아 있다.

5 폴리페모스의 공격에서 벗어나다

「폴리페모스」 16~17 세기 이탈리아 화가 귀도 레니의 작품이다. 카피톨리니 미술관 소장

해안을 따라 항해하다가 에페이로스라는 곳에 내렸다. 이곳에는 이전에 포로로 잡혀갔던 트로이 유민들이 살고 있었다.

헥토르의 미망인이었던 안드로마케는 한 그리스 장군과 결혼해 아들까지 두었다. 안드로마케는 아킬레우스의 아들 네오프톨레모스의 첩이 되어 에페이로스로 갔다. 이때 헥토르의 동생 헬레노스도 에페이로스로 가서 네오프톨레모스의 부하가 되어 새로운 도시를 세웠다.

네오프톨레모스가 죽자 헬레노스는 안드로마케와 결혼하여 아들을 낳았다. 헬레노스와 안드로마케는 아이네이아스 일행을 환대했고, 떠날 때는 많은 선물까지 주었다. 헬레노스는 뱃길까지 일러주었다.

이후 아이네이아스 일행은 시칠리아 해안을 따라 항해하다가 키클롭스의 나라를 지나게 되었다.

그때 해변에서 너덜너덜한 옷차림을 한 그리스인이 고함을 질렀다. "나는 오디세우스의 부하였는데 일행이 급히 떠나는 바람에 혼자 남게 됐소. 오디세우스와 병사들이 폴리페모스를 따돌리고 떠났지요. 제발 나를 데려가시오. 여기에는 먹을 거라곤 산딸기와 풀뿌리밖에 없소. 또 키클롭스가 언제 나타날지 모르오."

호랑이도 제 말 하면 온다더니 폴리페모스가 나타났다. 하나뿐인 눈을 잃은 거구의 괴물은 작대기로 앞을 더듬으며 조심조심 바닷가로 걸어왔다. 상처 난 눈구멍을 바닷물로 씻기 위해서였다. 물속으로 꽤 깊이 걸어 들어오자 트로이인들은 도망치려고 필사적으로 노를 저었다. 노 젓는 소리를 듣자 폴리페모스는 그쪽을 향해 고함을 질렀다. 이 소리에 다른 키클롭스들이 해변으로 줄지어 내려왔다. 트로이인들은 힘껏 노를 저어 겨우 그곳을 벗어났다. 이전에 아이네이아스는 예언 능력을 지닌 헬레노스로부터 괴물 스킬라와 카리브디스가 지키는 해협을 주의하라는 당부를 들었다. 오디세우스도 부하 여섯 명을 잃은 곳이다. 아이네이아스는 충고에 따라 위험한 해협을 피해 시칠리아 섬 남쪽으로 항해했다.

「포로가 된 안드로마케」 19세기 영국 화가 프레드릭 레이턴의 작품이다. 맨체스터 아트 갤러리 소장

6 헤라가 일으킨 파도를 포세이돈이 가라앉히다

헤라: 바람의 신 아이올로스여, 폭풍을 일으켜 아이네이아스의 배를 바다에 가라앉혀주세요. 그러면 예쁜 요정을 아내로 줄게요.

「바람의 동굴에 있는 헤라와 아이올로스」 프랑스 화가 루이 드 실베스트레의 작품이다. 로마 시인 베르길리우스는 『아이네이스』에서 아이올로스를 동굴에 바람을 가두는 힘을 가진 신으로 기록하고 있다.

그 후로 시칠리아 섬 남쪽을 따라 항해하다가 섬 서쪽 끝에 있는 드레파눔에 잠깐 내렸는데, 그곳에서 병든 아버지 안키세스가 죽음을 맞았다.

트로이인들이 목적지를 향해 순조롭게 항해하는 모습을 헤라가 보고 말았다. 헤라는 파리스가 아프로디테를 최고 미녀 여신으로 선택하는 바람에 겪었던 치욕을 아직도 잊지 않고 있었다.

헤라는 서둘러 바람의 신인 아이올로스에게 갔다. 아이올로스는 오디세우스에게 순풍도 보내고 해로운 바람도 자루에 담아 주었던 신이다.

헤라가 아이올로스에게 폭풍우를 일으키라고 명령했다.

신이 난 아이올로스는 무시무시한 폭풍으로 트로이 배들을 뒤흔들었다. 트로이 배들은 산더미 같은 파도에 휩쓸려 아프리카 해안까지 떠밀려갔다. 배들은 거센 바람에 이리저리 휩쓸리다가 뿔뿔이 흩어져버렸다. 그래서 아이네이아스는 자기 배만 남고 전부 가라앉은 줄 알았다.

거센 폭풍 소리를 들은 포세이돈이 파도 위로 머리를 내밀었다. "내가 아무런 지시도 내리지 않았는데 어떻게 된 거지?"

아이네이아스의 배가 폭풍에 휘말려 있었다. 포세이돈은 헤라가 앙심을 품어 그런 짓을 저지른 것을 눈치 챘다. 하지만 자기 영역을 침범했다는 생각에 울화통이 터졌다. 그래서 바람들을 불러 꾸짖고는 모두 물러가게 했다. 파도가 가라앉자 잔잔한 수면 위로 햇살이 비쳤다. 포세이돈은 암초에 걸려 있는 일부 배들을 삼지창으로 들어 올려 물 위에 띄웠다. 포세이돈의 아들 트리톤과 바다 님프들도 나서서 다른 배들을 어깨로 들어 올려 물에 다시 띄워주었다.

1 디도 여왕이 건설한 카르타고에 상륙하다

디도: 이 땅에 우리의 새 도시 카르타고를 건설하자.

「**카르타고를 건설하는 디도**」 19세기 영국 화가 윌리엄 터너의 작품이다. 디도는 얇고 긴 가죽 끈으로 자신이 원하는 영역을 원으로 표시했다. 원이 가장 많은 면적을 차지하기 때문이었다. 내셔널 갤러리 소장

바다가 잠잠해지자 아이네이아스의 배들은 카르타고 근처 해안에 안전하게 상륙했다. 아이네이아스의 배들이 트로이를 떠난 지 7년 만이었다.

시칠리아 맞은편에 있는 카르타고에서는 티로스의 이주민들이 여왕 디도의 지휘를 받으며 새로운 나라의 기초를 다지고 있었다. 카르타고는 훗날 로마의 적이 될 운명을 지닌 나라였다.

디도는 지중해 동쪽 페니키아 지방에 있는 티로스의 왕 벨로스의 딸이었다. 아버지가 죽자 디도의 오빠인 피그말리온이 왕이 되었다. 디도의 남편은 엄청난 부자인 시카이오스라는 사람이었다. 피그말리온은 시카이오

스의 재물을 탐내 그를 죽였다.

그러자 디도는 오빠가 자기도 죽일 거라고 생각해 가족과 하인을 데리고 티로스를 탈출했다. 여러 척의 배에는 시카이오스의 재물도 몽땅 실었다.

디도는 서쪽으로 항해하여 아프리카 북쪽 바닷가에 닿았다. 바로 아이네이아스가 상륙한 곳이었다. 디도는 원주민 추장을 만나 황금 술잔을 선물로 주며 황소 한 마리의 가죽으로 둘러쌀 정도의 땅을 내어 달라고 부탁했다. 원주민들은 기꺼이 허락했다.

디도는 한 마리의 황소 가죽을 얇게 잘라 긴 끈을 만들었다. 그 끈으로 둘러싼 땅에 요새를 하나 세우고는 비르사(짐승의 가죽이라는 뜻)라고 불렀다. 요새를 중심으로 세워진 도시 카르타고는 날로 번창했다.

「**디도에게 트로이 전쟁을 설명하는 아이네이아스**」 18~19세기 프랑스 화가 피에르 나르시스 게랭의 작품이다. 루브르 박물관 소장

아이네이아스: 트로이에서 온 아이네이아스입니다. 조국을 그리스에게 빼앗기고 새 나라를 세우러 이탈리아로 가다가 이곳에 오게 되었습니다.

디도: 이 몸도 불행을 겪어보았기에, 어려운 상황에 처한 사람들의 사정을 잘 알아요.

「디도와 아이네이아스의 만남」 18세기 영국 화가 너대니얼 댄스 홀랜드의 작품이다. 아프로디테는 아이네이아스의 안전을 위해 디도가 그를 사랑하게 만든다. 테이트 브리튼 갤러리 소장 디도가 도시의 터전을 잡고 있는 상황에서 아이네이아스가 이끄는 트로이 유민들이 도착했다. 디도는 트로이 유민들을 따뜻하게 맞이했다.

아프로디테는 아들 아이네이아스를 도와주기 위해 에로스를 보내 디도에게 화살을 쏘게 했다. 에로스의 화살을 맞은 디도는 아이네이아스에게 사랑을 느꼈다.

여왕은 환영 만찬 자리에서 아이네이아스에게 그동안 어떤 일을 겪었는지 물어보았고, 아이네이아스는 트로이 전쟁 이후 자기가 겪은 모험담을 들려주었다. 디도는 아이네이아스의 매력과 기백에 더욱 빠져들었다.

어느 날 디도의 여동생 안나가 울고 있는 디도를 발견했다. 왜 우는지 묻자 디도가 대답했다. "안나야, 나는 남편이 오빠의 손에 죽은 후 죽은 남편에게 다른 남자를 사랑하지 않을 거라고 맹세했어. 그래서 수많은 남자들의 구혼을 물리쳤던 거야. 그런데 아이네이아스를 본 순간부터 내 마음을 주체할 수 없구나."

안나는 디도에게 나라를 위해서라도 아이네이아스를 붙잡으라고 충고했다. "카르타고가 나날이 발전하니 오빠 나라에서 쳐들어오려 하잖아. 언니가 아이네이아스와 결혼하면 트로이군과 힘을 합쳐 나라를 튼튼하게 할 수 있어."

아이네이아스도 시간이 갈수록 디도에게 사랑을 느꼈다. 디도와 맺어지면 유랑 생활을 끝내고 아내와 왕국을 한꺼번에 얻을 수 있었다.

아이네이아스는 디도와 달콤한 사랑을 나누느라 열 달이 다 되도록 떠날 생각을 하지 않았다. 제우스의 명령에 따라 이탈리아 해안에 새 왕국을 세울 꿈은 까맣게 잊은 듯 보였다.

그러자 제우스는 아이네이아스에게 헤르메스를 보내 항해를 다시 시작하라고 일깨워주었다.

2 디도, 아이네이아스가 떠나자 자살하다

아이네이아스: 미안하오. 나는 떠나야 하오. 제우스의 명령을 어길 수는 없소.

디도: 당신이 떠나면 나는 죽을 거예요.

「**디도와 아이네이아스**」 18세기 이탈리아 화가 폼페오 바토니의 작품이다. 디도가 떠나려는 아이네이아스를 붙잡으려 하고 있다.

결국 아이네이아스는 디도를 떠나기로 했다. 디도는 자신을 버리지 말라고 애원했다. "당신 없이는 하루도 살아갈 수 없어요. 당신이 떠나면 나는 죽을 수밖에 없어요. 그래도 떠나시겠어요?"

아이네이아스는 새로운 트로이를 건설하라는 신의 뜻을 거역할 수는 없었다.

「디도의 죽음」 벨기에 화가 요제프 스탈래트의 작품이다. 디도가 아이네이아스를 떠나보낸 후 자살하는 장면이다. 디도의 상처를 막고 있는 여인은 디도의 동생 안나 페렌나다. 안나는 디도 가 죽은 후 우연히 이탈리아 반도에서 아이네이아스와 재회한다. 벨기에 왕립 미술관 소장

아이네이아스가 배를 타고 떠나자 디도는 더 이상 살아갈 엄두가 나지 않았다. 디도는 아이네이아스가 남기고 간 물건을 모두 끌어안고 울었다. 그녀는 물건 중에서 단도를 빼 들었다. 그리고 제 몸을 찔렀다.

디도는 죽으면서 아이네이아스를 저주했다. 사랑의 불길만큼 증오도 뜨 거웠다. 디도 여왕의 저주 때문인지 훗날 아이네이아스의 후손이 세운 로 마와 카르타고가 세 차례에 걸쳐 큰 전쟁을 치렀다.

2. 저승에서 들은 이야기
| 아이네이아스의 저승 구경, 시빌레, 카론

트로이 성이 함락된 후 아이네이아스는 유민을 이끌고 새로운 땅을 찾아 트로이를 떠났다. 나중에 트라키아를 비롯하여 크레타 섬 · 델로스 섬 · 시칠리아 섬 등지를 떠돌아다녔다는 전설이 덧붙여진 것으로 보인다. 고대 로마의 시인 베르길리우스의 『아이네이스』에는 아이네이아스가 카르타고에서 여왕 디도와 함께 머물렀다가 신의 명령으로 새로운 나라를 세우기 위해 떠난다. 그는 민족의 운명을 위해 여사제 시빌레와 함께 지하 세계로 내려가야만 하는 처지에 놓이기도 했다.

- 아이네이아스는 골짜기 뒤쪽에 있는 무성한 나무들, 바람에 흔들리는 수풀, 조용한 장소 옆에 흐르고 있는 레테 강을 보았다. 레테 강 주변에는 많은 부족들과 민족들이 날아다니고 있었다. (베르길리우스 『아이네이스』)
- 내 아들아, 그의 점술에 의하면 널리 알려진 저 로마는 온 대지에 통치권을 행사할 것이고 로마의 굳센 기상은 하늘을 찌를 것이다. 일곱 언덕의 둘레를 성벽 하나로 빙 둘러쌀 것이며, 자손이 융성하게 될 것이다. (베르길리우스 『아이네이스』)

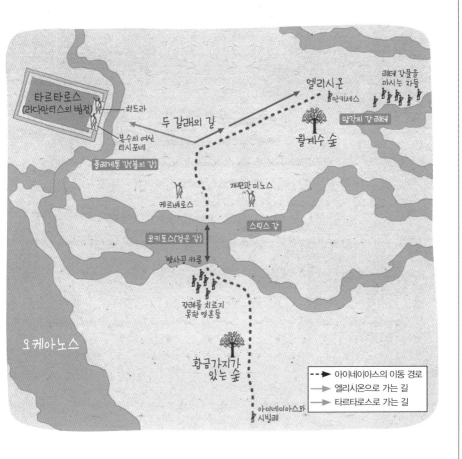

1 무녀 시빌레와 황금 가지

> 시빌레: 어서 오세요, 아이네이아스. 어려운 일이 많더라도 용감히 나아가세요. 지하 세계로 가려면 먼저 황금 가지를 가져오세요.

「**아이네이아스와 쿠마이의 시빌레**」 프랑스 화가 프랑수아 페리에의 작품이다. 아이네이아스가 찾아간 시빌레의 동굴은 쿠마이에 있었다. 쿠마이는 5세기까지 번성하다가 새롭게 등장한 로마에 서서히 흡수되었다. 폴란드 바르샤바 국립 미술관 소장 아이네이아스의 배들은 이탈리아 중부 서해안을 향해 나아갔지만 폭풍을 만나 시칠리아 섬의 드레파눔으로 떠밀려갔다. 마침내 해변에 다다르자 역경을 헤쳐온 유민들은 기뻐 날뛰며 뭍으로 뛰어올랐다. 드레파눔은 1년 전에 잠깐 머문 곳인데, 여기서 아버지 안키세스가 세상을 떠났다.

드레파눔에 도착한 날 밤 아이네이아스의 꿈에 안키세스가 나타났다. "지하 세계로 나를 찾아오너라. 이탈리아 중서부 해안에 있는 쿠마이라는 곳에 시빌레라는 늙은 여사제가 신전 옆 동굴에 살고 있다. 여사제가 너를 도와줄 것이다."

아이네이아스 일행은 배를 타고 쿠마이로 갔다. 사람들이 야영 준비를 하는 동안 아이네이아스는 시빌레의 집을 찾아갔다. 아이네이아스가 동굴 속으로 들어가자 시빌레가 기다렸다는 듯이 말을 걸었다. "앞으로 고생과 위험을 숱하게 겪은 후에 성공을 거둘 것이다. 어려움에 굴하지 말고 더욱 용감히 나아가라."

시빌레가 아이네이아스에게 한 말은 어려운 일을 당해 애쓰는 사람을 격려하는 말로 지금도 명언처럼 쓰인다. 아이네이아스는 무슨 일이 닥치든 맞설 준비가 되어 있다고 대답했다.

그리고 아이네이아스는 무녀 시빌레에게 죽은 아버지를 만나러 가려면 어떻게 해야 하는지 물었다. 시빌레는 먼저 숲으로 가서 황금 가지가 달린 나무를 하나 꺾어오라고 시켰다.

아이네이아스가 밖으로 나왔더니 비둘기 두 마리가 퍼덕거리고 있어 따라갔다. 어머니 아프로디테가 보낸 비둘기였다. 비둘기 두 마리가 앉은 곳에 황금 가지가 있었다. 아이네이아스는 황금 가지를 꺾어 시빌레에게 돌아갔다.

2 저승 세계의 강을 건너다

시빌레: 자, 여기가 지하 세계의 입구입니다. 지금부터 정신을 바짝 차리세요.

「**아이네이아스와 쿠마이의 시빌레**」 19세기 영국 화가 윌리엄 터너의 작품이다. 아오르노스 호수는 이탈리아 캄파니아 주에 있다. 시인들은 이 호수를 지옥의 입구라고 생각했다. 예일 영국 미술 센터 소장

지옥으로 통하는 동굴에서 아이네이아스는 페르세포네와 헤카테, 그리고 에리니에스 등 지옥의 신들에게 제물을 바쳤다.

시빌레가 먼저 동굴로 내려가자 아이네이아스도 뒤따랐다. 어느새 둘은 코키토스라는 시커먼 강에 다다랐다. 뱃사공 카론이 수많은 사람들을 배에 태워주고 있었다. 모두 앞다투어 배에 올라 맞은편 강가로 건너가려고 아우성이었다. 하지만 뱃사공은 일부만 배에 태우고 나머지는 물리쳤다.

아이네이아스는 그 이유가 궁금했다. "왜 저렇게 차별을 둡니까?"

시빌레가 대답했다. "배에 오른 자들은 제대로 장례를 치른 영혼들입니

다. 그렇지 못한 자들의 가여운 영혼들은 백 년 동안 이쪽 강가에서 떠돌아야만 건너갈 수 있지요."

　카론이 아이네이아스를 뚫어져라 살피자 시빌레가 나서서 사정을 이야기하고 황금 가지를 건넸다. 황금 가지를 본 카론은 둘을 태워주었다.

카론: 아케론 강에서 스틱스 강까지 건너가는 데는 장례를 치르고 1오보로스를 내야 하오.

「영혼들을 싣고 스틱스 강을 건너는 카론」 저승에 가려면 아케론, 코키토스, 피리플레게톤, 레테, 스틱스 강을 차례로 지나가야 한다. 카론은 망자들을 싣고 아케론 강부터 스틱스 강까지 노를 저었다. 카론의 배에 타려면 1오보로스가 필요하다.

죽은 자는 뱃사공 카론이 모는 나룻배를 타고 '비통의 강'인 아케론 강을 건너면서 죽음에서 오는 고통을 씻어냈다. 두 번째 강인 '시름의 강' 코키토스 강에서는 모든 시름과 비통함을 내려놓았다. 세 번째 강인 '불의 강' 플레게톤 강에서는 물과 진흙이 끓어오르는데, 이 강에서 망자는 남아 있는 감정들을 완전히 태워버렸다. '망각의 강' 레테 강에서 죽은 자들은 강물을 마시고 이승에서의 기억을 모두 지웠다. 레테를 건넌 뒤 극락의 벌판 엘리시온을 지나고 '증오의 강' 스틱스를 거쳐 하데스의 궁전으로 들어갔다. 스틱스 강은 산 자와 죽은 자의 경계를 갈랐다. 그리스의 신들은 맹세를 할 때 스틱스 강에 대고 하는데, 제우스라 하더라도 이 맹세를 거역할 수 없었다.

카론의 배에 탄 망자와 배에 타지 못한 망자들의 모습이 묘사된 이 그림은 러시아 화가 알렉산드르 리토프첸코의 작품이다. 예일 영국 미술 센터 소장

카론: 여기는 죽은 자들이 오는 곳인데, 무슨 자격으로 살아 있는 자가 무장까지 하고 이 강가로 왔는가?

시빌레: 아이네이아스가 여기 온 목적은 오로지 자기 아버지를 만나는 것뿐이오. 자, 여기 황금 가지를 받으시오.

카론과 아이네이아스 17세기 이탈리아 화가 피에트로 테스타의 「스틱스 강둑에 있는 아이네이아스」다. 산 자가 저승에 온 것을 본 카론이 화를 내자 시빌레가 황금 가지를 보여주고 있다.

잠시 후 배는 반대편 강가에 다다랐다. 강가에는 케르베로스라는 개가 기다리고 있었다. 머리가 셋이고 목에는 뱀이 빳빳한 털처럼 돋아나 있는 개였다. 케르베로스가 세 개의 입으로 짖어 대자 시빌레는 잠자는 약이 섞인 과자를 던져주었다. 과자를 집어삼킨 개는 드러눕더니 잠이 들었다.

지하 세계에 들어온 두 사람은 어린아이의 울음소리를 들었다. 삶의 문턱에서 곧바로 스러진 영혼들이었다. 이어서 억울한 누명을 쓰고 죽은 사람들, 스스로 목숨을 끊은 자들, 이루지 못한 사랑으로 괴로워하다 희생된 자들이 떠돌고 있었다. 이들 중에서 아이네이아스는 디도의 모습을 보았다. 아이네이아스는 눈물을 흘리며 다정한 목소리로 말을 걸었다. "아, 디도여! 당신이 왜 여기에 있는 거요? 기어코 나 때문에 목숨을 끊었구려. 그대를 떠난 것은 어쩔 수가 없었소. 그건 제우스의 뜻이었소. 명령에 따랐던 것입니다. 제발 발길을 멈추고 내 말을 들어주오."

디도는 사과도 받지 않고 사라졌다. 아이네이아스는 무거운 마음으로 다시 앞으로 나아갔다. 둘은 전쟁터에서 죽은 영웅들이 떠도는 들판에 들어섰다. 트로이 무사들의 영혼이 아이네이아스 주위로 몰려들었다. 그리스 무사들은 영웅 아이네이아스를 알아보고는 등을 돌려 도망쳤다. 아이네이아스는 트로이 전우들과 이야기를 나누고 싶었지만 시빌레가 길을 재촉했다.

「**지옥의 문**」**부분** 19세기 프랑스 조각가 오귀스트 로댕의 작품이다. 단테의 『신곡』에 묘사된 지옥의 모습이 나타나 있다. 고통에 몸부림치는 군상들이 서로 엉켜 있어 기괴한 느낌을 자아낸다. ⓒEmw 로댕 박물관 소장

티티오스: 헤라의 꼬임에 빠져 델포이로 가는 레토를 겁탈하려다가 레토가 낳은 남매 아폴론과 아르테미스에게 살해당했소. 지하 세계에 와서도 간을 쪼이는 형벌을 받고 있소.

「**티티오스**」16~17세기 에스파냐 화가 호세 데 리베라의 작품이다. 제우스의 사랑을 받은 레토를 못마땅하게 여긴 헤라가 티티오스를 꼬드겨 레토를 겁탈하게 한다. 티티오스는 레토의 자식인 아폴론과 아르테미스의 공격을 받고 죽었다. 티티오스는 사후에도 독수리에게 간을 쪼아먹히는 벌을 받는다. 프라도 미술관 소장

이어서 두 사람은 갈림길에 이르렀다. 하나는 엘리시온(극락)으로, 다른 하나는 지옥으로 통하는 길이었다.

한쪽 편에는 큰 성벽이 보였는데, 성벽 주위에는 뜨거운 불의 강 플레게톤이 출렁이고 있었다. 성안에서는 신음과 채찍질 소리, 쇠가 삐걱거리는 소리가 들려왔다.

아이네이아스가 기겁하자 시빌레가 말했다. "여기는 라다만티스(제우스와 에우로페의 아들로, 이승에선 현명하고 공정한 왕이었고 저승에서는 죽은 사람들을 심판하는 재판관이었다.)의 법정입니다. 살아 있을 때 지은 범죄를 낱낱이 밝혀내는 곳이지요. 범죄자들은 교묘히 죄를 숨기려 하지만 여기선 어림도 없지요. 복수의 여신 티시포네가 전갈이 달린 채찍을 휘두른 다음에 범죄자들을 다른 복수의 여신들에게 넘깁니다."

엄청나게 큰 거인 티티오스도 보였다. 간이 자랐다 싶으면 곧바로 독수리가 날아와 쪼아 먹었다. 티티오스가 받는 형벌은 끝이 없었다.

시시포스도 있었다. 시시포스는 바위를 산꼭대기로 밀어 올렸지만 다 올라왔다 싶으면 바위는 아래로 굴러 떨어졌다. 다시 밑에서부터 바위를 굴려 올려도 결과는 마찬가지였다.

연못에는 탄탈로스가 있었다. 턱이 수면과 같은 높이에 있었지만, 타는 듯한 목마름을 달랠 도리가 없었다. 머리를 숙여 물을 마시려 하면 물이 흩어져버렸다.

과일나무들이 머리 위에 자라고 있었지만 과일을 따려고 손을 내밀기만 하면 갑자기 바람이 불어와 나뭇가지를 높이 들어올렸다.

1 아이네이아스, 저승에서 아버지 안키세스를 만나다

아이네이아스: 아버지께서는 엘리시온에서도 늘 저를 지켜주셨군요!

안키세스: 살아 있는 내 아들을 여기서 보다니, 오래 기다린 보람이 있어!

「**아이네이아스와 안키세스**」17세기 프랑스 화가 알렉상드르 위벨레스키의 작품이다. 안키세스는 트로이의 왕자였다. 트로이가 함락당할 때, 아들 아이네이아스와 함께 성을 탈출해 방랑한다. 폴리페모스를 피해 도망친 후 갑작스레 죽어 엘리시온에 간다. 개인 소장

시빌레가 아이네이아스에게 말했다. "이제는 음울한 지역에서 벗어나 행복한 자들이 있는 곳으로 갈 때예요."

두 사람은 어두운 중간 지대를 지나 엘리시온 들판에 이르렀다. 콧속으로 들어오는 공기부터 상쾌했다. 모든 물체는 발그레한 빛에 휩싸여 있었고 이곳만 비추는 해와 별들이 따로 있었다.

사람들은 춤을 추거나 노래를 불렀고 오르페우스가 리라의 현을 튕겨 매혹적인 소리를 내고 있었다. 트로이의 시조(始祖)들도 있었다. 한쪽에서는 월계수 숲에서 한 무리의 사람들이 만찬을 즐기며 아름다운 음악을 듣고 있었다. 여기에는 조국을 위해 싸우다 죽은 자들, 순결한 사제들, 고귀한 정신을 노래한 시인들, 유익한 물건들을 발명한 기술자들이 머물고 있었다.

시빌레가 그들에게 다가가 물었다. "안키세스를 아시나요? 그가 어디에 있는지 알려줄 수 있나요?"

엘리시온에서 행복을 누리는 자들은 낯선 이에게 자신이 아는 것을 기꺼이 알려줄 만큼 마음의 여유가 충분했다. 한 사람이 대답했다. "알다마다요. 안키세스는 저 골짜기에 있소."

두 사람은 녹음이 우거진 골짜기로 들어갔다. 그곳에 안키세스가 있었다. 아들이 다가오는 걸 알아차린 안키세스는 아들을 향해 뛰어와 그를 껴안으며 하염없이 눈물을 흘렸다. "내 아들, 내 아들! 여기까지 나를 찾아왔구나! 과연 내 아들이구나!"

안키세스: 용기를 잃지 말고 제우스의 뜻을 이루어라. 끝까지 용기를 잃지 않으면 너의 자손이 오래도록 영광을 누릴 것이다.

아이네이아스: 꼭 그렇게 하겠습니다.

「엘리시온에서 아버지를 만난 아이네이아스」 플랑드르 화가 세바스티안 프랑크의 작품이다. 엘리시온 언덕 위에서 아이네이아스와 안키세스가 다정하게 포옹하고 있다. 시빌레는 옆에서 이를 지켜보고 있다. 리옹 미술관 소장

부자는 눈물을 닦고 그간 지내온 이야기를 나눴다. 그들 앞에는 넓은 골짜기가 펼쳐져 있었다. 고요한 풍경 사이로 망각의 강 레테가 흐르고 있었다. 강둑을 따라 수많은 군중들이 배회하고 있었다.

아이네이아스가 저들이 누군지 묻자 안키세스는 이렇게 대답했다. "다시 육신을 되찾으려는 영혼들이다. 레테의 강둑에 머물면서 강물을 마시면 전생의 기억을 모조리 잊게 되지."

아이네이아스가 되물었다. "도대체 이승의 삶이 뭐가 좋다고 이 평화로운 곳을 떠나 다시 태어나길 바랍니까?"

안키세스는 조물주의 계획을 들려주었다. "사람은 성장하면서 어릴 때의 순수함을 잃는단다. 죽은 후에는 반드시 오염된 영혼을 맑게 정화해야 하지. 영혼을 정화한 극소수만 엘리시온에 들어오는 것이 허용된다. 나도 그랬단다. 나머지 사람들은 레테 강물로 전생의 기억을 말끔히 지우고 불결한 속성을 제거한 후 새로운 육신을 받아 이승으로 돌아간다. 너무 오염이 심해 인간의 육신을 받기에 부적합한 자들은 짐승의 몸을 받는단다."

안키세스는 설명을 마친 후 아이네이아스에게 닥칠 일들을 알려주었다. "아이네이아스야, 너는 앞으로 크고 작은 전쟁을 치르고 신부를 얻을 것이며 마침내 트로이인의 나라를 세우게 될 것이다. 그 나라를 바탕으로 로마 제국이 세워지고 장차 세계를 지배하게 될 것이다."

안키세스는 말을 끝내자마자 사라졌다. 아이네이아스와 시빌레는 지름길을 택해 지상 세계로 돌아왔다.

「윤회」 윤회설에 따르면 생명이 있는 것은 죽어도 다시 태어나며, 현세에서 어떤 업(業)을 쌓았느냐에 따라 여섯 가지 세계 중 한 세계에 태어난다. 지옥도(地獄道), 아귀도(餓鬼道), 축생도(畜生道), 아수라도(阿修羅道), 인도(人道), 천도(天道)가 있다.

2 시빌레, 천년의 삶을 살다

시빌레: 비록 인간이지만 나를 사랑한 아폴론이 내 손에 든 모래알만큼 생일을 맞도록 해주었어요. 천년을 살게 된 것이지요.

「시빌레」 17세기 이탈리아 화가 도메니키노의 작품이다. 시빌레라는 이름은 원래 아폴론에게 예언 능력을 받은 트로이 여인을 일컫는 말이었다. 후대에 오면서 무녀를 통칭하는 말이 되었다. 쿠마이의 시빌레가 가장 유명하다. 보르게세 미술관 소장

시빌레의 동굴 쿠마이의 시빌레가 머무르면서 사람들에게 예언을 했다고 알려진 동굴이다. 1932년에 발견되었다. ⓒAlexanderVanLoon

지상으로 돌아가면서 아이네이아스가 시빌레에게 말했다. "지상에 올라가면 신전을 세우고 당신을 섬기겠습니다."

시빌레는 대답했다. "신전이나 제물은 바라지 않습니다. 나는 인간일 뿐입니다. 하지만 예전에 아폴론의 구애를 받아들였다면 나도 신이 되었을 겁니다. 아폴론은 자기의 마음만이라도 받아주면 무슨 소원이든 들어주겠다고 약속했지요. 나는 손에 모래를 한줌 가득 쥐고 말했어요. '제 손에 든 모래알의 수만큼 생일을 맞도록 해 주십시오.' 그런데 안타깝게도 영원한 청춘을 바란다는 말을 하지 않았어요. 구애를 받아들이지 않자 화가 난 아폴론은 나를 늙게 내버려두었지요. 벌써 칠백 년을 살았으니 모래알의 수만큼 생일을 다 채우려면 앞으로 삼백 번의 겨울을 더 맞아야 합니다."

「아폴론과 쿠마이의 시빌레가 있는 풍경」 17세기 프랑스 화가 클로드 로랭의 작품이다. 시빌레가 아폴론에게 한 움큼 쥔 모래를 보여주고 있다. 시빌레는 모래알의 수에 따라 천 년을 살아야 했다. 늙으면서 몸이 줄어들었는데 나중에는 병 안에 들어갈 만큼 작아졌다. 너무 늙어 활동이 어려워지자 천장에 매달린 병 속에 들어가 지냈다고 한다. 에르미타슈 미술관 소장

3 동맹을 만나다

| 야누스, 카밀라, 에반드로스, 투르누스

아이네이아스는 트로이를 떠난 뒤 카르타고에서 여왕 디도와 사랑을 나누는 등 7년이나 유랑한 끝에 이탈리아의 라티움에 도착했다. 하지만 새로운 나라를 세우는 일은 결코 녹록지 않았다. 아이네이아스는 라티누스 왕의 도움으로 에반드로스 왕과 동맹을 결성하여 어려움을 극복한다. 그리고 라티누스의 딸 라비니아를 만나 결혼하고 새로운 도시 라비니움을 건설한다. 이후 로마제국의 건국 시조로 묘사되었다. 개인의 작은 일에서부터 나라를 세우는 일까지 뜻을 같이 한 사람들의 이야기를 만나보자.

- 우리 두 집안은 한 핏줄에서 갈라져 나왔다고 할 수 있소. 그것을 믿기에 나는 사신을 보낸다거나 그대와 서로 의논하려 하지 않고, 그저 탄원자로 직접 그대의 집 문턱에 와서 나의 목숨을 그대 앞에 내놓고 있습니다. (베르길리우스 『아이네이스』)

- 나는 이탈리아인들에게 테우크로스의 백성들을 따르라고 명령하지 않을 것이며, 나에게 왕국을 달라 하지도 않을 것이오. 양쪽 백성들 중 어느 쪽도 지지 않고 동등한 조건 아래서 변치 않을 동맹을 맺을 것이오. (베르길리우스 『아이네이스』)

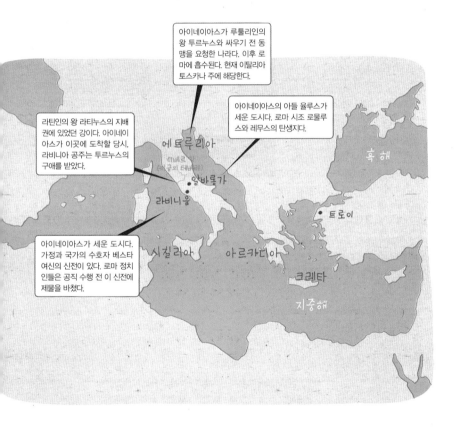

아이네이아스가 루툴리인의 왕 투르누스와 싸우기 전 동맹을 요청한 나라다. 이후 로마에 흡수된다. 현재 이탈리아 토스카나 주에 해당한다.

아이네이아스의 아들 율루스가 세운 도시다. 로마 시조 로물루스와 레무스의 탄생지다.

라틴인의 왕 라티누스의 지배권에 있었던 강이다. 아이네이아스가 이곳에 도착할 당시, 라비니아 공주는 투르누스의 구애를 받았다.

에트루리아

티베르

알바롱가

라비니움

흑해

트로이

아이네이아스가 세운 도시다. 가정과 국가의 수호자 베스타 여신의 신전이 있다. 로마 정치인들은 공직 수행 전 이 신전에 제물을 바쳤다.

시칠리아

아르카디아

크레타

지중해

1 아이네이아스, 이탈리아에 도착하다

아이네이아스: 여기가 우리가 찾던 땅이다. 여기에 우리의 새 나라를 세우자!

● 「**아이네이아스**」 16세기 프랑스 화가 레오나르 리무쟁의 작품이다. 월터 아트 뮤지엄 소장

● 「**티베르 강**」 이탈리아 중부에 위치한 티베르(지금의 테베레) 강 하구의 모습이다. 하구에서 배를 타고 로마 시(市)로 갈 수 있다. 가운데에 있는 섬은 로마인들이 죄인들과 병에 걸린 사람들을 가두어 두는 곳이었다고 한다. ⓒDoc Searls

지상에 올라온 아이네이아스는 시빌레와 헤어진 후 일행에게 돌아왔다. 배를 타고 이탈리아 중부 해안을 따라 올라가다가 티베르 강 하구에 닻을 내렸다.

트로이 유민들은 풀밭에 앉아 숲에서 구해온 나무 열매를 딱딱한 빵 위에 올렸다. 그들은 나무 열매를 다 먹은 다음에 딱딱한 빵을 먹어 치웠다.

그때 아이네이아스의 아들 율루스가 농담했다. "너무 배가 고파 우리가 식탁까지 다 먹어 치웠구나."

예전에 아이네이아스 일행이 괴물 새인 하르피이아 무리와 다투었을 때 하르피이아 한 마리가 트로이인들에게 큰 고난이 닥칠 거라고 저주한 적이 있었다. 또한 방랑이 끝나기 전에 트로이인들은 너무 굶주려 식탁까지 먹어 치울 것이라고 예언했다. 아니나 다를까 예언은 현실이 되었다.

아들의 말을 들은 아이네이아스는 예언의 의미를 깨닫고는 이렇게 외쳤다. "여기가 바로 약속의 땅이다! 이곳이 우리의 보금자리다."

아이네이아스는 근처에 먼저 임시 요새를 만들었다.

2 라티누스의 환대를 받다

아이네이아스: 저는 트로이에서 유민들을 이끌고 온 아이네이아스입니다. 티베르 강가에 닻을 내렸는데, 그곳에 새로운 나라를 세우고 싶습니다. 허락해주십시오.

라티누스: 기꺼이 허락하겠소. 내 딸 라비니아는 먼 나라에서 온 사람과 결혼할 거라고 죽은 내 아버지가 꿈에서 말했는데 그대가 그 신랑감인 것 같소.

일행이 닿은 곳은 라티움 지방의 라우렌툼이라는 도시 국가였다. 이 나라는 사투르누스(크로노스와 동일시되는 로마의 신)의 3대손인 라티누스가 다스리고 있었다. 라티누스는 라틴족이었다.

늙은 라티누스는 자식이라고는 어여쁜 외동딸 라비니아 하나뿐이었다. 라비니아에게 이웃 나라 왕과 왕자들의 청혼이 이어졌는데, 왕과 왕비는 루툴리인들의 왕인 투르누스를 신랑감으로 여겼다.

어느 날 밤 라티누스의 꿈에 아버지 파우누스가 나타나 말했다. "라비니아는 먼 외지에서 오는 남자를 배필로 맞아야 한다. 그러면 장차 자손이 세상을 호령할 것이다."

라티누스의 꿈 이야기를 들은 왕비는 모르는 먼 나라에서 온 사람에게 딸을 시집보내고 싶지 않았다.

라우렌툼에 도착한 아이네이아스는 선물을 들고 그곳 왕 라티누스를 찾아갔다. 라티누스는 손님들을 따뜻하게 맞이하며 돌아가신 아버지가 나타난 꿈을 떠올렸다. 꿈에서 말한 사윗감이 바로 이 트로이의 영웅이라고 생각했다. 라티누스는 아이네이아스에게 기꺼이 동맹 관계를 허락하고 자기 마구간에서 말들을 꺼내주면서 선물도 잔뜩 실어주었다.

라티누스에게 월계관을 받는 아이네이아스 17세기 네덜란드 화가 페르디난트 볼의 작품「라티누스의 궁전에 있는 아이네이아스」이다. 아이네이아스가 정박한 곳은 라티움이라는 지역인데, 그곳에는 이미 북방에서 남하한 라틴족이 살고 있었다. 암스테르담 국립 미술관 소장

1 율루스, 실비아의 수사슴을 쏘다

> 아이네이아스의 아들 율루스: 옳지, 수사슴이 달려오는군. 이때다! 잡아야지.

「**실비아의 수사슴을 쏘는 율루스**」17세기 프랑스 화가 클로드 로랭의 작품이다. 어둑한 풍경, 바람에 휘어진 나무들에서 불안함이 느껴진다. 율루스의 수사슴 사냥이 곧 전쟁의 불씨가 되었다. 애슈몰린 박물관 소장

트로이인들이 하는 일이 순조롭게 풀려나가자, 헤라는 묵은 원한을 다시 떠올렸다. 헤라는 저승 세계에서 복수의 여신 셋 가운데 하나인 알렉토를 불렀다. "왕비 아마타를 구워삶아서 어떻게든 새로운 동맹 관계를 반대하도록 부추겨라."

늙은 여사제의 모습으로 변신한 알렉토는 서둘러 투르누스의 성으로 갔다. 알렉토는 투르누스에게 외지인들이 신붓감을 납치하려 한다고 알렸다. 이어서 알렉토는 트로이인들의 야영지로 발걸음을 옮겼다. 그때 아이네이아스의 아들 율루스가 친구들과 함께 사냥을 하고 있었다.

알렉토가 수사슴 한 마리를 놀라게 하여 율루스 앞으로 달려가게 했다. 이 수사슴은 실비아가 아끼는 사슴이었다. 실비아는 라티누스 왕의 가축 관리인 튜루스의 딸이었다.

율루스가 던진 창에 맞아 수사슴은 상처를 입고 말았다. 다친 수사슴은 간신히 집으로 돌아가 실비아의 발밑에서 숨을 거뒀다. 실비아가 눈물을 쏟자 오라버니들과 양치기들이 들고 일어났다.

이들은 율루스 일행에게 달려가 공격을 가했지만 반격을 받아 양치기 두 명이 목숨을 잃고 말았다.

흥분한 백성들은 왕비 아마타, 투르누스를 앞세우고 늙은 왕 라티누스에게 외쳤다. "트로이인이 우리 라우렘툼인을 죽였습니다. 그들을 몰아내야 합니다. 야누스 신전의 문을 여십시오."

야누스는 얼굴이 앞뒤로 있는 신이다. 그 나라에서는 전쟁 때에는 신전의 문을 열어두고, 평화로울 때는 닫아두었다. 오늘날 성격이 이중적인 사람을 흔히 야누스라고 말한다.

백성들은 늙은 왕에게 야누스 신전의 문을 열어젖히는 성대한 의식을 행하라고 촉구했지만 왕은 아이네이아스와 동맹을 약속했다며 반대했다. 보다 못한 헤라가 몸소 하늘에서 내려와 엄청난 힘으로 문을 부수어 활짝 열어 젖혔다. 백성들은 사방에서 뛰쳐나와 전쟁이 시작되었다고 외쳤다.

2 여전사 카밀라, 투르누스 군대에 합류하다

메타보스: 숲의 여신 아르테미스여! 내 딸 카밀라를 당신께 바치나이다! 적의 추격을 따돌리게 해주십시오.

「**카밀라를 창에 묶은 메타보스**」 프랑스 화가 장 밥티스트 페이타빈의 작품이다. 카밀라는 프리베르눔의 왕인 아버지 메타보스와 함께 쫓겨나 숲에 숨어 살았다. 카밀라는 아버지를 도와준 아르테미스 여신을 따랐다.

투르누스가 총지휘관으로 추대되었다. 동맹군의 대장은 메젠티우스가 맡았다. 메젠티우스는 티베르 강 너머에 있는 도시 카에레의 왕이었는데 성격이 잔인해 백성들에게 쫓겨나 아들과 함께 투르누스에게 와 있었다. 메젠티우스의 아들 라우수스는 젊지만 성품이 후덕하여 훌륭한 왕이 될 만한 인물이었다.

이웃 나라에서 온 처녀 전사 카밀라는 아마존족의 풍습에 따라 여군 기마 부대를 이끌고 와서 투르누스의 군대에 가담했다. 카밀라는 아르테미스 여신의 총애를 받던 사냥꾼이자 무사였다.

카밀라는 실 꾸러미나 베틀엔 손도 대 본 적이 없었지만 전쟁터를 누비며 바람보다 빨리 달리는 법을 배웠다. 워낙 걸음이 빨라서 밀밭 위를 달려도 곡식을 망가뜨리지 않았고 물 위를 달려도 발이 빠지지 않았다.

아버지 메타보스가 내란이 터져 성에서 도망칠 때 갓난아이인 카밀라도 데리고 나왔다. 추격을 피해 달아나다가 아마세누스 강에 맞닥뜨렸다. 전날 내린 비 때문에 강물이 불어서 도저히 건널 수 없었다.

메타보스는 나무껍질로 아기를 창에 묶은 다음 한 손으로 창을 치켜들고 다른 한 손은 위로 뻗어 여신에게 외쳤다. "숲의 여신 아르테미스여! 이 아이를 당신께 바치나이다!"

그러고는 온 힘을 다해 아기를 묶은 창을 건너편 강둑으로 던졌다. 추격자들이 바짝 다가오고 있었다. 메타보스는 헤엄쳐서 강을 건넜다. 창에는 아이가 무사히 매달려 있었다.

이후 메타보스는 양치기들 무리에 섞여 살면서 딸에게 활쏘기와 창던지기를 가르쳤다.

카밀라는 외모가 반듯해 여러 집안에서 며느리로 삼겠다고 했지만, 사냥에 정신이 팔려 결혼은 안중에도 없었다.

1 에반드로스 왕과 동맹을 맺다

강의 신 티베리니우스: 여신의 아들이며 로마 제국의 시조가 될 자여! 이곳이 바로 약속의 땅이며 그대의 보금자리다. 배를 타고 나의 강을 거슬러 올라가거라. 여기서 멀지 않은 곳에 그대 편인 에반드로스가 있다.

「**아이네이아스와 티베리누스**」 19세기 이탈리아 화가 바르톨로메오 피넬리의 작품이다. 티베르 강의 신 티베리누스가 아이네이아스에게 동맹 맺기를 권하며 용기를 북돋아주고 있다.

메젠티우스, 카밀라와 같은 막강한 동맹군들이 아이네이아스와의 일전을 준비하고 있었다.

그 무렵 아이네이아스는 강둑 아래에 누워 자고 있었다. 강의 신 티베리누스가 버드나무 위로 머리를 내밀면서 말했다. "배를 준비해 강을 거슬러 올라가라. 내가 아르카디아인들의 우두머리인 에반드로스에게 데려다주겠다. 에반드로스는 투르누스와 루툴리인들과 오랫동안 싸워왔으니 기꺼이 그대를 도와줄 것이다. 어서 일어나 헤라에게 기도를 올려라. 여신의 분노를 누그러뜨려라."

아이네이아스는 잠에서 깨어났다. 먼저 헤라에게 제물을 바쳤다. 강의 신에게도 빌었다. 기도를 마친 후 배에 무장한 병사들을 태우고 티베르 강을 거슬러 올라갔다. 강의 신이 수면을 잔잔하게 해 배는 빠르게 강을 거슬러 올라갈 수 있었다.

정오가 되자 강가 여기저기에 이제 막 지어진 성과 집들이 보였다. 이 작은 성은 팔란테움이라고 불렸다. 훗날 이곳에 영광의 도시 로마가 세워진다.

마침 그날 늙은 왕 에반드로스는 아들 팔라스와 함께 신들에게 매년 바치는 제사를 올리고 있었다. 작은 부족의 족장들도 함께 있었다. 이들은 큰 배가 강을 거슬러 올라오는 것을 보고 강둑으로 가서 누구인지 왜 여기 왔는지 밝히라고 외쳤다.

아이네이아스는 평화의 상징인 올리브 나뭇가지를 흔들며 대답했다. "우리는 트로이인이요. 루툴리인의 왕인 투르누스와는 적이오. 우리는 에반드로스 왕과 동맹을 맺기를 원하오."

팔란테움의 왕 에반드로스는 아들 팔라스와 함께 아이네이아스를 반갑게 맞아들이며 말했다. "기꺼이 도와드리지요. 우리도 투르누스와 오랫동안 싸워왔소."

월계관 고대 그리스에서 올리브는 아주 신성한 식물로 여겨졌다. 올림피아 제전 경기에서 우승자는 올리브 관을 받았다. 한편 이스트미아, 피티아, 네메아 경기의 우승자는 각각 솔잎 관, 월계관, 파슬리 관을 받았다. 보스턴 미술관 소장
ⓒmararie

2 에반드로스, 로마를 태동시키다

「**사투르누스 신전**」 포로 로마노 소재의 사투르누스 신전(오른쪽) ©Robert Lowe

늙은 왕 에반드로스는 그곳의 옛 영웅들 이야기를 들려주었다.

"이 드넓은 숲에서는 법도 문화도 없는 야만족들이 살았다오. 야만족들은 짐승들처럼 잎을 뜯어먹고 사냥한 먹잇감을 날로 먹어 치웠다오. 그러던 어느 날 사투르누스(그리스 신화의 크로노스와 동일시된다)가 올림포스 산에서 아들인 제우스에게 쫓겨나 이곳으로 내려왔소. 사투르누스는 그 사나운 야만인들을 모아 사회를 조직하고 법률을 만들어주었소. 평화롭고 풍요한 황금시대가 도래했지만 이후 황금과 피에 굶주리게 되었다오. 오랫동안 폭군들에게 시달리던 이 땅에 내가 오게 되었지요. 나도 고국 아르카디아를 떠나 떠돌다가 운명의 힘에 이끌려 여기로 왔다오."

말을 마치자 왕은 타르페이아의 벼랑, 카피톨리움 언덕, 야니쿨룸 언덕을 보여주었다. 타르페이아의 벼랑은 로마 시대에 그 위에서 범죄자를 떨어뜨려 죽인 곳으로 유명하다. 카피톨리움 언덕엔 나중에 제우스의 신전이 세워졌다.

왕의 안내를 받으며 걷다 보니 어느새 소박한 에반드로스의 저택에 이르렀다. 근처에는 가축들이 들판을 거닐고 있었다. 이 들판이 오늘날 로마 공회당이 있는 자리다.

「**사투르날리아**」 18세기 프랑스 화가 앙투안 칼레의 작품이다. 사투르누스는 고대 이탈리아의 신이다. 그리스의 크로노스와 동일한 신으로 보기도 한다. 제우스에게 왕위를 빼앗기고 이탈리아로 도망간 사투르누스는 이탈리아에 농업 기술을 보급해 황금시대를 열었다. 사투르누스가 다스린 태평성대를 기념하려고 매년 겨울철에 그곳에선 사투르날리아라는 축제가 열렸다. 축제 동안에 사람들은 모든 생업을 중지하고, 전쟁이나 죄인의 처형도 연기했다. 이때만큼은 노예들도 한껏 자유를 누렸다. 놀랍게도 주인이 노예에게 시중을 들기도 했다. 사투르날리아는 모든 인간이 본디 평등하다는 것을 보여주기 위한 축제였다. 콩피에뉴 성 소장

1 폭군 메젠티우스를 쫓아낸 나라로 가다

메젠티우스 왕이 나를 죽은 자와 함께 묶어서 버려두었으니 이제 앉아서 죽음을 기다리는 수밖에 없구나.

「메젠티우스의 고문」 프랑스 화가 기욤 프레데리크 코샤트의 작품이다. 산 사람이 죽은 사람과 한데 묶인 채 버려져 있다. 창백한 시체와 공포에 질린 사람의 뚜렷한 대비가 오싹하다.

이튿날 아침 에반드로스는 손님을 맞으러 갔다. 아이네이아스는 충실한 부하 아카테스와 함께 있었다. 잠시 후 팔라스도 찾아왔다. 늙은 왕은 이렇게 말했다.

"아이네이아스여. 나의 작은 도시 팔란테움에는 사람이 많지 않아 미약하기 그지없소. 게다가 한쪽은 강으로 막혀 있고 다른 쪽은 루툴리인의 나라가 가로막고 있소. 이 강 건너에는 에트루리아인의 나라인 카에레가 있소. 메젠티우스가 카에레의 왕이었다오. 잔인한 왕은 듣도 보도 못한 고문 방법을 개발했소. 죽은 사람과 산 사람을 포옹하게 하여 한데 묶고는 죽게 만들기도 했지요. 마침내 백성들이 들고일어나 메젠티우스를 추방했다오. 메젠티우스는 투르누스의 나라로 도망쳤어요."

에반드로스는 메젠티우스가 즐겨 행했던 괴이하고 끔찍한 고문 장면이 머리에 떠오르자 생각을 떨쳐버리려는 듯 도리질했다. 다시 아이네이아스를 바라보며 이야기를 이어갔다.

"에트루리아인들은 메젠티우스를 내놓으라고 요구했는데, 투르누스가 돌려보내지 않고 있소. 그래서 에트루리아인들은 투르누스를 치려고 벼르고 있소. 하지만 사제들이 말리고 나서며 '신들의 뜻에 따라 이곳 원주민들은 누구도 승리하지 못할 것이다. 이곳을 이끌자는 반드시 바다 건너에서 온 사람이어야 한다.'라고 말했다오."

에반드로스는 자신이 어떻게 왕이 되었는지, 그리고 앞으로 어떤 이가 왕이 되어야 하는지 이어서 말했다. "에트루리아인들은 나에게 왕관을 바쳤지만 나는 이미 늙었소. 사제들의 예언대로라면 내 아들은 이곳에서 태어났으니 왕으로 합당하지 않소. 그대야말로 신들의 뜻에 합당한 인물이오. 그대에게 내 아들 팔라스를 딸려 보낼 테니 큰 도시 카에레로 가서 동맹을 청하시오."

아이네이아스는 에반드로스의 말을 듣고 병사들과 함께 말에 올라 에트루리아인의 도시로 길을 떠났다. 그때 말들이 질주하는 소리를 베르길리우스는 다음과 같이 표현했다. '준마의 말굽들이 네 발의 두드림으로 대지를 강타했네.'

에트루리아인의 진영에 도착한 아이네이아스 일행은 타르콘 왕의 따뜻한 환대를 받았다.

2 니소스와 에우리알로스, 적진에서 최후를 마치다

에우리알로스: 친구여, 적들이 잠에 빠져 있는 틈을 타서 내가 적진을 뚫고 아이네이아스 장군께 소식을 알리겠네.

「**에우리알로스**」(좌) '메달리온'이라 불리는 원형 양각 조각품이다. 니소스의 절친 에우리알로스의 얼굴이 새겨져 있다. ⓒJames Steakley

한편 투르누스는 헤라의 명에 따라 아이네이아스가 없는 틈을 타서 트로이 진영을 급습했다. 하지만 트로이 군의 진영은 방비가 철저히 갖춰져 있었다. 아이네이아스가 이미 자기가 없는 동안에는 절대 밖에 나가서 싸우지 말라는 엄명을 내려놓았다. 그래서 트로이 군은 요새에 꽁꽁 틀어박혀 밖으로 나오지 않았다.

투르누스 군은 우세하다는 자만에 빠져 밤새 먹고 마시며 놀다가 들판에 쓰러져 깊은 잠에 빠져 들었다.

트로이 군 진영에서는 니소스가 요새 입구에서 망을 보고 있었고, 옆에는 뛰어난 젊은 장수 에우리알로스가 서 있었다. 둘은 우정으로 뭉쳐진 사이였다.

니소스가 에우리알로스에게 말했다. "적들이 잠에 빠져 있는 틈을 타서 아이네이아스 장군께 소식을 보내자. 내가 적진을 뚫고 아이네이아스 장군을 찾아가겠네."

에우리알로스가 되받아 말했다. "나를 빼놓고 혼자 가겠다는 말인가? 널 그 위험한 곳에 혼자 보내고 난 지켜보고만 있을 수는 없다. 나도 명예로운 일을 위해서라면 목숨은 기꺼이 바칠 각오가 되어 있네."

그러자 니소스가 걱정했다. "앞으로 어떤 일이 생길지 모르지 않나. 자네만이라도 무사하길 바라는 마음이야. 넌 나보다 나이가 적으니 앞으로 살아갈 날이 창창하잖아. 게다가 자네 어머니는 널 따라 이 전쟁터에 와서 머물고 계시지 않나."

에우리알로스는 단호하게 말했다. "더 이상 듣기 싫네. 나는 너와 함께 가기로 이미 마음을 굳혔어. 더 이상 꾸물거리지 마세나."

둘은 장군의 막사로 찾아갔다. 막사 안에는 장수들이 모여 지금 상황을 아이네이아스에게 알릴 방법을 궁리하고 있었다. 두 전우가 자기들이 가겠다고 나서자 장수들은 반겼다. 성공하면 후한 상을 내리겠다고까지 약속했다.

에우리알로스는 율루스에게 이렇게 부탁했다. "늙은 어머니가 이 진영에 와 계십니다. 저를 위해 기어이 전쟁터까지 와 계신 것입니다. 어머니께 작별 인사도 드리지 않고 떠날 참이에요. 그러니 제가 가고 나면 슬퍼하실 어머니를 위로해주세요."

율루스와 장수들은 눈시울을 붉히며 부탁을 들어주겠다고 약속했다.

율루스가 말했다. "그대의 어머니가 곧 내 어머니이시니 염려 놓으시오. 만약 그대가 돌아오지 못한다면, 어머니는 내가 책임지고 잘 돌봐드릴 것을 맹세하겠소."

니소스와 에우리알로스는 적진을 지나가면서 잠자는 적을 죽였다. 한 막사에서 에우리알로스는 황금과 깃털로 만든 투구를 전리품으로 챙겼다. 두 사람이 적진을 빠져나왔을 때, 갑자기 볼스켄스의 기마대가 투르누스 군 진영에 합류하려고 다가오고 있었다.

에우리알로스의 번쩍이는 투구를 본 볼스켄스는 둘에게 누군지 물었다. 둘은 재빨리 숲속으로 도망갔다. 기마병들은 두 사람을 추격했다. 니소스는 한참 도망가다 뒤를 돌아보았다. 에우리알로스가 보이지 않았다. 오던 길로 되돌아가 다시 숲속에 들어섰더니 한 무리의 적들이 에우리알로스를 둘러싸고 있었다.

니소스는 창을 던져 두 명을 연이어 죽였다. 기마병들은 무기가 어디서 날아오는지 알 수 없었다.

볼스켄스가 칼을 빼들고 에우리알로스에게 달려들었다. "우리 편 둘이 죽었으니 네 목숨을 내놓아야겠다."

볼스켄스가 에우리알로스의 가슴을 칼로 찌르려고 했다. 친구에게 위험이 닥친 것을 보고는 니소스가 덤불 너머에서 튀어나왔다.

하지만 말이 채 끝나기도 전에 볼스켄스의 칼이 에우리알로스의 가슴을 꿰뚫었다. 에우리알로스는 마치 꽃송이가 툭 떨어지는 것처럼 고개를 떨구었다. 니소스는 곧장 볼스켄스에게 달려들어 칼로 찔렀다. 하지만 적 기병들이 한꺼번에 달려들어 니소스를 공격했다. 니소스는 적들의 칼에 수없이 난도질당해 그 자리에서 죽었다.

투르누스 군은 니소스와 에우리알로스의 시신을 보여주며 트로이 군에게 항복을 촉구했다. 트로이 군은 화살로 대답했다. 장군들이 죽었음에도 투르누스 군과 트로이 군 사이 치열한 전투가 끝날 줄 몰랐다.

「**헤라의 명을 받고 투르누스를 찾아가는 이리스**」 18세기 프랑스 화가 클라우디오 보몽의 작품이다. 헤라는 끊임없이 아이네이아스와 트로이 유민들의 정착을 방해한다. 파리스에게 황금 사과를 받지 못한 분노가 아직 사그라지지 않았기 때문이다. 루브르 박물관 소장

1 메젠티우스, 아이네이아스의 칼에 쓰러지다

니소스: 여기 내가 있다. 너희가 상대할 자는 바로 나다. 이 친구는 그냥 나를 따라왔을 뿐이다.

「니소스와 에우리알로스」 프랑스 조각가 장 바티스트 로망의 작품이다. 니소스가 에우리알로스의 시신을 안고 적군에게 대항하는 모습이다. 하지만 결국 니소스도 적들의 칼에 쓰러진다. 신화에서 니소스와 에우리알로스의 우정과 테세우스와 페이리토스의 우정이 유명하다. 루브르 박물관 소장
©Jastrow

트로이 군이 밀리고 있을 때 아이네이아스가 에트루리아 동맹군을 이끌고 와서 아군을 구해주었다. 두 군대는 병력이 비슷해졌다.

메젠티우스는 예전에 자기를 내쫓았던 백성들이 싸우러 온 것을 보자 분을 참을 수 없어 가차 없이 칼을 휘둘렀다. 메젠티우스가 나타나는 곳이면 다들 도망치기 바빴다.

메젠티우스와 아들 라우수스는 용감히 싸우다 아이네이아스를 발견했다. 마침내 아이네이아스와 메젠티우스가 마주 섰다.

양쪽 군대 모두 나서지 않고 둘의 싸움을 지켜보았다.

먼저 메젠티우스가 창을 던졌다. 창은 아이네이아스의 방패를 맞고 튕겨 나가 안토르에게 꽂혔다. 안토르는 불행하게도 다른 이에게 던진 창에 맞아 쓰러진 것이다. 그리스 태생인 안토르는 에반드로스를 따라 이곳에 왔다. 안토르는 죽어가는 동안 하늘을 올려다보며 고향 아르고스를 떠올렸다.

죽음을 피한 아이네이아스는 메젠티우스에게 창을 던졌다. 창은 메젠티우스의 방패를 뚫고 허벅지에 꽂혔다. 그러자 메젠티우스의 아들 라우수스가 뛰쳐나와 아이네이아스 앞을 가로막았다. 그 사이에 부하들이 메젠티우스를 둘러싸서 보호했다.

라우수스가 발끈하여 덤벼들자 아이네이아스는 칼을 휘둘렀다. 일격에 라우수스가 쓰러지자 아이네이아스는 가여운 마음에 가볍게 고개를 숙였다. "불쌍한 라우수스, 그래도 네 아비 메젠티우스를 위해 용감히 싸웠으니 명예를 더럽히지 않도록 네 갑옷을 벗기지 않겠다. 네 시신도 전우들에게 돌려주어 장례를 치르게 해주마."

아이네이아스는 겁먹은 부하들을 불러 시신을 가져가게 했다. 강가로 옮겨진 메젠티우스는 상처를 씻고 있었다. 하지만 아들이 죽었다는 소식을 듣자 몸이 아픈 것도 잊고 곧장 말을 달려 아이네이아스를 찾았다.

아들의 원수를 찾아내자 주위를 돌면서 여러 번 창을 던졌다. 그때마다 아이네이아스는 방패로 창을 막았다. 메젠티우스가 아이네이아스 주위를 세 바퀴 돌았을 때, 말이 아이네이아스의 창에 맞았다. 놀란 말이 날뛰는 바람에 메젠티우스는 말에서 떨어졌.

메젠티우스는 칼을 겨눈 아이네이아스에게 딱 한 가지만 부탁했다. "나를 내쫓은 백성들한테 시신을 넘겨주지 말고 아들과 나란히 묻어주시오."

메젠티우스는 눈을 감은 후 최후의 일격을 받았다.

2 카밀라, 용맹하게 싸우다 죽다

카밀라: 트로인 놈과 에트루리아 놈들은 내 칼을 받아라.

「아이네이아스의 군대와 교전 중인 카밀라」 이탈리아 화가 자코모 델 포의 작품이다. 카밀라가 아마존족 여전사처럼 한쪽 가슴을 드러낸 채 용맹하게 싸우고 있다. 로스앤젤레스 카운티 미술관 소장

한편 투르누스는 에반드로스 왕의 아들 팔라스와 맞닥뜨렸다. 팔라스가 용감하게 대들었지만 투르누스의 창을 맞고 쓰러졌다. 투르누스는 젊은 이가 맥없이 쓰러지는 모습에 가여운 생각이 들어 적의 갑옷을 벗기지는 않았지만 금장식이 달린 허리띠는 자기 몸에 둘렀다. 시신은 팔라스의 병사들에게 넘겨주었다.

이 전투가 끝난 후에는 여러 날 휴전이 이루어졌다. 죽은 자들을 매장하기 위해서였다. 휴전 기간에 아이네이아스는 투르누스에게 대장끼리의 한 판 싸움으로 전쟁의 승부를 결정짓자고 제안했다. 하지만 투르누스는 도전을 피했다.

잠시 휴전이 있은 후 또 전투가 벌어졌다. 이 전투에서 처녀 전사인 카밀라가 눈부시게 활약했다. 카밀라는 수많은 트로이인들과 에트루리아인들을 향해 창을 날리고 도끼를 휘둘렀다.

그런데 아룬스라는 에트루리아인이 카밀라를 살피고 있었다. 카밀라가 달아나는 적군의 훌륭한 갑옷이 탐나 추격할 때 아룬스가 창을 날렸다. 카밀라는 치명상을 입고 쓰러져 시중드는 여전사 부하들의 품에 안겨 숨을 거두었다.

아르테미스 여신이 자기가 사랑하는 카밀라가 죽는 모습을 보고는 님프 오피스에게 아룬스의 살해를 명했다. 도망치던 아룬스는 오피스의 화살을 맞고 쓰러져 외롭게 죽어 갔다.

시인 포프는 '소리는 의미 있는 메아리여야 한다.'는 법칙을 설명하면서 이렇게 노래했다. "아이네이아스가 무거운 돌을 던지려고 할 때는 시구도 힘겹게 떠오른다네. 하지만 재빠른 카밀라가 들판을 달릴 때는 시구가 경쾌하게 나오지. 카밀라는 곧게 자란 밀밭 위나 바다 위에서도 사뿐사뿐 달린다네."

3 팔라스를 죽인 투르누스에게 복수하다

아이네이아스: 투르누스, 팔라스의 허리띠를 두르고 있는 것을 보니 네 놈이 팔라스를 죽였구나. 이 칼은 복수의 칼이다.

「**아이네이아스와 투르누스**」 17세기 이탈리아 화가 조르다노의 작품이다. 투르누스는 이탈리아 중부에 있었던 '아르데아'라는 나라의 왕이다. 루툴리족을 이끌었고 라틴족과 우호적인 관계를 맺으려 했다. 피렌체 코르시니 갤러리 소장

　마침내 아이네이아스와 투르누스는 최후의 결전을 벌였다. 투르누스는 최대한 이 싸움을 피했다. 하지만 전세가 불리하고 부하 장수들이 불평이 늘자 어쩔 수 없이 아이네이아스와 일대일로 승부를 가리게 된 것이다. 아이네이아스는 이길 운명을 타고났다. 위급할 때면 어머니인 아프로디테가 도와주었다. 게다가 아프로디테가 부탁해 헤파이스토스가 만든 뚫리지 않는 갑옷까지 입고 있었다.

　반대로 신들은 투르누스를 외면했다. 제우스는 헤라에게 더 이상 투르

누스를 돕지 말라고 당부했다. "헤라, 아이네이아스는 새로운 나라를 건설하라는 하늘의 임무를 맡고 있소. 그러니 더 이상 괴롭히지 마시오."

헤라는 한 가지 단서를 달았다. "라틴족의 이름과 언어는 이어지게 해주세요. 트로이라는 이름은 안 됩니다."

제우스는 헤라의 조건을 받아들였다. 투르누스는 창을 던졌지만, 아이네이아스의 방패에 맞고 튕겨 나왔다. 아이네이아스가 던진 창은 투르누스의 갑옷을 꿰뚫고 허벅지에 꽂혔다. 투르누스는 털썩 주저앉으며 애원했다. "내 시신은 가족에게 보내주기를 바라오."

아이네이아스는 불쌍히 여겨 살려주려고 했는데 팔라스의 허리띠가 눈에 띄었다. 투르누스가 팔라스의 시신에서 거두어 차고 있던 것이었다. 분노가 되살아나 아이네이아스가 칼로 투르누스를 찔렀다. "이 칼은 팔라스의 복수다. 팔라스의 원혼이 이 칼로 너를 죽이노라."

이렇게 호메로스의 서사시 『아이네이스』가 끝난다. 그 후 아이네이아스는 적을 무찌르고 라비니아를 신부로 맞이했다. 아이네이아스는 아내의 이름을 따서 라비니움이라는 도시를 세웠다. 아들 율루스는 알바롱가라는 도시를 세웠다. 여기서 로마의 시조인 로물루스와 레무스가 태어난다.

「아이네이아스에게 무기를 선물하는 아프로디테」 독일 화가 헤라르트 라이레스의 작품이다. 아프로디테가 아들에게 대장장이신 헤파이스토스가 만든 방패를 보여주고 있다. 투르누스의 창이 아이네이아스의 방패를 뚫을 수 없었던 것은 당연했다. 마이어판 덴베르허 박물관 소장